U0890623

现代经济学与管理学文库·航空物流管理系列教材

航空货运管理概论

主　编　谢春讯
副主编　吴晓伟　李　妍

东南大学出版社

内容提要

本书主要介绍航空货运的发展历程，航空货运管理体系及法规，航空货运业务形式及其特点，航空货运管理中的计划、组织、质量控制、协调及航空货运管理新发展。本书可作为大专院校航空经营管理、货运专业的教科书，亦可供货运从业人员参考。

图书在版编目(CIP)数据

航空货运管理概论/谢春讯主编. —南京:东南大学出版社,2006.8(2021.1 重印)

ISBN 978-7-5641-0490-0

Ⅰ. 航... Ⅱ. 谢... Ⅲ. 航空运输:货物运输-管理-概论 Ⅳ. F560.84

中国版本图书馆 CIP 数据核字(2006)第 084002 号

东南大学出版社出版发行

(南京四牌楼 2 号　邮编 210096)

出版人:江建中

江苏省新华书店经销　广东虎彩云印刷有限公司

开本:700mm×1000mm　1/16　印张:16.25　字数:340 千字

ISBN 978-7-5641-0490-0

2006 年 8 月第 1 版　　2021 年 1 月第 3 次印刷

印数:5001-5500 册　定价:29.80 元

前　言

30多年来，世界航空货运市场一直比较平稳地发展着。20世纪60年代，航空货运吨公里数平均每四年翻一番，年增长率达到17%。航空货运的发展，与经济贸易的发展密切相关。由于发达国家的经济复苏和发展中国家的经济崛起，许多大的生产企业和商业公司为追求高效益和节约时间而愈发对空运表现出浓厚的兴趣。而人们收入的增加和生活消费水平的提高，也对航空货运提出了更多的要求。因此，我们必须慎重地考虑如何适应航空货运发展的现实与未来。

本书主要介绍航空货运的发展历程，航空货运的管理体系及法规，航空货运业务形式及其特点，航空货运的计划、组织、质量控制、协调及航空货运管理发展的新趋势。通过学习和阅读本书，力图使读者对航空货运管理有全面、概括的了解。本书第1、2、3、4章由吴晓伟执笔，第5、6、7、8、9、10章由谢春讯执笔，第11、12、13、14章由李妍执笔。

本书除作为航空经营管理、国际货运、物流管理等专业的教科书外，还可供从事航空货运管理的有关人员阅读参考。

本书编写过程中，参阅了大量国内外的资料，得到了上海工程技术大学和上海航空公司、东方航空公司有关领导的大力支持，在此对各位作者与领导的帮助一并表示感谢。在编撰过程中，东南大学出版社的刘庆楚先生、顾金亮先生给予了极大的帮助。限于作者水平，加之时间仓促，书中的不足之处在所难免，敬祈读者谅解并恭请有关专家斧正，以期今后进一步完善。

编　者

2006年6月

目　录

第1章

世界航空货运的发展

第一节 世界民用航空的发展历程

一、世界民用航空的起源与发展

航空运输，是承运人根据旅客或者货主的需求，在规定的时间内，利用相关设施，按照某种价格，使用航空器将货物运送到指定目的地。这种货主的需求与航空承运人实施该需求的承诺所产生的等价交换关系形成了航空运输市场。实际上，民用航空运输市场是一定区域范围内航空运输需求与实现这种需求的协调与组织的过程，也是航空承运人向客户提供航空运输服务的过程。

人类很早就有利用航空进行运输的理想。自1783年蒙特哥尔非埃第一个热气球升空到1903年第一架飞机试飞成功，一个多世纪中许多国家都进行了实验和努力。

1911年2月8日，是一个航空史上划时代的日子。英国飞行员亨利·佩奎驾驶一架法国生产的索默式飞机，携带6 500封信函，从印度的阿拉哈巴德起飞，飞往8 000米外的悉尼，从而完成了人类历史上最早的空中邮政飞行，当然也是最早的民用航空飞行。

1911年7月，也就是在人类首次邮政飞行出现5个月后，最早的客运和货运飞机也开始出现。

1914年美国试验性地在佛罗里达州建立了世界上第一条定期飞行的航线。由于航空技术尚不发达，飞机的速度、载运量和航程都十分有限，很难与地面交通工具竞争，在得不到政府高额财政补贴的情况下，第一条试验性的航线很快就夭折了。

1919年1月，德国建立了第一条国内的商业航线，即从汉堡到阿莫瑞卡。同年2月5日又开通了从柏林到魏玛的航线，航程192公里，飞行时间2个小时。1919年2月8日巴黎和伦敦之间第一次进行了国际航班的飞行。在整个1919年德国共开辟了9条商业航线。1920年开办柏林与马尔摩（瑞典）、柏林与阿姆斯特丹的国际航线。1920年美国开办西雅图和温哥华，基威斯特和哈瓦那的两条国际航线。

法国民用航空几乎是与德国同时起步的，法国政府设立了主持航空运输的专门机构，负责航空技术的研究、飞机的生产、空中的导航以及航空气象方面的工作。1919年，法国航空公司共进行了2 400次商业飞行，建立了8条航线。

国际航空运输的大发展还是在第一次世界大战后开始的。第一次世界大战后各国纷纷成立航空公司。荷兰皇家航空公司（KLM）创建于1919年，是世界上最早的一家而迄今没有改变名称的航空公司。德国的汉莎航空公司建立于1926年，而其前身可以追溯到1919年。瑞士航空公司建立于1931年，其前身巴尔航空公司在1919年也已经成立了。

1921年，英国政府决定向经营伦敦至巴黎航线的英国公司汉德莱·佩季公司提供25 000英镑的资助。1924年，其他一些英国航空公司合并成立了帝国航空公司，成为第一家由政府支持、在全国占据垄断地位的航空公司，从而使英国在航空运输业的国际竞争中占有较大的优势。

除了德国、法国和英国外，其他欧洲国家也纷纷发展起自己的民航事业，特别是意大利的航空事业发展很快，在30年代其运量已仅次于德国和法国位于欧洲第三位。

20世纪20年代里世界上成立了不少航空公司，如芬兰航空公司（1923年）、比利时航空公司（SABENA，1923年）、捷克航空公司（CSA，1923年）、瑞典航空公司（ABA，1924年）、美国三角航空公司（1925年）、美国东方航空公司（1926年）、美利坚航空公司（1926年，前身为毕特凯恩航空公司）、西北航空公司（1926年）、泛美航空公司（1927年）、西班牙航空公司（IBERIA，1927年）、巴西航空公司（VARIG，1927年）、波兰航空公司（LOT，1927年）、智利航空公司（1929年）等。20世纪30年代以后各国成立航空公司更多了。旧中国的中国航空公司和欧亚航空公司也是在20世纪30年代初成立的（中国航空公司成立于1931年8月1日，欧亚航空公司成立于1930年2月21日）。

美国是当今世界上航空运输最发达的国家。但是在第一次世界大战结束后，美国人对航空的兴趣仅仅集中在邮政运输上。然而，正是航空邮政事业的发展为美国民用航空开辟了道路，奠定了基础，使美国的民用航空事业在20世纪20年代末就超过了欧洲。

1918年5月15日是美国航空邮政和美国商业航空的诞生日。

从1918年5月到1927年8月，在约9年的时间里，美国邮政部共花费了1 768万美元，建立了横贯美国大陆的航空邮政干线，运送了近3亿封信件的邮件，创造了美国民用航空史、也是世界民用航空史上第一个成功的范例。它所创建的灯光机场、导航设备和通讯系统是现代民用航空的基石。

1927年10月，泛美航空公司建立了美国第一条国际航空邮政航路，即美国至哈瓦那的航线，它预示着一张触角伸向全球的航空网即将铺开。

1937年泛美建立了世界上最大的航线网，它不仅囊括了加勒比地区、南美各太平洋沿岸，而且把触角延伸到了欧洲。可以毫不夸张地说，泛美的飞机飞遍了世界各个地区，没有一家航空公司可与之匹敌。

航空运输发展初期，由于技术上和经营管理上不够成熟，除国家直接经营外，一般都受政府的补助和扶植。补助的方式很多，有的通过邮运直接补助，有的通过机场建设、通信导航、气象服务、减免税收以及飞行公里等进行补助。1926～1930年这一时期，美国邮局付给国内航空公司的邮运费是31 283 005美元，而邮局从航空邮资中得到的收入为14 781 570美元。这就是说，美国通过邮运向航空运输业贴补了16 501 435美元。①

洲际民航航线的纷纷建立，使地球变小了，飞机在国际间政治、商业中的作用日益增长。但是，由于早期民航飞机的航程有限，载运量不大，因此刚刚诞生还只有30年历史的飞机远远不能满足迅速扩大的社会需要，正是这种需要，进一步促使飞机研究和发展工作跃上新台阶。航空科技的进步和社会的需求，终于在20世纪30年代促成现代民航飞机的出现。

随着航空技术的改进，航空运输也大大发展了。目前，世界上航空公司非常多。完成的载运量也有了惊人的增长，我们在以后章节中将逐步介绍。

二、世界民用航空运输业务的发展

大半个世纪以来，航空运输的发展是很快的。20世纪20年代和30年代初期，人们把航空运输看作是一种奢侈的运输方式，甚至是一种危险的运输方式，不愿意轻易尝试。至于货物，只有很贵重、很精密和时间要求很紧的才交航空运输，因为那时航空运费很贵。现在的情况完全不同了，航空运输十分普及，已经成为人们的生活必需。航空运输的优点和特点就是它的快速和舒适，它能节约大量时间，又可以减少许多旅途跋涉之苦，这已经不需要向公众做什么介绍和宣传了。由于航空技术的发展，航空运输的安全也没有什么人怀疑了。现在航空货运几乎无所不包，有的货物为了保鲜、保温、保活，甚至只能交航空才能运输，至于时间上的要

① 顾其行. 国际航空运输管理[M]. 北京：知识出版社，1985

求,那是一切航空货运的共同要求。正是由于航空运输所独有的这种特点和优点,其发展之快就不足为奇了。

这里主要对世界航空运输从1950年以来的变化作简单介绍。以国际民航组织公布的定期航空运输业务资料作为基础,表1.1列出世界1950~2000年定期航班运输总周转量。表左边部分运输总周转量包括客运、货运、邮件及行李等周转量。表右边部分仅为货运周转量和邮运总周转量,运输总周转量的计量单位采用亿吨公里。从1950年到2000年的50年间运输总周转量从34.9亿吨公里增长到4 007.80亿吨公里,年均增长10.46%。从发展趋势看,50年代和60年代世界航空运输得到持续、稳定、快速的发展。70年代,由于中东石油战争的影响,世界航空运输出现较大的波动。1973~1982年这10年中由于两次油价上涨(1973~1974年和1979~1980年两次油价大涨),西方世界经济衰退,运力过剩、运价混乱等使航空运输的发展增长率降低,同时基数大了,百分比增长率必然相对降低。80年代和90年代,世界航空运输发展缓慢,年均增长6%左右。从货运周转量情况看,类似于运输总周转量。从1950年的7.3亿吨公里发展到2000年的2 386.14亿吨公里,年均增长10.4%,略低于运输总周转量。

表1.1 世界各年定期航班运输总周转量

年份	运输总周转量		货运亿吨公里	邮运亿吨公里
	亿吨公里	其中:国际运输周转量(亿吨公里)		
1930	0.25			
1935	0.90			
1940	2.30			
1945	9.60			
1950	34.90		7.30	2.00
1955	71.50		12.37	3.38
1960	124.60		34.55	6.10
1965	234.80	115.30	48.00	11.00
1970	572.70	225.30	120.60	30.80
1975	839.30	365.30	193.70	29.90
1980	1 293.20	642.00	291.30	36.80

续表1.1

年份	运输总周转量		货运亿吨公里	邮运亿吨公里
	亿吨公里	其中:国际运输周转量（亿吨公里）		
1985	1 665.70	855.40	493.29	
1990	2 348.70	1 315.10	835.46	
1995	2 939.40			
2000	4 007.80	2 709.50	2 386.14	

从世界民用航空的发展来看，到2003年底，国际民航组织（ICAO）188个缔约国中，有七百多家航空公司提供定期航班运输（国际和/或国内），近百家航空公司经营定期全货运航班运输。完成旅客运输量16.47亿人次，货物运输量3 020万吨。2000年平均载运率为61%。

从统计资料中我们可以发现，北美（美国和加拿大，主要是美国）历年来所占比重大，其次是欧洲、亚太地区、拉美、非洲和中东。亚太地区的快速增长尤其值得关注。在定期航班运输业务中北美占首位，欧洲次之，亚太地区居第三位。从发展速度上看，亚太地区是发展最快的，特别是国际部分。

统计报告显示，从1991年到2000年间，世界各国投入运营的商业运输飞机数量从18 544架增加到19 469架，增幅为5%（不包括最大起飞重量少于9吨的飞机）。其中，涡轮喷气式飞机从15 192架增加到16 045架，增幅为6%。

同时，2000年世界定期航空公司总体实现连续第8年盈利。国际民航组织缔约国的定期航空公司营业收入约为3 287亿美元，营业支出3 177亿美元，营业利润率为3.3%。每吨公里营业收入为77.6美分，而每吨公里营业费用为75.0美分。

航空运输如此发展，机场吞吐量的发展也是可以想见的，必然很大。从机场吞吐量来看，据初步估计，2000年全球最大的25个机场旅客吞吐量约为10.96亿人次，商业运输起降1 150万架次。25个机场中16个分布于北美，6个分布于欧洲，3个在亚洲。机场方面正在向能够起降大型飞机的方向发展，能够运载550名以上乘客，机翼比747－400还要大的空客A380，将会在2006年或稍后投入使用。

今后航空运输怎样发展，这是各方面都很关心的问题。航空承运人或航空公司直接关心这个问题，航空制造商同样关心这个问题，因为航空运输的发展直接涉及机群的更新换代（即航空公司需要什么样的飞机）的问题。航空制造商还必须先走一步，了解市场需要和动向，以便及时提供满足市场需要的产品，因为一架飞机的设计、制造、投产都是需要好几年时间的,这是一种派生型的需求。对于国际航空运输市场的要求,如对飞机航程、载量、技术和经济指标等,航空制造商甚至了解得比航空公司更多,因为这是它赖以生存和发展的市场。航空运输对国民经济、国际交往起着重大的无可取代的作用,各国政府和有关国际组织对航空运输的发展都是极为关心的。

航空运输的发展取决于许多因素。概括地说,可以分为外部因素和内部因素两种。外部因素是指航空运输业本身无可左右的因素,诸如各国国民经济的发展,世界油价的涨落,国际商业与贸易的发展,世界和地区的政治稳定,旅游事业的发展等。内部因素是指航空运输业自己可以控制的因素,例如成本和运价,航线网和班次的安排,改善经营管理,提高效率,提高安全和服务质量,提高载运比,合理选择机群,改进地面设施,国际间协调和合作,减少盲目竞争等。由于影响航空运输发展的因素很多,而且许多因素不是一成不变的,因此要对航空运输的发展作出精确预测是不可能的,至少也是很困难的。许多航空制造商,包括飞机制造商和发动机制造商,比如波音公司、空客公司、GE 公司都会作出不同的预测。

第二节 世界航空货运的发展动态

了解国际航空货运的发展趋势,可以帮助更加深刻地总结出航空货运的内在发展规律。本节主要介绍世界航空货运的一些发展趋势。

一、世界航空货运发展情况分析

1. 世界航空货运的现状

测算表明,航空货运虽然只占全球贸易运输量的 2%,但由于航空货运的货物多是高附加值产品,其货物总价值却超过全球贸易货运总值的 40%。截至 2005 年底,全球大约有近百家航空承运人经营定期全货运航班运输,七百多家定期客运承运人中的大多数也同时经营货运航班。

目前,美国仍是世界最大的国际国内航空货运市场,2000 年完成的货运周转量占国际民航组织 185 个成员国定期航班总量的 34.1%,美国国际航空完成货运周转量与国内货运周转量之比为 63∶37。

从地区间国际航空货运看,亚太至北美、亚太至欧洲和欧洲至北美是最大的三个航空货运区域。这三个大区域 2000 年分别完成货运量 168 万吨、148 万吨、145 万吨。同时各大航空公司的货运周转量也呈不同上涨趋势,表 1.2 为 2000 年货运周转量前 15 家航空公司。

表1.2 2000年货运周转量前15家航空公司

名次	航空公司	亿吨公里	比上年增长(%)
1	联邦快递	113.89	10.4
2	汉莎货运	76.66	8.4
3	大韩	65.73	10.2
4	联合包裹	63.36	5.3
5	新加坡	60.20	9.8
6	法国	49.79	5.3
7	日本	46.07	4.2
8	英国	45.64	0.7
9	“中华”	41.34	22.2
10	国泰	41.08	9.0
11	荷兰皇家	39.64	-4.5
12	卢森堡货运	38.13	17.5
13	联合	36.93	3.2
14	西北	36.51	21.1
15	长荣	35.58	12.9

2. 世界航空货运的发展速度缓慢增长

了解世界航空货运最近十年的增长动态,通过权威的国际咨询公司的分析看未来航空货运的增长势头,中国的航空货运代理业可以据此做好发展的准备。

从世界航空货运发展趋势图(图1.1)可以看出,从1991年到2001年,世界航空货运的运输周转量增长速度达到每年6.3%,处于一个缓慢增长态势,从2000年到2002年,有一个减缓的态势,主要原因受世界经济的影响。但据预测,从2001年到2021年,世界航空货运呈现最好的发展速度为7.8%,虽然速度不算太快,但绝对值将达到6 000亿吨公里,所以,航空货运的发展空间相当大。

3. 世界航空货运的增长率与世界国内生产总值增长率的相关度

从世界航空货运的增长率与世界国内生产总值增长率的相关度图(图1.2),可以看出,从总的方面看,世界国内生产总值增长率影响着世界航空货运的发展,所以世界经济是否景气在很大程度上影响着航空货运的发展,这告诉我们,做航空货运需要从宏观角度密切注意世界经济的发展。

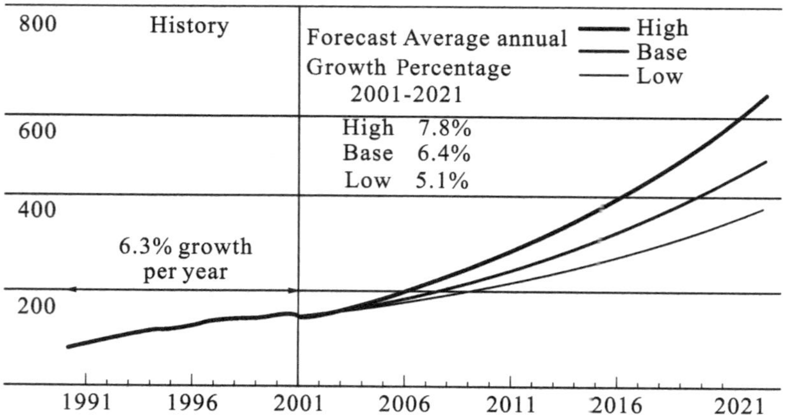

图 1.1　世界航空货运发展趋势图

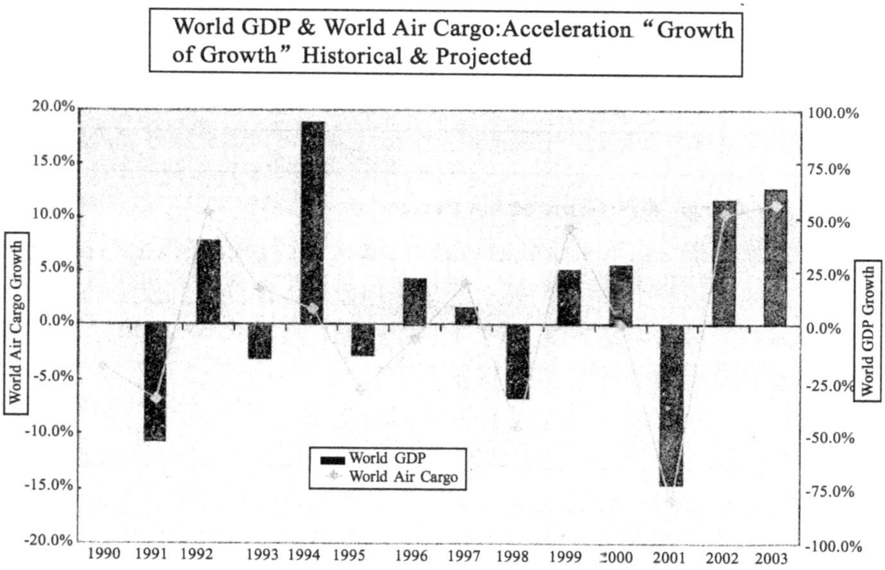

图 1.2　世界航空货运的增长率与世界国内生产总值增长率的相关度

4. 世界全货机的数量将有比较大的增长

从图 1.3 世界全货机增长图可以看出，世界全货机从 2000 年 1 742 架将要增长到 2020 年的 3 523 架，反映出世界全货机在未来 20 年中将要增长 2 倍，货运量在未来将有大的发展。

目前，世界民航的总体发展趋势是好的，但是仍然面临着一些结构调整。

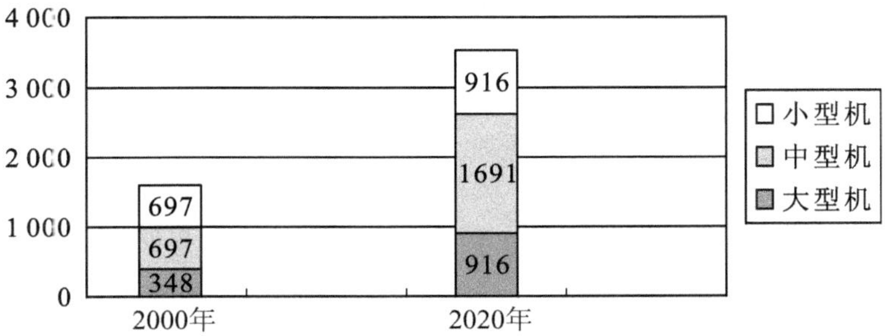

图 1.3　世界全货机增长图

二、世界航空货运的发展趋势

国际航空运输未来发展的趋势可以简单概括如下：

（1）管理自由化。自由化主要是指改革国际航空运输的管理体制和方法。在 ICAO 第五次运输大会上提到了自由化在管理方面的 7 个关键问题，即航空承运人的所有权和控制权，市场准入、公平竞争、消费者利益、产品分销、争端解决和透明度等。需要进一步说明的是，在一国范围内，在经济全球化和国际航空运输自由化的大环境里，应该树立“行业一体化”的观念，一荣共荣，一损俱损。

（2）产权多元化。20 世纪 80 年代，除北美洲以外，世界上绝大部分航空公司的所有权都是属于本国政府的。私有化是指航空公司的所有权从政府持有转让给公众所有。有的全部出让，有的政府仍保留一部分股份。产权多元化有利于寻找战略投资伙伴，以促进航空公司的自身发展，有利于航空公司之间更密切的合作。中国东方、南方等航空公司上市，标志着中国的航空承运人在产权多元化的道路上迈出了一大步。2004 年获准筹建的奥凯、春秋、鹰联等民营航空公司的成立为中国民航业注入了新的活力。航空公司上市，外资和民营资本的注入，为民航业的发展注入了活力，也给民航管理带来了新的课题。

（3）产品顾客化。经营国际航空运输的承运人，如果能做到全面服务当然很好，但是大多数航空公司只能是有所为，有所不为。这主要取决于目标市场的定位。产品顾客化是现代市场营销观念的体现，它要求航空公司各个部门都以市场为导向，为产品顾客化各尽其责。

（4）市场全球化。经济全球化必然导致航空运输市场全球化。任何一家航空公司的航线覆盖率都是有限的。但是市场是可以扩张的，目前最有效的方式是代号共享，代号共享可以帮助航空公司实现全球化战略。

（5）航线网络化。航线网络化是航线结构发展的第三个阶段。20 世纪 40 年代到 70 年代末，是管制市场下的点到点航线；80 年代是放松管制下的枢纽辐射式;90 年代是航空市场呈现全球化趋势,同时又出现了国际航空联盟,航线结构进入网络化时代。要实现网络化,重要的门户航站枢纽化是必要的。而枢纽化没有国际航空联盟是难以实现的。

(6)企业联盟化。以代码共享为主要内容的航空公司双边联盟是双赢之路,“9·11”之后,联盟集团部分成员进入了破产保护,这是事实,但这不是联盟的问题,而是航空公司自身的问题。从发展趋势看,今后的联盟集团将出现“天合”、“寰宇”、“星空”三足鼎立的局面,会相对稳定一段时间。各联盟将会简化管理程序,重点突出联合销售、新产品开发和服务一体化。联盟集团的优势将会得到进一步发挥。

(7)经营数字化。20 世纪,航空公司之间的较量是以资本为主的较量,21 世纪则是信息技术的较量。目前处在由传统经济向新经济转变的时期,新经济的特点之一就是数字化。航空运输本身是高科技行业,航空运输经济必须以信息技术为基础,实现数字化经营,包括营销系统、运行系统、财务和行政管理系统的数字化等。电子分销是航空运输业的第二次革命,彻底改变了传统的销售模式。

(8)公司虚拟化。电脑专家们断言,数字化使一切虚拟化。实际上,由于互联网的应用,我们的一只脚已经迈进了虚拟世界。未来出现虚拟的航空公司是完全有可能的。这种公司没有自己的飞机,没有机组人员,没有维修和商务人员,但他们可以通过商业化的方式解决上述问题,经营定期或不定期航班。

第2章 中国航空货运的发展

第一节　中国民用航空运输的起源

中国民用航空运输业的发展,已有八十多年的历史。1918 年,第一次世界大战结束后,西方国家急于摆脱军事化工业生产带来的萧条困境,竞相输出资本与技术。为了寻求国际市场,在世界范围内掀起了发展商业航空运输的热潮。当时的中国正处于军阀混战状态之中。为了政治和军事的需要,1919 年 3 月,中国北洋政府交通部成立了“筹办航空事宜处”(1921 年 2 月改为航空署,隶属于军政部),并陆续购买美国的飞机,招聘外籍飞行员,制定了各项运输规章制度,同邮政总局签订了承运邮件的合同,并初步拟定了在全国开辟五条航线的计划。1920 年 5 月 8 日开通了北京—天津的中国第一条民用航线,1921 年 7 月 1 日北京—济南民用航线投入运营,航空署还举办过北京—北戴河的暑期临时航班以及参观海滨和长城风景区的游览飞行。但是,所有这些航空运输业务在 1924 年便陆续停办了。

1923 年,在孙中山先生“航空救国”的倡导下,著名旅美华侨飞行家和飞机制造师杨仙逸,奉孙中山先生的委派,在美国购买了飞机和器材,并物色了在美学习的陈卓林、林伟成等人一起回到广州创办航空。1924 年,中国国民党和中国共产党实现了第一次合作,在孙中山先生的领导下,在广州的大沙头开办了航空学校,这是中国最早培养航空人才的摇篮。

1929 年发生的世界经济危机使西方国家面临工业萧条的境地,但为了扩充军备的需要,各国在航空工业方面有所加强。与此同时,各主要资本主义国家的航空运输企业都加快了发展步伐,积极开拓洲际航线。在各国兴办航空运输的推动下,南京国民政府交通部于 1929 年 5 月成立了沪蓉航空线管理处,开辟了沪蓉航线的上海—南京航段,但这个航段的飞行很不正常,总计飞行仅一年多,仅载运旅客 1 477 人次和邮件 20 多千克。

由于当时的国民政府缺乏必要的财力、物力和人力，举办航空运输遇到不少困难。因此，美国和德国的民航资本便乘虚而入，尤其是日本军国主义者，则明火执仗地侵占中国东北各省。

1929 年 4 月，国民政府铁道部部长孙科以筹建中的中国航空公司董事长的身份，同美国航空开拓公司代表签订了“航空运输及航空邮务合同”。1929 年 5 月 1 日，中国航空公司宣告成立，该公司在孙科主持下运营不到九个月，仅载运旅客 211 人次，邮件 3 560 kg。

在美国资本的支持下，国民政府于 1930 年 8 月撤销了沪蓉航空线管理处，并将其业务并入由交通部与美商中国飞运公司合资经营的、新成立的中国航空公司。该公司资本总额为 1 000 万元，中方股份占 55%，美方股份占 45%。该公司成立及其存在的二十年，由于得到国民政府的支持和给予的优惠条件，无论在技术设施还是业务经营等方面，同国内其他几个航空公司相比，都处于领先地位。

1931 年 2 月，德国和中国合资经营的欧亚航空公司正式成立。德国汉莎航空公司与国民政府交通部签订了欧亚航空邮运合同和合资经营欧亚航空公司的合同。从 1931 年到 1937 年，欧亚航空公司的运量逐年增长，该公司的货物运量从 4. 15 吨上升至 189. 07 吨，邮件运量从 0. 41 吨上升到 101. 01 吨（表 2. 1）。

表 2. 1　1931 ~ 1937 年欧亚航空公司运量统计

	旅客运量（人次）	货物运量（吨）	邮件运量（吨）
1931	941	4. 15	0. 41
1932	652	16. 39	2. 85
1933	1 072	43. 19	4. 17
1934	2 109	58. 88	8. 79
1935	3 597	114. 38	19. 42
1936	7 775	201. 25	16. 33
1937	11 600	189. 07	101. 01
累计	27 746	627. 31	152. 98

注：1948 年第四期《民用航空》杂志的统计

1937 年至 1945 年的抗日战争期间，中国民航事业经历了两个不同的发展阶段。前四年处于战局动荡中，航空公司力求维持各自的业务水平；后四年中国航空公司得到迅速发展，而欧亚航空公司则陷入重重危机之中。1942 年到 1945 年，中国航空公司的货运量从 4 298. 3 吨上升到 27 307. 6 吨，邮件运量从 55. 0 吨上升到 256. 6 吨（表 2. 2）。

表2.2　1942~1945年中国航空公司运量统计

年份	客运(人次)	货运(吨)	邮运(吨)
1942	26 867	4 298.3	55.0
1943	33 224	19 611.1	61.1
1944	39 263	27 090.6	93.7
1945	57 690	27 307.6	256.6
抗战后期合计	157 044	78 307.6	466.4
抗战后期比前期增长的百分比	140%	1 158%	41%

在抗日战争结束到中华人民共和国成立以前,“中航”和“央航”都走过了一段畸形发展的道路,并通过两航起义找到了理想的归宿。

在1919~1949年这30年中,中国民用航空业的发展十分缓慢,从有文字记录的统计资料(1936~1949)来看,到1949年,中国定期航班运输年周转量还不到1亿吨公里。

第二节　中国民航发展历程

新中国民航事业是从小到大逐渐发展起来的。它是国民经济组成部分之一,是直接为国民经济和社会发展服务的。国家政治形势与经济状况的好坏,都直接或间接、或先或后地影响着民航事业的发展进程。同中国的其他事业一样,民航事业也经历了曲折、坎坷的发展过程。

新中国民航业始于20世纪50年代初期。政府行政部门、贸易及旅游人士均需要航空运输服务。然而,在1979年之前的航空业务尚不能称为行业,而是一个准军事组织。当时,中国民航总局还是空军部门,监管四层机构:民航总局本身、六大地区民航管理局、23个省级民航管理局及78个民用航空站。中国民航总局不但是民航监管机构,同时直接管理航空运输服务,包括航班营运、机场管理以及空中交通导航及管制,属下营运部门并不需要自负盈亏。民航业从各方面受制于航空运输条例,包括市场参与、航线批准、起降频率、票价,甚至旅客的资格批核。

中央计划经济体制为中国民航业发展带来种种困难。尽管政府不断施以津贴补助,1953~1977年业务依旧连年亏损。1968~1974年连续七年亏损达3.6亿元人民币。在很大程度上,当时的航空运输是为了服务政府行政部门及大型国有企业,而少有作商业用途。商业上的需求匮乏,一方面使民航市场狭小,另一方面航空业务及机场的军事化管理，所带来的落后服务，使民航业更雪上加霜。20 世纪 50～80 年代，在国内各城市间总运输数量中，空运的市场占有率一直停滞在 1% 左右。自 50 年代民航业创立以来，中国民航总局经历 24 年才重新达到中国空运史上的最高水平。新中国民航的发展历程，结合中国民航管理体制的改革来看，总体上经历了四个重要阶段。

第一阶段是从新中国成立到 70 年代末，主要是军队管民航，经营上采取高度集中的计划经济体制，航空运输规模较小且发展缓慢。建国之初，我国民航规模很小，基础十分薄弱，仅有 12 架小型飞机、12 条短程航线和 40 多个小型机场。1950 年航空运输总周转量 157 万吨公里，旅客运输量 1 万人。从建国初期到 70 年代初期，航空运量增长较低，每年增长绝对量很小。由于管理模式的限制，生产发展受到约束，且票价相对较高，人民生活水平低以及自然灾害等，再加上飞机小、运力不足，使得航空运输不能取得较大发展。从 1973 年开始，随着 B707 和伊尔－62 等大型喷气飞机的引进，以及航线的增加，特别是中欧、中美长途国际航线和香港地区航线的开辟，促使我国航空运输有了一个较快的增长。

第二阶段是从 1978～1992 年。70 年代末期国家实施对外开放政策，经济、外资、旅游得到发展，加速了航空运输增长。民航改革是在 1978 年 12 月召开的中共十一届三中全会所提出的改革计划的一部分。当时，中央政府决定将工作重点集中到经济建设，并且着手国家经济结构及监管体制改革。改革的目标，尽管当时对此或许未充分理解，是将中央计划经济逐步转变为市场经济，其中最为艰难也是最为重要的部分，就是如何将数千家大中型国有企业转为营利机构。

整个 80 年代是我国航空运输持续快速发展的时期，国家深入实施改革开放政策，国民经济和社会发展加快，对外贸易和旅游都以较快速度增长。同时，民航实行管理体制改革，国家改变民航隶属关系，成立了新的地区管理局、国家骨干航空公司和一些区域性的航空公司。先后成立了七大民用航空地区管理局和七大国家骨干航空公司。民航开始实行企业化经营。运量较大的机场也独立出来，为各航空公司提供服务。同时，建设机场以及空中交通管理和机务维修等设施，加强专业技术人才培训，为航空运输提供了更大的保障能力。特别是引进 B747 和一大批中型飞机，更使得航空运输突飞猛进。但航空运输市场是卖方市场，运力仍呈短缺状态，旅客买票难的问题普遍存在，供需矛盾相当尖锐。

第一次改革：1978 年至 1986 年，此阶段的目标是引进商业民航业务。1979 年首次对管理架构进行改革，1982 年再一次改革，在此期间，民航从空军中分离出来。1981 年起政府采取“自负盈亏”的政策。最后该政策进一步被简化，国家与中国民航总局之间实行航空收入一比九分配。1979 年中国民航总局辖下六大地区民航管理局成为负责记录盈亏的基本单位。一年后，类似措施推广至 23 个省份的民航管理局。1982年,民航总局对六大地区民航管理局推行保留利润制,并下放更多的经营自主权。

在此期间,中国民航总局继续承担航班及机场营运者的角色,并管辖负责空中交通管制事务的国家空中交通管理局。不过,这些初步的改革措施足以令行业扩展,公里客运收益由1977年的18亿元人民币增至1987年的188亿元人民币,年均增长达26%,与1949年至1977年的8.5%的年均增长率形成鲜明的对比。此外,劳动生产力由1980年至1984年增加了一倍。

第二次改革始于1987年1月,国务院正式通过"民航改革措施及实施报告"。主要目标是政企分离,即将监管职能与营运职能分开,打破民航总局的垄断局面。

具体提出以下四项政策:

(1) 简化四层管理架构为民航总局及地区民航管理局两层;

(2) 根据地区划分界线,组建六大独立的国有骨干航空公司;

(3) 机场营运与航空公司营运分离;

(4) 鼓励市场参与。

新方案首先在成都及上海的地区管理局实施。1987年12月以成都为中心的中国西南航空公司成立,成为中国民航总局垄断格局下第一个成功突围者。次年6月,以上海为中心的中国东方航空公司成立。随后其他四大航空公司相继成立:1988年末中国国际航空公司(北京)成立;1989年中国西北航空公司(西安)及中国北方航空公司(沈阳)成立;1992年中国南方航空公司(广州)成立。这些航空公司以营利为目的,可以自行经营航空业务,自行决定航班频率、销售途径、生产元素(机组人员、空中服务员及其雇佣和补偿合约)、购买飞机及航线参与等。

这种独立的商业航空公司的建立,意味着中国民航总局已摆脱民航营运责任,不再是民航营运机构,其主要任务集中于监管及协调:签发航空许可证、核准航线进出权,定价、制定行业策略方案,颁布确保安全、促进竞争及促进效率的政策及法规,以及与其他国家进行双边航空服务协议谈判。新的限定角色令民航总局更加专注于制定有效机制,调整及规范市场,务求充分发挥其监管职能。同样地,地区民航管理局的职责亦转变为行政管理性质,如空中交通管制及地区机场发展的协调工作。

第二次改革的另一措施是放宽行业及航线参与标准。就前者而言,政策鼓励新航空公司参与市场。许多新的航空公司并非由中国民航总局成立或拥有,这些非中国民航总局的航空公司于1986年开始服务国内航线,1987年服务香港航线。他们发展迅速,尤其在国内市场上,1986年至1992年的年均增长率达26%。而中国民航总局下的航空公司增长率仅为17%左右。关于航线参与,中国民航总局简化审批程序,并鼓励航空公司开辟新航线。航空公司可与机场协商拟订新航线计划书，而中国民航总局则召开半年会议，协调航空公司之间的航线参与。多数航空公司的请求均能顺利获批。1992 年的航线总数超过 1980 年同期的 3 倍以上，其中国内航线 3.1 倍，香港航线 4.3 倍，国际航线 3.2 倍。

第三阶段是从 1992～1998 年。“八五”期间，在 1992 年邓小平南巡讲话的鼓舞下，全国经济发展和对外开放出现新高潮。这一期间经国家批准组建了以中国国际、中国东方和中国南方航空公司为核心的企业集团，涌现出一批地方性的航空运输企业。部分航空公司进行了股份制改造并在国内外上市。这一阶段，沿海经济特区特别是开发海南热潮，国内航空旅游兴起，极大地带动航空运输业发展，航空运输平均增长 23.4%。但这一时期航空运输事故频发，在一定程度上影响了航空运输的增长；“九五”期间是航空运输在民航发展史上呈现起伏波动、形势多变而且也是引起较多争议的时期。尽管航空运输仍保持增长，但幅度有所减缓。航空运输总周转量年均增长 11.4%。民航发展经历了前所未有的复杂局面，航空运输完全从卖方市场转向买方市场，供需关系发生变化；航空运输市场有效需求不足，处于低迷状态；住房、医疗、劳保、就业、教育等制度改革，影响人们的消费与预期；各种交通运输方式竞争激烈，铁路提速和高速公路建设，对航空客运特别是中短途客运影响甚大；亚洲金融危机，对航空旅客和货物运输带来重大不利影响，尤其是国际和香港航线由于航空运输市场状况不好，航空公司削价竞争，大打“价格战”，加之缺乏有效的市场规范和监督机制，市场竞争无序，航空运输生产和经济效益降低，引发颇多社会异议。

第四阶段是从 1998 年至今，按照社会主义市场经济的要求，实施新一轮的管理体制改革，重点是政企彻底分开、民航总局与所属企业彻底“脱钩”，使企业真正走上市场，成为市场主体。实施大公司、大集团战略，进行重大的行业结构调整，组建航空运输集团；机场实行属地化管理，以充分调动和发挥地方建设民航的积极性。目前，这一阶段的改革正在实施当中。

这阶段的特点可以概括如下：

1. 市场架构

中国民航总局垄断局面被打破及新航空公司进入市场，令民航市场架构发生重大变动。航空公司可归为四类：

（1）六大中国民航总局航空公司；

（2）中国民航总局及地方政府共同拥有的航空公司，如厦门航空；

（3）地方政府拥有的航空公司，其中包括上海航空、四川航空、贵州航空、中原航空、福建航空及新华航空；

（4）由银行、投资信托机构、大型国有企业及外国投资者创建的航空公司，如海南航空及深圳航空。

（5）由民营资本组建的航空公司，如2004年获准筹建的奥凯、春秋、鹰联等民营航空公司的成立为中国民航业的发展注入了新的活力。

表2.3列出各航空公司的市场占有率（最后两栏为航空公司合并计算），以公里货运收益（包括国内及国际货运）计算。中国民航总局的六大骨干航空公司位居前六位。1999年前三大航空公司共占约64%，其他三家约占16%。以后数年，前三大航空公司的主导地位略被削弱，2002年合计市场占有率跌至53%。地方航空公司的占有率，于2002年上升了19%，达32%左右。鉴于国际航线仅开放给中国民航总局前三大航空公司，故此地方航空公司主要是提供国内航线服务。表2.3也列出了民航重组后三大航空集团2003年的市场占有率数据。

表2.3 民航业的市场占有率与集中度

占收费吨公里数百分比（%）

年份	1999	2000	2001	2002	2003
中国民用航空总局下属主要航空公司	87.3	86.5	83.1	70.2	
其中：中国国际航空公司	27.8	27.1	24.5	24.6	30.4
东方航空公司	17.4	17.4	16.8	11.7	11.5
南方航空公司	18.5	19.8	21.5	17.0	15.9
西南航空公司	5.9	5.5	5.6	4.5	
西北航空公司	3.9	3.7	3.5	2.8	
北方航空公司	5.7	5.8	6.0	4.2	
其他中国民用航空总局下属航空公司	8.0	6.8	5.2	5.4	
地方航空公司	12.7	13.5	16.2	31.6	
总　计	100.0	100.0	100.0	100.0	100.0
三大航空公司集中度	63.7	64.3	62.8	53.3	57.8
六大航空公司集中度	79.3	79.4	77.9	65.8	—

市场开放政策的结果之一，是规模较小的地方航空公司如雨后春笋般出现，1993年共有41家，其中28家提供客货服务。他们所服务的市场比加拿大民航市场还要小（1993年旅客量约为3 000万），加拿大虽然只有两家航空公司，但仍需要努力生存。反观中国的地方航空公司，在1992～1996年的运输量持续增长，平均每年增长高达42%，增幅远高于中国民航总局辖下的航空公司，但事实上，增长

并不带来利润，大部分的航空公司都在亏损。原因是规模太小，无法取得经济效益。部分中型城市，如南京、西安、太原及济南，竟然拥有两家航空公司。这些航空公司能够维持下去全靠地方补贴。

鉴于问题严重，1993 年 10 月国务院批准民航总局题为《关于加强民航监管确保民航健康发展的若干问题》的报告。当中，民航总局提出对现有航空公司进行资格重审，并停止审批开设新航空公司的申请。其结果是，中国民航总局政策从原来的鼓励参与转为鼓励整合。

2. 大型航空公司

1992 年年底，国务院授权组建 55 家大型企业集团，构成新阶段中国经济发展的核心。这些集团享有高度自主权，其中包括自行管理财务的权力。此外，通过企业控股亦可持有附属公司的权益。三大航空公司——中国国际航空、东方航空及南方航空均为此类企业集团。因此，他们都可实施投资权益多元化策略，在经营上享有相当大的自主权。例如，在中国东方航空集团公司中，东方航空在集团董事会上占据一半席位，包括董事会主席。另一方面，该集团拥有 16 家附属公司，经营范围涵盖酒店与旅游、航空食品、进出口、广告、房地产及商业发展等领域。此外，该集团亦拥有一家非银行金融机构，即东航集团财务有限公司。东方航空公司附属公司中大多数拥有表决权的股份。

该三大航空公司亦获授权：

（1）购买或租赁飞机及其他运输设备（须事先征询中国民航总局意见）；

（2）作为独立法人于国内外市场集资；

（3）委任大部分重要职位的管理人员（总裁、副总裁及其主要附属公司的总裁及副总裁除外）；

（4）在不违反中国民用航空总局所规定的“基准价格”的前提下，根据市场需求情况制定价格；

（5）安排海外职位人选（通常只有高级行政部门，如省级政府才享有此权力）。

这类酌情权令该三大航空公司比国内其他航空公司享有更多的“自主权”。此外，三大航空公司亦获批准上市。1997 年东方航空于香港、纽约及上海上市，南方航空于香港及纽约上市。国航的上市计划因亚洲金融危机而受阻，后于 2004 年 12 月 15 日在香港及伦敦两地同时挂牌上市。由于享有政府给予的特殊权利及上市地位，三大航空公司比国内其他航空公司更具竞争优势。

作为民航业整合政策的一部分，中央政府鼓励企业合并及收购。截至 1993 年，航空公司的数量已由 41 家减少至 34 家。西北航空控股南京航空公司，而西南航空则与贵州航空公司合并。1997 年东方航空收购另一家中国民航总局所属的航空公司——中国通用航空公司。此外,中国民航总局亦重组民航业,并以国航、东航及南航三大集团为中心。每家航空集团拥有资产约达60亿美元。此举旨在令中国民航业快速发展,达到发达国家需时二三十年才得以达成的水平,并为中国民航业在竞争日益激烈的全球市场上做好准备。

在民航业改革的较早阶段,各家航空公司均有足够的业务,因此航空市场几乎全面开放,对中国民航总局下的航空公司带来的负面影响微乎其微。当时,要求建立一个更具竞争性的市场的呼声,盖过了要求收紧的微弱政治压力,这个目标成为市场不断竞争的动力。可是市场很快就达到饱和。1998年整个民航业亏损21亿元,这是自1978年以来民航业首次出现全面亏损。1999年3月中国民航局宣布民航业整合计划。在确保长远改革方案得以推行的同时,中国民航总局重新调整政策,集中解决运输量过剩的问题和保护全行业的利润。

3. 价格竞争

航空运输属于服务行业,因此公司间的竞争都落在价格与非价格两方面。按规定,机票的"基准价格"由中国民航总局制定,而机票的基准价格变动须经由国务院批准。自1993年起,只要三大航空公司能够保持票价平均达到"基准价格"的水平,他们就可以根据市场情况制定价格。1995年以后,所有航空公司都获准按"当地情况",在基准价的20%上下浮动。

随着竞争日趋激烈,航空公司推出更为复杂的机票折扣方式,以绕过民航总局的规定。例如,非高峰期的票价可降低至标准票价的一半,飞机票价亦可根据淡季及旺季而作出调整,学生、教师及特殊团体的票价享有大幅折扣。多种折价方式被形容为"非标准定价"。总体而言,20世纪90年代中期,中国民航总局对机票定价的监管似乎相当宽松。加上业内运输量过剩,估计1995年国内航班的平均折价率(相对于基准价格)为24.1%,1996年为27.6%,1997年为31.1%,均高于中国民航总局规定的20%上限。此后,国内航班平均折价率均处于较高水平。

表2.4显示了国内其中一条最繁忙航线的价格竞争情况。1998年上半年,有五家航空公司经营沪京线,每天共有九班航班往来。票价折扣从上海航空的25%至西南航空的68%不等。上海航空是五家航空公司中唯一一家地方航空公司。提供最高折价的两家航空公司均不位于上海或北京,西北航空位于西安,而北方航空位于沈阳。其余的三家航空公司均以上海或北京作为其航空枢纽。全行业的价格竞争如此激烈,许多小型航空公司蒙受巨大亏损。中国民航总局惟有重申其价格监管条例,自1998年5月1日起禁止所有的航线票价折扣超过20%的限制。

表 2.4　上海—北京航线的价格竞争

（1998 年 1 月至 6 月）

	航班总数(架)	平均折让率(%)
中国国际航空公司	506	40
东方航空公司	477	34
上海航空公司	420	25
北方航空公司	162	59
西北航空公司	92	68
总计	1 657	
平均每日班次(每日航班数量)	9.1	

4. 非价格竞争

航空公司亦须面对非价格的竞争，包括班次频率、安全程度、公司声誉、飞机机型、航空公司旅行社及机票留位、市场推广、航班准点及机舱内设施等。航线网络或结构亦非常重要。任何航运网络能够提供较多终点站及便利的中转站是竞争优势之一。尽管国内航线参与须事先得到中国民航总局的批准，但大部分航空公司的申请看来都顺利通过。由于中国的金融系统尚未成熟，大型航空公司及有地方政府支持的航空公司即使营运效率不高，显然也较为有利。

航空运输的网络模式，已从单一航线、线型网络发展为“枢纽辐射”模式。六大航空区域与六家骨干航空公司的营运互相配合。至 1996 年底，中国民航总局下的航空公司已开通了 98 条国际航线及 757 条国内航线。其中多条国际航线及 150 多条国内航线与这六大枢纽相连。以枢纽城市为基地的每一家骨干航空公司，是该区域的主要航空公司，并且与其他骨干航空公司在连接区域主要城市的航线上，或连接对方地区主要城市的航线上互相竞争。例如，东方航空在上海—广州（分别为枢纽城市）及南京—厦门（地区间，非枢纽城市）航线上与南方航空竞争。在地区间航线上，常见骨干航空公司之间的激战，这些航线都是较繁忙的航线，占国内航空运输总量的 50%。另一方面，在同一地区内亦存在典型的强弱竞争（如：骨干航空公司）。以东方航空为例，它是上海—宁波航线上的主要航空公司，其对手仅有当地航空公司——上海航空公司。

航空公司的竞争还包括班次频率。有些高频率的航线可减少乘客的滞留成本，并以此提高服务质量，不过航空公司的载客率或许会因此下跌。

中国民航的发展历程，从总体上保持了持续快速发展势头。从 1978 年党的十一届三中全会以来至 2001 年，中国民航以年均增长 20% 以上的速度持续快速发展。2001年，中国民航全行业完成运输总周转量141.2亿吨公里，旅客运输量7 524.3万人次，货邮运输量171万吨。分别为1978年的48.5倍、32.7倍和26.7倍。1978至2001年均增长速度分别为19.4%、18.3%和16.9%。完成通用航空飞行5.59万小时。航空运量在国家整个交通运输总量中的比重由1980年的1.73%上升到目前的7.9%。

至2001年底，中国民航全行业拥有运输飞机566架。中国民用航空航线总线已有1 143条，通航里程155.36万公里（不重复距离）。其中，国内航线1 009条（包括港澳地区航线42条），国际航线134条，通航里程分别为103.67万公里、51.69万公里。国内通航城市130个，通航机场139个（不含港澳），国外通航33个国家的62个城市。

1978～2001年，我国民航运输增长速度是我国经济增长速度的2倍，是交通运输增长速度的3倍，是世界航空运输增长速度的4倍。在国际民航组织各缔约国排名中，运输总周转量由1978年的第37位上升到2001年的第9位。中国已经发展成为世界航空运输大国。

20世纪90年代以来，依托改革开放的大背景，中国民航市场迅速繁荣起来，民航运输业高速发展，年平均增长速度高达17%。中国民航运输总周转量在国际民航组织各缔约国的排名从1980年的第35位上升到2003年的第5位。

我国民航市场的发展进入"快车道"。以上海为例，目前上海所拥有的国际与地区航线近120条，截至2004年底超过50家的外航在沪开通定期航班。据上海机场集团最新统计，2004年上半年，上海两大机场飞机起降架次、旅客吞吐量同比增长40%，货邮吞吐量完成100万吨，同比激增60%以上。

波音公司发表《2002年中国市场预测》，中国航空运输市场将以每年7.6%的速度增长，成为仅次于美国的世界第二大民用航空市场。报告表明，从2002年到2021年间，中国将需要1 912架新飞机，价值1 650亿美元；到2021年，中国航空公司机队将拥有约2 320架飞机，而2001年中国机队只拥有飞机636架。

我国的航空货物运输在1973年以前发展很慢，以后稍有改善。从1983年起，发展速度加快，但是由于航空货物运输起点低、基数小，近年来，随着我国对外开放、对内搞活政策的进一步实施，国内、国际间经济、贸易往来的进一步加强，快速传递信息成为当今时代的普遍要求，航空公司改变"重客轻货"的态度，积极调整经营方式，航空货运发展潜力巨大。如何发展航空货物运输，提高市场占有率和竞争力，是一个十分重要的战略问题。

第三节　中国航空货运发展的特点

中国航空货物运输周转量自1950年以来获得较大发展，其发展过程如图2.1所示：

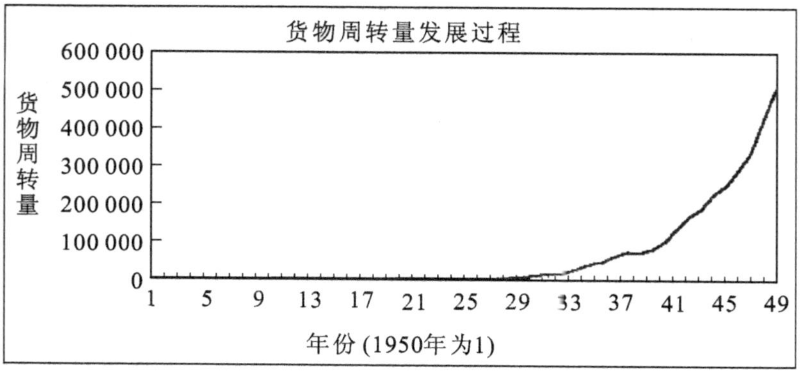

图2.1　中国航空货物运输周转量发展过程

从上图可以看出中国航空货物运输周转量发展过程，可以明显地分为两个阶段：第一个阶段为1950～1977年；第二个阶段为1978～2000年。第一个阶段货物运输周转量发展缓慢，第二个阶段飞速发展。第二个阶段在其发展过程中形成了一些特点。

一、我国航空货运的现状

2005年，我国民航运输市场继续保持稳定增长 全行业航空运输总周转量、旅客运输量、货邮运输量分别达到259.2亿吨、1.38亿人次和306.75万吨。从"十一五"开始，中国民航将启动建设新一代民用航空运输系统的工程，并将于2010年实现航空运输总周转量、旅客运输量和货邮运输量均比2005年翻一番以上。表2.5中列出了我国航空货运1994～2003年货邮周转量及增长情况，从表中可以看出，我国航空货运在近年来虽有波动，但年均增长率仍保持两位数。

表2.5　1994～2003年我国航空货邮周转量

年份	货邮周转量(万吨公里)			
	国　内	增长率	国　际	增长率
1994	77 515	27.90%	98 094	3.80%
1995	96 604	24.60%	115 895	18.10%

续表2.5

年份	货邮周转量(万吨公里)			
	国　内	增长率	国　际	增长率
1996	114 190	18.20%	114 190	-1.50%
1997	134 759	18.00%	156 132	36.70%
1998	153 684	14.00%	180 499	15.60%
1999	182 033	18.40%	241 194	33.60%
2000	211 133	16.00%	291 550	20.90%
2001	196 090	-7.10%	241 060	-17.30%
2002	232 451	18.50%	283 064	17.40%
2003	243 156	4.60%	335 820	18.60%
	年均增长率:15.3%		年均增长率:14.6%	

资料来源于 www.jctrans.com

二、我国航空货运的商品结构

相对于国内航线的空运商品而言,国际航线运输的商品类别更容易查询。后者所承运的货物属于国际贸易,须向贸易国家的海关申报。根据资料分析,国际航空运输中种类最多的商品如下:

(1) 电器设备,如录音机、电视图像设施及其零件;

(2) 珍珠、宝石或半宝石;

(3) 核反应堆、核锅炉、机械器具及零件;

(4) 光学仪器及其零件;

(5) 非针织服装及制衣配料;

(6) 针织服装及制衣配料;

(7) 有机化学品;

(8) 飞机仪器及其零件;

(9) 药物。

三、航空货运的长期高速发展

1978至2005年中国航空货物运输周转量由9 705吨公里发展到306.75万吨公里,年均增长15%左右。这个发展速度在同期国内外交通运输业中也是名列前茅。中国交通运输业的货物运输周转量同期年均增长7.1%,其中铁路、公路和水运分别增长4.46%、15.2%和8.7%。国际民航组织(ICAO)货物运输周转量同期年均增长 7.17%。

四、货物运输距离在不断加长

1978 年货物运输平均距离为 1 522 公里,2000 年达 2 555 公里。年均增长 2.4%。其中国内货物运输距离增长快于国际货物运输距离增长。1978 年和 2000 年国内货物运输平均距离分别为 1 144 公里和 1 432 公里,而国际货物运输平均距离分别为 5 716 公里和 5 921 公里。

五、国际货物运输发展速度快

从 1978 年至 2000 年间,国际货物运输比重在不断增长。从表 2.6 可以看出国际货物运输量由 1978 年 8.25% 上升到 2000 年 23.03%。

表 2.6　货物运输量比重　　单位:%

年　份	国　内	国　际
1978	91.75	8.25
2000	74.97	23.03

从表 2.7 看出国际货物运输周转量由 1978 年 31% 上升到 2000 年 58%,即国际货物运输周转量超过国内货物运输周转量。

表 2.7　货物运输周转量比重　　单位:%

年　份	国　内	国　际
1978	69	31
2000	42	58

六、货物运输具有明显的季节性变化

从 1996 年 1 月至 2000 年 12 月,将每个月完成的货物运输周转量用平面坐标标出,其变动情况如图 2.2 所示。由图 2.2 可以看出我国航空货物运输周转量有明显的季节性变化,每年 2 月份货物运输周转量最小,9 月份左右货物运输周转量最大。

根据 1996 年 1 月至 2000 年 12 月,每个月完成的货物运输周转量资料,运用时间序列预测技术,可以获得我国航空货物运输周转量季节指数。测定结果如表 2.8 所示。

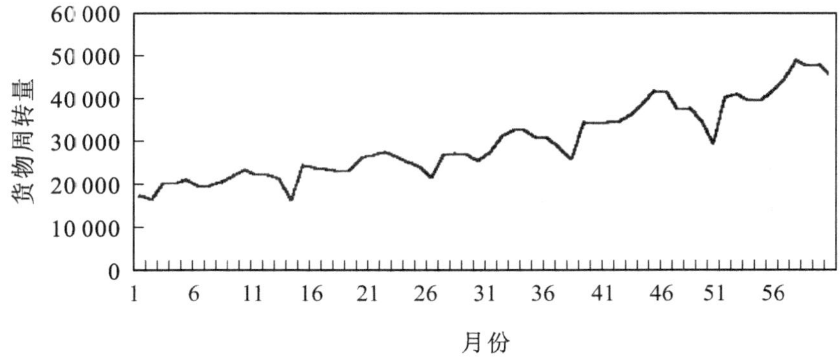

图 2.2　货物运输周转量季节性变化

表 2.8　货物运输周转量季节指数　　单位:%

月份	季节指数	月份	季节指数
1	92	7	98
2	80	8	105
3	105	9	110
4	103	10	109
5	101	11	102
6	96	12	99

表 2.8 中各月份季节指数之和等于 1 200。从表中可以看出 2 月季节指数 80 为最小,9 月季节指数 110 为最大。

七、专业航空货运公司的成立标志中国航空货运发展到一个新阶段

1998 年 8 月 18 日由东方航空公司和中远集团公司共同成立了中国第一家专业航空货运公司——中国航空货运有限公司,这家在上海成立的新公司由东航出资 70% 和中远出资 30%,中货航也是中美航空协定中中国飞往美国的第四家航空公司,在成立 4 年间,几乎每一年都在盈利,在中国航空普遍亏损的背景下,中货航的出色表现赢得了市场的认可。2002 年 1 月 1 日,中国国际航空公司货运公司正式成立。

这两家专业货运公司的成立,是航空货运发展必然性的选择。在以往,航空货运作为一个部门存在于航空公司之中,但由于航空公司是以客运为主业,航空货运只能作为辅助的一部分,所以从投入、人员、规章制度、组织机构等各方面来说,发

展都受到了很大的制约，因为航空货运有不同于客运发展的规律，必须遵循这种规律进行发展，但首先要突破结构的制约才行。

八、中国国际航空货运竞争愈发加剧

20 世纪 90 年代以来，外国航空公司纷纷看好中国货运市场。利用 20 世纪八九十年代我国航空公司忙于发展航空客运，无暇顾及航空货运的时机，联邦快递、UPS、DHL 等航空运输企业采用合资合作形式进入了中国国内市场，联邦快递采用上述形式已经在国内 144 个城市建立了分公司或代理企业或办事处；UPS 采用与中国外运总公司合资的形式也已在我国 120 个城市建立了分公司或代理企业。

上世纪末，已有 10 多家外国航空公司的大型货机飞往中国。如：美国联邦快递、德国汉莎、法航、新加坡、美西北、英航、荷兰、卢森堡、美国联合包裹航空公司、意大利等。2000 年在北京首都国际机场的国际货邮吞吐量中，由外航承运的国际货邮比重占到了 65%，而以 UPS，FedEx 等为首的国际快递公司以先进的管理经验大力发展第三方物流，则占据了我国国际快递主市场一半以上的份额。在中美、中欧航线上国航的价格下降了近 30%，才维持了现有的市场份额。在外国航空公司的专用货机班次的不断增加，投入运力之猛的情况下，国航的力量显得单薄。外航在其所飞机场已形成了瓜分中国市场之势。大韩航空在天津、山东；欧、美航空公司紧盯上海；俄罗斯货包机业务几乎在华北、华东、东北、西北地区全面铺开，对非贸易货源亦有被包揽之势。我国民航货运市场正被一点点地分割，市场份额将逐步减小，形势逼人。

九、卡车航班的显现

每年有大宗的货物和体积较大货物由国外运至中国，需在北京、上海转到国内各地。据悉，有近万吨货物由于民航缺乏相应的服务，不得不通过海运到香港转内陆。另外，我国青岛、烟台、长春、沈阳、武汉、郑州、石家庄、呼和浩特等地，每年出口大量货物。其中，有两万多吨需经北京运至国外。10 吨以下包飞机，运费太高，因而这些货物仅用飞机运输显然是不够的。

随着空运需求的扩大，航空公司需要开发另一种潜力，那就是地面运输。所谓地面运输是指航空承运人按照合理快捷的原则，采用一种运输全部或部分货物的方式，其目的是为了尽早将货物运至目的地。外国航空公司将地面运输编入航班时刻，国内称之为卡车航班，它受空运同等的法律规定保护。卡车航班必须在海关的监管下，使用特制的封闭式车厢运输。为弥补航空公司运输方式的单一化缺陷，国航迄今为止已经开通了两条卡车航班，北京至天津和北京至青岛，其中北京至青岛是 2001 年 8 月开通的，这条线路的开通不仅解决了国航货运在北京至青岛航线上货运运力的严重不足，而且增强了国航货运在此航线上的竞争实力。但是由于国内民航一些机场基础设施相对落后，大部分机场仍然受到机型和地面装卸设备的限制，航空运输能力赶不上需求的增长，使大宗货物和体积较大的货物被航空公司拒之门外。空、陆运输的不配套，一方面航空公司无法满足客户的一条龙服务和社会需求，另一方面也使国航货运失去了大量的货源。随着我国越来越多的高速公路的建成，给民航提供了有利条件，国航应该很好地利用它。在机型小、运力不足和未开的航线或城市之间，如武汉、乌鲁木齐等建立卡车航班。加强监管车队，以北京为基地，向周边地区辐射开展卡车航班业务。提供门到门服务，尽快弥补空运方式单一化缺陷，加快中转货物服务，突破航空货运的瓶颈。

十、货运枢纽机场逐渐显现

在中国航空历史上，航空公司是采用以客运为主货运为辅的运营模式，作为服务于航空公司的机场也同样遵循了这种模式，机场的建设主要是为了客运，但随着全货机的增长，货运航空公司的出现，这种局面正在逐渐改变，像美国的孟菲斯机场，其年货物吞吐量达到了世界第一，有 230 多万吨，但旅客吞吐量只有 1 000 多万人次，货运和客运明显不匹配，这和中国的现实情况明显不一样。因为中国的航空运输还处于起步阶段，尤其是航空货运的货量还不足以养活很多全货机，因此，中国的航空公司还主要采取飞机腹舱载货的方式进行运输，造成客运量大的机场货运量也很大，比如首都机场、上海机场、广州白云机场等，但这种方式随着航空货运的发展而改变，中国民航已经把深圳机场、天津机场明确定位在航空货运机场。这两个机场已经从机场的布局、设施等向货运枢纽机场转型，以适应未来的航空货运发展的要求。

十一、信息化程度进一步提高

纵观中国航空货运的发展历程，在发展的初级阶段，很多的工作只能用手工，例如制单、查询等，但随着业务量的增大，手工方式对于企业的管理效率形成了非常大的阻碍。在发展的初步阶段，航空货运的市场环境还比较宽松，竞争还不太激烈，航空货运的货量还很有限，手工的方式能够适应当时的发展状况。但随着运输量的进一步增大，手工操作已经显现出它的缺点：容易出错、标准化比较差、不好进行统计等一系列问题，由此航空货运部门主要考虑的是如何把手工的方式改为电脑方式。在 20 世纪 90 年代初，国内航空公司开始使用货运信息系统，许多的人工方式可以用电脑实现，例如货物的查询，在以往货主打电话给航空公司的查询部门，查询部门通常是翻货运单来查找这票货，非常繁琐，改用计算机之后，在货物到了之后，把货运单输入系统，工作人员只要输入货单号，即可知道这票货到了没有，所以在当时,计算机系统主要是改变了工作的方式,把人工的效率低、标准化差、准确度低转换为信息化处理。所以当时的信息系统主要是从操作出发,改变流程中的人工操作部分,例如原来人工制单,现在电脑制单,当时是电脑改变了操作模式,但并没有改变管理模式。

随着航空货运的进一步发展,操作的问题基本都得到了解决,但航空货运市场比以往竞争加剧,市场的利润越来越薄,这时航空公司的货运部门在市场的压力下,必须提高货运的收益,才能在这个日趋残酷的竞争市场生存。使用货运系统虽然使单个部门的操作效率提高,但企业的收益需要进一步的提高,而现存的货运系统并没有提供这方面的功能,所以航空货运收益管理浮出水面,成为许多公司追逐的热点。

第3章

中国航空货运市场分析

航空运输是对社会公众开放的商业性的空中交通运输，它使用航空器把人员和物资从一地运输到另一地，从事地理位置的转移。航空运输是现代化运输中历史最短、发展最快的一种高速运输方式，在整个运输业中所占比重不大，但其快速、方便、灵活、安全的特点，具有不可替代的优势，尤其在远程运输中，更尽情地发挥其作用。航空运输除其自身的经济效益外，还有着重要的社会效益，旅客、货物通过航空运输达到位移产生的价值和由于航空运输节约时间的价值，是其社会效益的一个重要表现。

航空运输从其运输对象来分，可分为旅客（包括行李）运输和货物（包括邮件）运输；从其运输范围来看，可分为国内运输和国际运输。民航国内货运只是综合两种分类方法的一个组成方面，在民航运输中只承担运输生产组织的一部分。但是，随着社会经济、贸易、资本一体化发展的要求，民航国内货物会起着愈来愈大的作用。

第一节 入世对我国航空货运的影响

由于航空运输企业的特殊性，入世和航空市场的对外开放对国内民航企业的影响重大，意义深远。目前《服务贸易总协定》中的附录——航空运输服务条文在民航运输服务领域只涉及飞机维护和修理服务、航空运输服务的销售和营销、计算机订座系统等方面。目前，不仅我国所有航空公司的飞机之和还不及美国联合航空公司一家的多，而且，除机队规模的差距外，还有雄厚的资金、技术和人才等方面的差距。许多协议看起来好像双方的市场开放是对等的，但由于竞争实力上的巨大差距，我方很难按照协议增加航班和获得代码共享带来的利益。

2004年7月24日，中美两国航空部门正式签署为期6年的《中美扩展航空服务协议》，又引来多位美国航空巨头“飞”来我国的天空。我国航空市场的发展，必须"筑巢引凤",而快速增长的货源市场,也使我国航空市场成为世界各大航空公司"竞飞"的"大跑道"。外航的纷至沓来,大大吸引了民航市场的客源。以上海为例,从2004年10月起,从上海出境的乘客可以搭乘美联航每日班机,直飞芝加哥,并可以从那里前往美国的200多个城市。不仅如此,作为世界最大航空联盟星空联盟的创始成员之一,美联航和其他联盟伙伴每天运营1.4万个航班,在132个国家和地区之间形成了"航空链"。

一、有利方面

入世和航空市场的对外开放对航空公司的有利方面主要是:

1. 公、商务市场前景广阔。随着我国航空市场的全方位对外开放,外资外企的大量涌入,对外经济贸易与文化交流活动的活跃,选择空运的货源增长潜力很大。这部分货源的迅速膨胀,给中国航空企业迈向世界先进航空公司的行列带来绝好的契机。

2. 企业运营成本相对大幅下降。航油是航空公司的主要运营成本要素之一。加入WTO后,航油油价有可能相对下降。目前,国内航油由中航油独家经营,航油销售由民航总局统一定价,一家说了算,没有竞争,航空公司没有选择,只有被迫接受。随着中国服务贸易市场的开放,国外从事石油产品服务的各大型跨国公司,极有可能进军中国的航油服务市场,外来竞争者的加入,将打破中航油在国内航油市场的垄断,航油的竞争有利于航空公司降低成本。

3. 拓宽信息服务网络。国内信息服务起步晚,网络建设相对缓慢,加之多种因素的制约,与航空公司配套的信息服务滞后,满足不了航空公司的需要。如:计算机订座系统,目前是总局计算中心独家经营,入世后必然会有更多国外经营CRS系统的公司,通过各种途径和办法进入中国,多家竞争的局面可使航空企业享受到更好的计算机系统服务,也利于航空企业信息的广泛传播和收集,拓宽航空运输企业的信息网络,方便代理人的销售工作。

4. 逼迫企业走竞争之路。加入WTO,即是加入全球经济一体化,进入世界市场经济大循环。市场的竞争,归根到底是企业的竞争。企业要生存、要发展,就必须参与竞争,否则就会死亡。因此,航空企业自身必须建立现代企业制度,国内要实现真正的市场自由竞争,真正提高企业生存竞争能力、增强职工的危机意识,为与国际标准接轨创造外部条件。

二、不利方面

入世和航空市场的对外开放对航空公司的不利影响主要为:

1. 中国市场的迅速增长将吸引更多的外航申请经营到中国的国际航线,外航的进入必是先从国际航线开始全方位与我直接竞争,以经营国际航线为主的航空企业首当其冲。中国航空企业在国外市场的产品企划、市场营销、销售能力、服务质量等方面,均处于劣势。如何保持、扩大现有市场份额,任务十分艰巨。

2. 国内各航空企业不具备外国航空企业的国外网络优势,而国内网络现阶段又不能充分发挥作用。同时,国内航空企业的决策机制、管理手段、观念等又远远落后于国外先进的航空企业。

3. 加入世贸后,航空企业服务的对象,大多数将不再是入世前服务需求满足度较低的人群,被服务者亦将以国际化的标准,对我们的服务提出新的更高的要求。因此,职工的生存危机意识、服务意识的转变将成为我们能否迎接入世后挑战的关键。因此我们必须分析国内航空货运业的市场概况。

第二节　新环境下我国航空货运竞争格局

随着我国加入世界贸易组织相关承诺的兑现,以及中国与世界其他国家之间一系列新的航空协定的签订,我国的航空货运竞争格局发生了巨大的变化。主要表现在以下几个方面:

一、国际航空快递巨头加强地面物流网络布局

国际快递巨头早在上个世纪80年代就开始在我国的业务发展与布局。以FedEx为例,早在1988年就与中外运合作,成立了合资公司。1999年,FedEx开始与大田合作,成立了大田联邦快递,在随后的几年里迅速完成了在我国三大经济圈,即长江三角洲经济圈、珠江三角洲经济圈以及首都经济圈的网络布局,形成了覆盖220多个城市的航空快递地面网络,并且加大了向中部地区的渗透。另外,根据2004年新签订的中美航空协定,FedEx已经向美国运输部门提出新增12个航班提供环球货运服务的申请,这些航班将途径欧洲和亚洲其他地区连接美国和中国,另外申请6个新增航班飞行美国至青岛的航线。UPS则申请6个航班全部飞往上海,并计划在上海兴建自己的航运中心。

根据我国加入WTO的有关承诺,自2005年开始,外国企业可以在我国成立地面物流公司,建立地面物流网络与基地,因此,UPS、FedEx、DHL、TNT等国际航空快递巨头纷纷加大了在我国的投资,加强了地面物流网络布局。UPS、FedEx等已经在上海建立了航空快递处理中心。

新的航空运输协定规定,UPS、FedEx这些航空快递巨头可以在我国选择合适的地点,建立起航空运输基地。一旦我国相应配套政策(如海关、边检、税收、交通等政策)得到了落实,这些航空快递巨头就可以利用其在北京、上海、广州或深圳

的航班与运力优势以及地面网络，运用多式联运的手段，迅速占领以这几大城市为代表的我国发达经济圈的航空快递市场甚至是航空货运市场。因为这些快递巨头在我国承运的产品中，普通货物占其总运量的比例将近一半。

二、外国航空公司加强对我国航空货运市场的占领

在国际航空快递巨头加紧布局的同时，其他外国航空公司也加强了对我国航空货运市场的占领。

在新的白云机场投入使用后，法航、汉莎等大型航空公司纷纷开通欧洲飞往广州的直达航班，利用其客机腹舱加入珠江三角洲航空货运市场的竞争行列。汉莎航空公司还与中国国际货运航空公司开展代码共享，以 MDⅡ为主要运力，开通了广州到欧洲的直达货运航班。美国西北航空公司也加大了安克雷奇—上海—东京的货运航班密度，加强了其在长江三角洲地区的航空货运竞争能力。另外，新加坡航空公司也申请到美国—厦门—南京的第五航权，完成了其在我国航空货运发展战略的布局。大韩航空公司则利用其独特的地理优势与仁川机场的强大中转作用，在我国大连、沈阳等城市完成了其战略布局。

此外，一些新的航空货运公司也充分利用双边航空协定，加入到我国航空货运市场竞争的行列。如美国的北极货运航空公司。除了这些竞争力较强的货运航空公司以外，其他的航空公司也都想在我国这块巨大的航空货运蛋糕中分得一杯羹，如泰国航空公司、马来西亚航空公司、我国台湾长荣航空公司等。

三、国内航空公司纷纷加强货运业务的发展

面对近年快速增长的航空货运市场，国内各大航空公司纷纷举起“客货并举”的大旗。8 年前东航就与中国远洋公司成立了我国第一家货运航空公司——中国货运航空公司。2004 年，中国国际航空公司与香港中信泰富等合资成立了国内最大的航空货运公司——中国国际航空货运公司，注册资金达 22 亿元人民币。南方航空公司于 2001 年就开始全货机的运营，随着经验与市场的拓展，开始走上航空货运专业化发展的道路。

处在第二梯队的海航和上航，以及一些地方航空公司也纷纷加强了航空货运的发展，强化航空货运在公司经营管理中的地位。海航成立了扬子江航空快递公司，以国内航空货运市场为主，实行航空货运的专业化发展。深圳航空公司利用深圳这个重要的航空货运城市，以客机腹舱为主要运力，也在加强发展航空货运业务。

除了传统的航空公司之外，以国家邮政总局为背景的中国邮政航空公司也不容忽视。中国邮政航空公司有着以上海为中心的集散式航空快递邮运网，同时还

开辟了至日本的国际货邮业务。

四、新型航空货运企业的强势加入

随着我国的航空货运环境越来越宽松,一些民营资本与外资也纷纷加入我国航空货运竞争队伍。

2004 年 10 月 20 日,世界上最大的航空货运公司汉莎货运航空公司与深圳航空公司合资成立了翡翠航空货运公司,该公司以深圳为基地,坐拥我国航空货运重要货源地——珠江三角洲。民营航空奥凯航空公司在组建之初,也是以"经营国内航空货邮运输/快递业务、天津始发的国内客运包机运输业务、航空公司间的代理业务、货物仓储业务"为计划的,后由于无法租赁到运营的货机,以及我国民航相关法律政策的限制,被迫转向客运经营。

传统的航空货运代理也不容忽视。如中外运集航空代理、远洋运输、公路运输于一身的传统代理近来在航空运输行业一连串的动作,让我们看到了一支新的航空货运力量的崛起。它先后与 FedEx、UPS、DHL、TNT、OCS 等跨国快递企业合作,先收购了扬子江货运,然后又入主四川航空公司,并且在一些机场兴建航空物流中心,显示出大力发展的雄心壮志。

我国航空货运市场竞争已经形成了一个全新的格局(如图 3.1)。

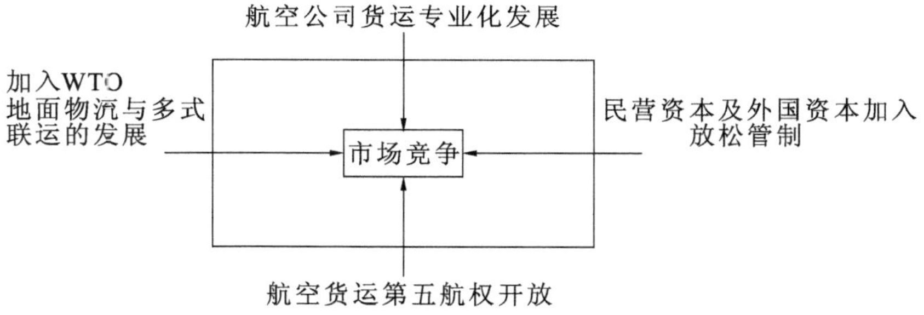

图 3.1　我国航空货运竞争格局

一些世界性的航空公司将其目光投向了发展迅速的中国航空货运市场,而国内的航空公司也意识到了航空货运将是企业盈利的关键所在,纷纷加大了对航空货运业务的投入。这种竞争格局必然促进我国航空货运市场的成熟。同时,我们还应该看到,分布于我国东南沿海经济发达地区外围的三大枢纽机场仁川机场、东京机场及香港机场对我国航空货运市场有着强大的吸附作用。一些无法进入我国的航空公司,纷纷利用这三大机场的中转作用,联合其他运输方式,向我国航空货运市场渗透,我国航空货运市场的竞争因此变得越来越激烈。

这种环境的变化及市场竞争的加剧,对我国航空运输企业的货运经营提出了巨大的挑战。与竞争对手相比，运力的不足及经营管理水平的相对低下，是我国航空货运企业赢得竞争的最大难题。因此，对于我国航空公司而言，最大的问题是如何在短期内扩充运力，构建航空货运网络，从而提高竞争力，获取更多的市场份额。

第三节　我国民用航空与世界民用航空运输业的比较

我国是世界上航空运输发展最快的国家之一，过去几十年年均增长速度高于世界平均水平2倍以上，跻身于世界前10位的航空大国之列。但从完成的航空运量来看很少，目前仅占3%。了解和分析当今世界航空运输发展状况，对于确定我国航空运输发展战略十分重要。

一、当今世界航空运输发展趋势

1. 航空运输联盟化趋势。随着世界经济逐步形成相互合作、相互依存的全球化关系，航空公司开始寻求新的合作形式，如营销合作、候机楼共用、联程订座、航班代码共享等，并初步形成联盟化趋势。航空公司联盟化，既是航空公司之间合作关系发展的新形式，也是推行放松管制政策、促进企业竞争的直接后果和航空运输全球化的必然要求。“明星联盟”是全球最大的航空公司联盟。环宇联盟、天合联盟、翼之盟和合格者联盟等也得到发展。

2. 航空运输自由化趋势。航空运输管理自由化源于美国20世纪80年代初期开始推行的对内和国际航空运输的“放松管制法”，指在航空运输市场准入和运价浮动方面的自由化。根据此法于1981年取消航线审批，于1982年取消对运价浮动的审批。实行放松管制的结果，一是航空运输市场化进程加快，竞争加剧，总体运价水平下降，旅客运量上升；二是航空公司兼并改组加快，有些航空公司倒闭，有些航空公司规模扩大，市场占有率上升，增强了国际竞争力；三是许多国家相继仿效，使航空放松管制发展成为一种不可逆转的自由化趋势，促进了航空运输全球化。以自由化为原则的航空运输区域集团的建立，促进了航空运输管理的自由化。

3. 我国航空运输集团化发展。目前，我国为适应世界上航空运输集团化的发展趋势，通过重组，组建了具有一定规模和竞争实力的航空运输集团，即“中国国际航空集团公司”、“中国东方航空集团公司”、“中国南方航空集团公司”。我国成立航空运输企业集团的主要思想，是在政企分开的前提下，扩大规模，提高效益，规范市场，充分发挥市场对航空资源配置的基础作用，增强国际竞争能力。一般来讲，航空运输自由化为人们乘机带来实惠，也促进了航空运输发展。随着我国加入世界贸易组织，我国民航也应顺应航空自由化这一趋势，逐步与国际接轨。但从目前我国实际情况看，还不能在短期内开放，因为我国航空公司目前尚未成为真正的市场主体,放松管制会造成市场秩序的不规范;我国航空公司的资产都是国有,如放松管制,必然导致一些航空公司的破产,造成国有资产大量流失;放松管制和天空开放实际上为世界上较强大的航空公司打开了广阔市场,而我国航空公司即便成立了航空集团,也很难与世界上大的航空集团相抗衡。但无论如何,我们要转变观念;积极应对,迎接挑战。

二、我国与世界航空运输的比较

1. 在航空运输发展政策上。世界各国,无论国家大小、经济强弱,还是开展航空运输的时间长短,都把航空运输放在重要地位,采取积极鼓励的产业政策。如作为世界上最大航空运输市场的美国,出台的鼓励和促进航空运输发展的政策,不仅在国内发挥巨大的作用,而且在世界范围内都产生重要影响。我国航空运输持续快速增长,也与国家交通运输产业政策的支持分不开。因此,国家政策的扶持,是世界航空运输发展的共同经历。

2. 在航空运输发展过程上。我国与世界航空运输增长速度比较,从 1980 年至 2000 年,我国与世界航空运输增长速度分别为 18.2% 和 5.7%,高出 2 倍以上;我国与世界航空运输增长速度分别为 18.2% 和 57%,高出 2 倍以上;我国与世界航空运输的经济弹性比较,从 1981 年至 2000 年,我国航空运输的经济弹性为 1.92,全世界运量对经济的弹性为 1.9,我国与世界的航空运输都遵循着大致一样的弹性;我国与亚太地区航空运输增长比较,过去 10 年亚太地区航空运输增长速度为 8%,我国平均增长速度为 17.2%,高出一倍以上;我国与主要国家航空运输增长比较,从 1980 年至 2000 年间,美国年均增长 5.5%,英国年均增长 6%,德国年均增长 8.6%,法国年均增长 5.7%,日本年均增长 6.8%,而我国年均增长 18.2%,高于上述国家。从达到一定量级所用的年限来看,我国航空运输也少于其他国家。如从 50 亿吨公里到 120 亿吨公里的量级,美国用了 9 年,英国用了 13 年,德国用了 10 年,法国用了 16 年,日本用了 10 年,而我国只用了 7 年。三是在航空运输保障水平上,尽管过去几十年我国航空运输基础设施得到建设,但与世界航空发达国家仍有一定差距。如 2000 年,美国有运输飞机 7 094 架,公共机场 5 317个,分别占世界总量 36.44% 和 35.45%;我国有运输飞机 527 架,航班机场 139 个,分别占世界总量 2.7% 和 0.93%。英国、德国、法国、日本等国家的飞机或机场的拥有量远高于我国,提供的航空运输能力超过我国。

三、我国航空运输在世界上的地位

1974 年我国完成的航空运输总周转量在国际民航组织被排为第 44 位,而 2002 年被排为第 9 位,这说明我国航空运输在国际上的地位越来越重要。

同时，我们也应该看到，我国的航空运输同发达国家相比还是很落后的．我国航空运输总周转量在国际上所占的比重还很小。2000 年与国际民航注册国家的 2.89%，仅占美国的 8.6%、日本的 49.1% 和英国的 53.0%。

总之，我国航空运输在国际上的发展速度是惊人的，在国际舞台上的作用日益增强，由于我国的经济还比较落后，航空运输在国际上起举足轻重的作用还需奋斗很长的时间。

四、我国航空货运业务在国际网络的分布

中国公布的国际航空货运资料中，并无详细的付货人及收货人数据，因此，我们必须从一个更高的层面进行分析。根据我国贸易统计数字，中国内地在国际贸易中的主要贸易伙伴为以下六个国家和地区：

（1）日本（2000 年在中国进出口市场占有率 17.5%）；

（2）美国（2000 年在中国进出口市场占有率 15.7%）；

（3）中国香港（2000 年在中国进出口市场占有率 11.4%）

（4）韩国（2000 年在中国进出口市场占有率 7.3%）；

（5）中国台湾（2000 年在中国进出口市场占有率 6.4%）；

（6）德国（2000 年在中国进出口市场占有率 4.2%）。

首先，我们将日本及韩国合为东北亚。在地理上这两国距离较近，运输方式亦无大差异。德国是中国在欧洲的最大贸易伙伴，而与其他西欧国家的连接方式亦大同小异。英国在中国进出口中所占的市场占有率为 2.1%，荷兰为 1.7%，法国为 1.6%。因此，德国可视为众多欧洲国家的代表。再加上美国，便构成中国对外贸易中主要进口国家及出口国家。虽然，各国占中国进出口市场的比例与空运市场不同，但是，我们相信空运市场的构成大致与总体市场的一样。

中国香港及台湾有其自身特点，不能与上述三个区域比较。在大多数进出口贸易中，大部分出口至内地的商品的原产地都不是香港，而大部分从内地进口的商品的终点站也不是香港。更确切地说，香港是一个转口港，大多数有关的统计机构均未能准确统计及完全掌握香港的贸易业务数据。台湾与内地之间仍未有直接运输通道，两地庞大的贸易活动，其中大部分须经中转站从台湾运往大陆。香港通过提供海运及空运服务，成为台海主要的中转站，而澳门只提供有限度的中转服务。

我们以图 3.2 说明我国的国际航线网络。图 3.2 显示我国大陆地区主要的国际客货运航线，“国内三角航线”由北京、上海及香港三个城市组成。换言之，这三个城市的机场成为大陆通往其他国家或地区的门户。目前大陆地区与台湾省无直航航班，货物运输需经香港中转。我们将对此作简要说明（简而言之，图中所有箭头均以单一方向从中国内地或香港向其他地区呈放射状）。其他国内机场对于一

些国际航线来说可能较重要，如飞往新加坡及泰国的成都机场及昆明机场，飞往日本及韩国的大连机场，但是，在整体国际航运网络布局中，这些机场仍只是扮演凤毛麟角的角色而已。

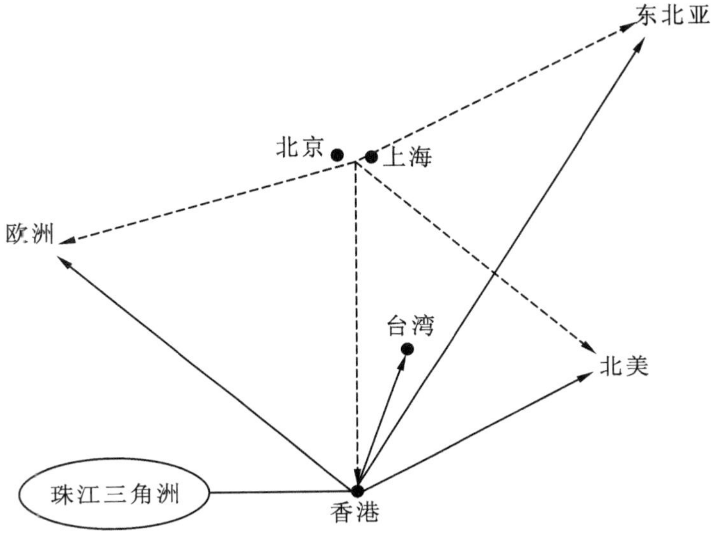

图 3.2　中国国际航线之三角网络

以北美为例，以美国为目的地的空运货物可能是：

（1）从北京或上海付运；

（2）经香港转运。

在上述（1）中，货物可能通过三种方式付运：第一种方式——直接从北京付运；第二种方式——直接从上海付运；第三种方式——在运往北美前在京沪航线间的某一机场付运。有迹象显示，至少以中国国内公司而言，第三种付运方式拥有最大的市场占有率。据我们判断，北京或上海均无法独立产生足够的空运业务，因此，在图中这两点位置比较接近。就距离而言，两市相距确实很远，但两市机场均无法单凭自身力量成为国际航空枢纽。

与世界主要机场相比，北京及上海的国际航空运输均未达到决定性的规模，并在覆盖面及航班频率方面都仍有不足。目前，京沪两地飞往国外城市的国际航线均少于 50 条，但是，欧洲的法兰克福及伦敦，亚洲的曼谷、香港、汉城及新加坡的国际航线均超过 100 条。

香港在内地与北美之间起着航空枢纽的作用。首先，香港仍是华南地区的门户。该地区仍是中国国际贸易表现最为活跃（占进出口 40%）的地区。大批货物经由水陆两路往来香港和内地。其次，香港的机场连接京沪航线及主要东西方航线,货物可先从这两大机场运往香港再飞越太平洋。

虽然我们用北美作例证,但中国与西欧国家间的运输方式,与此相差无几。对于东北亚,香港作为航空枢纽的作用可能较为薄弱,因为从华北及华东来的空运货物不会经由香港转运至日本、韩国等地。

在图3.2中,最后一条联线指向中国台湾。在2000年度,香港机场所处理来自台湾的货物,其吞吐量约达29万吨,与运往台湾的货运量相当。运往内地的货物,主要目的地是华南地区及京沪地区。若大陆与台湾开通直航,香港在台湾与京沪地区之间所起的航空枢纽作用将会被淘汰。

大陆民航管理机构的目标及政策,有可能令广州最终成为中国国际航空网络的第三个航空枢纽。可是,现在中国民航总局给予广州机场的国际航权仍然有限,加上其重要性被香港机场远远盖过,因此,它提供的国际航线及运输量均低于其国内空运的水平。

第4章
民用航空运输管理体系

每一种生产行业都有符合它自己特点的发展目标、生产计划、利润(或效益)指标、市场规模、产品质量以及公众形象等一系列的管理规范和标准要求。管理体系是实现这些目标的机构进行组织、协调和控制的保障。实施这种管理过程的职能集体形成机构,这种机构与所遵循的行为规范便构成管理体系。

民用航空运输是一种社会性集体生产活动。在航空运输业发展初期,航空运输企业生产能力弱、规模小、员工少、生产技能要求低,管理过程相对简单。现代航空运输业是一大资金密集型高风险高科技产业,拥有巨额资产、先进技术和设备、复杂的生产过程和严格的生产质量标准、全球性的生产规模和庞大的员工队伍。经过近一个世纪的发展,民用航空运输业在国际、国内以及企业内部已经形成一整套管理体系,以保障民用航空运输业正常、安全、健康的发展。

第一节 国际民用航空运输管理机构

民用航空运输业具有国际性。国际民用航空运输管理机构负责制定国际民用航空运输活动的行为规范,协调国际间民用航空运输业务关系,以保障国际航空运输的航行安全和有序发展。因此,通过国际民航管理机构的协调与管理,世界各国民航运输企业在国际民航活动中实行统一的技术标准、航行准则、操作规程;必须执行统一价格体系、价格标准和票据规格;必须遵循统一的国际法规准则,公正处理国际航空事务等。

一、国际民用航空组织(ICAO)

国际民用航空组织(International Civil Aviation Organization),是联合国系统中负责处理国际民航事务的专门机构。总部设在加拿大蒙特利尔,迄今已有185个会员国。其主要活动是研究国际民用航空的问题,制定民用航空的国际标准和规章，鼓励使用安全措施、统一业务规章和简化国际边界手续。

1. ICAO的成立

国际民航组织前身为根据1919年《巴黎公约》成立的空中航行国际委员会(ICAN)。1944年11月1日至12月7日，52个国家在芝加哥签订了《国际民用航空公约》(芝加哥公约)，按照公约规定成立了临时国际民航组织(PICAO)。1947年《国际民用航空公约》正式生效，国际民航组织也因之正式成立。同年5月，国际民航组织正式成为联合国的一个专门机构。

2. 宗旨和目的

国际民航组织的宗旨和目的在于发展国际航行的原则和技术，促进国际航空运输的规划和发展，以：

(1) 保证全世界国际民用航空安全地和有秩序地发展；

(2) 鼓励为和平用途的航空器的设计和操作技术；

(3) 鼓励发展国际民用航空应用的航路、机场和航行设施；

(4) 满足世界人民对安全、正常、有效和经济的航空运输的需要；

(5) 防止因不合理的竞争而造成经济上的浪费；

(6) 保证缔约各国的权利充分受到尊重，每一缔约国均有经营国际空运企业的公平机会；

(7) 避免各缔约国之间的差别待遇；

(8) 促进国际航行的飞行安全；

(9) 普遍促进国际民用航空在各方面的发展。

以上九条共涉及国际航行和国际航空运输两个方面的问题。前者为技术问题，主要是安全；后者为经济和法律问题，主要是公平合理，尊重主权。两者的共同目的是保证国际民航安全、正常、有效和有序的发展。

3. ICAO组织机构

国际民航组织由大会、理事会和秘书处三级框架组成。

(1) 大会。大会是国际民航组织的最高权力机构。大会一般情况下每三年举行一次，遇有特别情况时可以召开特别会议。大会期间的工作为选举理事国，审查理事会各项报告，表决年度预算，决定财务安排以及审议提交大会的各项提案等。

(2) 理事会。理事会是向大会负责的常设机构，由大会选出的33个缔约国组成。理事国分为三类：第一类是在航空运输领域居特别重要地位的成员国，第二类是对提供国际航行设施作出突出贡献的成员国，第三类是区域代表成员国。理事会下设财务、技术合作、非法干扰、航行、新航行系统、运输、联营导航、爱德华奖八个委员会。每次理事会开会前，各委员会先分别开会，以便将文件、报告或问题提交理事会。理事会主席由理事会选举产生。

(3) 秘书处。秘书处是国际民航组织的常设行政机构,由秘书长负责保证国际民航组织各项工作的顺利进行。秘书长由理事会任命。秘书处下设航行局、航空运输局、法律局、技术合作局、行政局五个局以及财务处、处事处,此外,秘书处有一个地区事务处和七个地区办事处,分设在曼谷、开罗、达喀尔、利马、墨西哥城、内罗华和巴黎。地区办事处直接由秘书长领导,主要任务是建立和帮助缔约各国实行国际民航组织制定的国际标准和建设措施以及地区规划。

我国是国际民航组织的创始成员国之一,中国政府于 1944 年签署了《国际民用航空公约》,并于 1946 年正式成为会员国。1971 年国际民航组织通过决议承认中华人民共和国为中国唯一合法代表。1974 年我国承认《国际民用航空公约》并参加国际民航组织的活动。同年我国当选为二类理事国。在蒙特利尔设有中国驻国际民航组织理事会代表处。

4. 国际民航组织的主要工作

国际民航组织按照《国际民用航空公约》(芝加哥公约)的授权,发展国际航行的原则和技术。近二十年,各种新技术飞速发展,全球经济环境也发生了巨大变化,对国际民用航空的航行和运输管理制度形成了前所未有的挑战。为加强工作效率和针对性,继续保持对国际民用航空的主导地位,国际民航组织制订了战略工作计划(Strategic Action Plan),重新确定了工作重点,于 1997 年 2 月由其理事会批准实施。

(1) 法规(Constitutional Affairs)。修订现行国际民航法规条款并制订新的法律文书。主要项目有:

① 敦促更多的国家加入关于不对民用航空器使用武力的《芝加哥公约》第 3 分条和在包用、租用和换用航空器时由该航空器登记国向使用国移交某些安全职责的第 83 分条(我国均已加入)。

② 敦促更多的国家加入《国际航班过境协定》(我国尚未加入)。

③ 起草关于统一承运人赔偿责任制度的"新华沙公约"。

④ 起草关于导航卫星服务的国际法律框架。

(2) 航行(Air Navigation)。制订并刷新关于航行的国际技术标准和建议措施是国际民航组织最主要的工作,《芝加哥公约》的 18 个附件有 17 个都是涉及航行技术的。战略工作计划要求这一工作跟上国际民用航空的发展速度,保持这些标准和建议措施的适用性。

规划各地区的国际航路网络、授权有关国家对国际航行提供助航设施和空中交通与气象服务、对各国在其本国领土之内的航行设施和服务提出建议,是国际民航组织"地区规划(Regional Air Navigation Planning)"的职责,由 7 个地区办事处负责运作。近年来,由于各国越来越追求自己在国际航行中的利益,冲突和纠纷日益增多(例如在南中国海空域),致使国际民航组织的统一航行规划难以得到完全实施。战略工作计划要求加强地区规划机制的有效性,更好地协调各国的不同要求。

(3) 安全监察(Safety Oversight Programme)。近年全球民航重大事故率平均为1.44架次/百万架次,随着航空运输量的增长,如果这一比率不降下来,事故的绝对次数也将上升到不可接受的程度。国际民航组织从20世纪90年代初开始实施安全监察规划,主要内容为各国在志愿的基础上接受国际民航组织对其航空当局安全规章的完善程度以及航空公司的运行安全水平进行评估。这一规划将在第32届大会上发展成为强制性的"航空安全审计计划(Safety Audit Programme)",要求所有的缔约国必须接受国际民航组织的安全评估。

安全问题不仅在航空器运行中存在,在航行领域的其他方面也存在,例如空中交通管制和机场运行等。为涵盖安全监察规划所未涉及的方面,国际民航组织在近年还发起了"在航行域寻找安全缺陷(Programme for Identifying Safety Shortcomings in the Air Navigation Field)"计划。

作为航空安全的理论研究,现实施的项目有"人类因素(Human Factors)"和"防止有控飞行撞地(Prevention of Controlled Flight into Terrain)"。

(4) 制止非法干扰(Aviation Security)。制止非法干扰即我国通称的安全保卫或空防安全。这项工作的重点为敦促各缔约国按照附件17"安全保卫"规定的标准和建议措施,特别加强机场的安全保卫工作,同时大力开展国际民航组织的安全保卫培训规划。

(5) 实施新航行系统(ICAO CNS/ATM Systems)。新航行系统即"国际民航组织通信、导航、监视/空中交通管制系统",是集计算机网络技术、卫星导航和通信技术以及高速数字数据通信技术为一体的革命性导航系统,将替换现行的陆基导航系统,大大提高航行效率。20世纪80年代末期由国际民航组织提出概念,90年代初完成全球规划,现已进入过渡实施阶段。这种新系统要达到全球普遍适用的程度,尚有许多非技术问题要解决。战略工作计划要求攻克的难题包括:卫星导航服务(GNSS)的法律框架、运行机构,全球、各地区和各国实施进度的协调与合作,融资与成本回收等。

(6) 航空运输服务管理制度(Air Transport Services Regulation)。国际民航组织在航空运输领域的重点工作为"简化手续(Facilitation)",即"消除障碍以促进航空器及其旅客、机组、行李、货物和邮件自由地、畅通无阻地跨越国际边界"。18个附件中唯一不涉及航行技术问题的就是对简化手续制订标准的建议措施的附件9"简化手续"。

在航空运输管理制度方面,1944年的国际民航会议曾试图制订一个关于商业航空权的多边协定来取代大量的双边协定,但未获多数代表同意。因此,目前国家之间商业航空权的交换仍然由双边谈判来决定。国际民航组织在这方面的职责为：研究全球经济大环境变化对航空运输管理制度的影响，为各国提供分析报告和建议，为航空运输中的某些业务制订规范。战略工作计划要求国际民航组织开展的工作有：修订计算机订座系统营运行为规范，研究服务贸易总协定对航空运输管理制度的影响。

(7) 统计(Statistics)。《芝加哥公约》第 54 条规定，理事会必须要求、收集、审议和公布统计资料，各国有义务报送这些资料。这不仅对指导国际民航组织的审议工作是必要的，而且对协助各国民航当局根据现实情况制订民航政策也是必不可少的。这些统计资料主要包括：承运人运输量、分航段运输量、飞行始发地和目的地、承运人财务、机队和人员、机场业务和财务、航路设施业务和财务、各国注册的航空器、安全、通用航空以及飞行员执照等。

国际民航组织的统计工作还包括经济预测和协助各国规划民航发展。

(8) 技术合作。20 世纪 90 年代以前，联合国发展规划署援助资金中 5% 用于发展中国家的民航项目，委托给国际民航组织技术合作局实施。此后，该署改变援助重点，基本不给民航项目拨款。鉴于不少发展中国家引进民航新技术主要依靠外来资金，国际民航组织强调必须继续维持其技术合作机制。资金的来源，一是靠发达国家捐款，二是靠受援助国自筹资金，委托给国际民航组织技术合作局实施。目前，不少发达国家认为国际民航组织技术合作机制效率低，养人多，还要从项目资金中提取 13% 管理费，很少向其捐款，主要选择以双边的方式直接同受援国实施项目。

(9) 培训。国际民航组织向各国和各地区的民航训练学院提供援助，使其能向各国人员提供民航各专业领域的在职培训和国外训练。战略工作计划要求，今后培训方面的工作重点是加强课程的标准化和针对性。

二、国际航空运输协会(International Aviation Transport Association)

国际航空运输协会(IATA)是一个由定期航空公司在 1945 年建立的世界范围的非政府组织，目的在于促进安全、正点和经济的航空运输，为航空运输企业之间开展协作以及与国际民航组织、其他国际组织和地区航空公司协会合作提供方便。该协会是一个国际航空业全球范围内的行业性组织。国际航空运输协会于 1919 年 8 月 23 日在荷兰的海牙成立，并于 1945 年 4 月在古巴的哈瓦那重新组建，从当初的 5 家会员发展到目前 220 多家会员，历经 80 多年的风风雨雨。国际航空运输协会共有两个总部，一个在加拿大的蒙特利尔，另一个在瑞士的日内瓦，它有 4 个地区办事处，分别设在安曼、圣地亚哥、新加坡和华盛顿。

1. 国际民用航空运输协会的宗旨与目的

(1) 为全世界人民的利益，促进安全、正规和经济的国际航空运输的发展，扶持航空商业并研究与其有关的问题；

（2）为直接或间接从事国际航空运输服务的各航空运输企业提供协作的途径；

（3）与国际民用航空组织及其他国际组织合作。

国际民用航空运输协会的主要任务是制定国际航空客货运价格、运载规则和运输手续，协助航空运输企业间的财务结算，执行国际民用航空组织ICAO制定的国际标准和程序。

IATA自成立以来，致力于建立一个标准化的国际航空运输系统并成功地成为国际航空界行业技术上最具权威性的组织。该协会的主要功能是通过各种方式为直接或间接从事国际航空运输业务的各国航空运输企业提供合作的途径，其中包括研讨统一的客、货、行李操作程序，航空港地面服务程序，制定标准的客票、货运单、航空公司代号及与航空运输业务有关的标准代号，建立、调整、修改国际客货运价，提供客货运输结算服务，研讨航班时刻，培训国际运输业务等。IATA制定的一系列规章制度文件已成为国际航空联运业务所遵循的宗旨性文件，许多国家的政府在审定本国航空公司经协商建立的双边运输协议，诸如联运运输协议、总代理协议、国际运价协议等类似协议时亦参照IATA运输大会的标准文本及规定。总之，运用IATA机制才有可能将数以千计的点与点间有限的运输连成相互依赖的多边客货联运系统，从而形成目前世界范围内的联运服务网络。

2. 国际民用航空运输协会IATA的管理组织机构

国际航空运输协会组织结构的主要部门每年召开的国际航空运输协会年度总会（AGM）是该协会的主要权力机构。所有正式会员在决议中都有平等的一票。

国际民用航空运输协会IATA的最高权力机构是“全体大会”，每年召开一次。所有正式会员在决议中都有平等的一票。

国际民用航空运输协会IATA的常设机构是“执行委员会”，由会员航空公司选举的首席执行官组成，掌握全年的政策方向，管理国际民用航空运输协会的全年事务性工作。

国际民用航空运输协会特别委员会在经过执行委员会批准之后随时成立，以便就行业特别关注的问题进行咨询。也可以随时成立具有特定职权的其他机构，诸如小组委员会、全体委员会、专家小组和工作小组。

国际民用航空运输协会四个常设委员会（运输、技术、货运和财务）由单一会员航空公司提名的专家组成。国际民用航空运输协会运输委员会在关于国际航空运输的所有商务事务方面向执行委员会和会长提供咨询并监督运输会议的工作。国际民用航空运输协会秘书处系由会长所牵头的一帮工作人员组成，协助国际民用航空运输协会大会和委员会的会议和种种运输会议，还发挥着包括向会员航空公司和其他机构提供各种服务这样的几种职能。

国际民用航空运输协会会籍向获得符合国际民用航空组织成员国身份的政府所颁发执照的任何提供定期航班的航空运输企业开放。国际民用航空运输协会正式会员向直接从事国际经营的航空公司开放,而国际民用航空运输协会准会员身份只向国内航空公司开放。国际民用航空运输协会现有两百多家会员航空公司。协会会员分:(1)正式会员——在两个或两个以上国家间从事航空服务的任何航空运输企业,可加入协会成为正式会员。(2)准会员——从事一国国内航空服务的任何航空运输企业,可加入协会成为准正式会员。

我国的中国国际航空公司、南方航空公司、东方航空公司等都是IATA的正式会员航空公司。

3. 国际民用航空运输协会IATA的运输大会

国际民用航空运输协会IATA的组织活动是通过运输大会的形式完成的。国际民用航空运输协会的运输会议结构包括四个程序性会议和各种运价协调会议。在IATA运输大会下分别设有:(1)客、货代理人大会,主要研究代理人管理事务,包括BSP/CASS代理人销售系统等业务;(2)客、货服务大会,主要研究和建立各项标准化业务规章,包括标准客票、运单、行李运输和特殊旅客服务规定等;(3)客、货运价协调大会,主要研究统一的国际客、货运价计算规则,运价水平及有关使用条件。这类大会每年召开一次,会议根据成员航空公司提出的议题进行讨论,并将全票通过的决议提交IATA大会秘书处形成文件下发。IATA通过的决议须经有关国家政府批准,同时经美国运输部、欧共体的批准后方可实施。

运输会议的结构如图4.1所示。运价协调性会议分三类召开,成员航空公司可以选择性地参加所在业务区的旅客运输或货物运输方面的会议。国际民用航空运输协会的运价协调会议的3个业务区划分为:

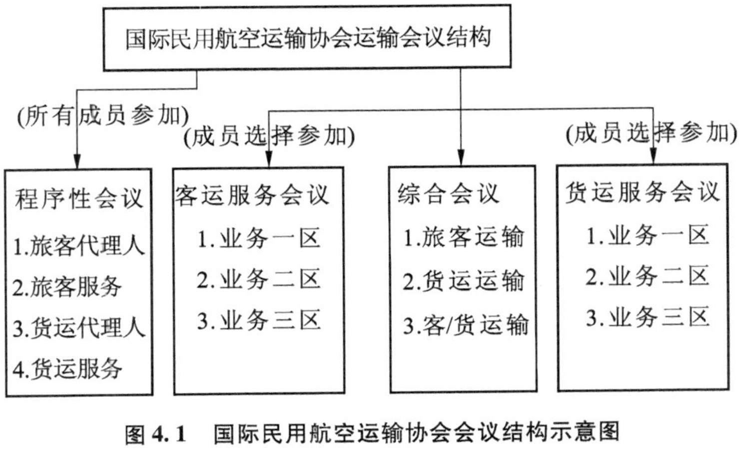

图4.1 国际民用航空运输协会会议结构示意图

业务一区，包括美洲大陆以及与之毗连的岛屿，格陵兰，百慕大，西印度洋和加勒比海群岛，夏威夷群岛等。

业务二区，包括欧洲全部（含俄罗斯的欧洲部分）以及与之毗连的岛屿，冰岛，亚速尔岛，非洲全部以及与之毗连的岛屿，亚森兴岛，伊朗及其西南部的亚洲部分。

业务三区，包括属于二区之外的亚洲全部以及与之毗连的岛屿，东印度洋全部，澳大利亚，新西兰以及与之毗连的岛屿，属于一区以外的太平洋岛屿。

三、国际航空电信协会（SITA）

这是一个专门承担国际航空公司通信和信息服务的合资性组织，1949 年 12 月 23 日，由荷兰、法国、英国、瑞士、萨伯那等 11 家欧洲航空公司的代表在比利时布鲁塞尔创立。

SITA 在成立初期，只是将参加者航空公司现有的通信设备相互连接并在共享的基础上使用。随着 SITA 成员不断增加和航空运输业务对通信需求的迅速增长，目前 SITA 已经成为一个国际化的航空电信机构。SITA 的通信网络已在全球 180 多个国家和地区运行。SITA 正经营着世界上最大的专用电信网络。

目前 SITA 的全球通信网由租用的 400 多条中高速线路相互连接 210 多个通信中心组成。各航空公司的用户终端和应用计算机系统则通过各种不同形式的集中器连接至 SITA 的网状干线网络。SITA 网络由 4 个主要的系统构成，即：数据交换和接口系统；用户接口系统；网路控制系统和取贮转发报系统。

除全球的通信网络以外，SITA 还建立并运行着两个数据处理中心。一个是位于美国亚特兰大的旅客信息处理中心，主要提供自动订座、离港控制、行李查询、旅客定位和旅游信息。另一个是设在伦敦的数据处理中心，主要提供货运、飞行计划处理和行政事务处理业务。

中国民航于 1980 年 5 月加入 SITA。同时中国政府批准 SITA 在北京和上海建立通信中心。中国民航通信网络与 SITA 网络相连通，从而实现了国内各机场航空运输部门与外国航空公司和中国民航租用 SITA 亚特兰大自动订座系统连通，开始实现北京、上海国际订座自动化。之后，中国民航又部分地使用了 SITA 伦敦飞行计划自动处理系统，在商定的航线采用自动处理的飞行计划。20 世纪 80 年代后期中国民航自建的计算机订座系统投入运行后，国外各办事处与计算机主机间的通信还利用 SITA 数据交换网。

除中国国际航空公司是国际航空电信协会成员外，中国东方航空公司于 1990 年下半年、中国南方航空公司于 1991 年相继加入该协会成为其会员。

第二节　中国民用航空管理机构

中国民用航空业是一个正在发展的行业。建国以来，根据中国建设社会主义不同历史时期的方针和路线，逐步建立和不断完善了中国民用航空运输业的管理体系。

一、中国民用航空总局的职能

中国民用航空总局是国务院的直属机构，是中国政府管理和协调中国民用航空运输业务的职能部门，对中国民用航空事业实施行业管理。

在中国经济改革和对外开发以后的新时期，根据建设有中国特色的社会主义的总方针，中国民用航空总局确立了新的职责：

1. 研究并提出民航事业发展的方针、政策和战略；拟定民航法律、法规草案，经批准后监督执行；推进和指导民航行业体制改革和企业改革工作。

2. 编制民航行业中长期发展规划；对行业实施宏观管理；负责全行业综合统计和信息化工作。

3. 制定保障民用航空安全的方针政策和规章制度，监督管理民航行业的飞行安全和地面安全；制定航空器飞行事故和事故征候标准，按规定调查处理航空器飞行事故。

4. 制定民用航空飞行标准及管理规章制度，对民用航空器运营人实施运行合格审定和持续监督检查，负责民用航空飞行人员、飞行签派人员的资格管理；审批机场飞行程序和运行最低标准；管理民用航空卫生工作。

5. 制定民用航空器适航管理标准和规章制度，负责民用航空器型号合格审定、生产许可审定、适航审查、国籍登记、维修许可审定和维修人员资格管理并持续监督检查。

6. 制定民用航空空中交通管理标准和规章制度，编制民用航空空域规划，负责民航航路的建设和管理，对民用航空器实施空中交通管理，负责空中交通管制人员的资格管理；管理民航导航通信、航行情报和航空气象工作。

7. 制定民用机场建设和安全运行标准及规章制度，监督管理机场建设和安全运行；审批机场总体规划，对民用机场实行使用许可管理；实施对民用机场飞行区适用性、环境保护和土地使用的行业管理。

8. 制定民航安全保卫管理标准和规章，管理民航空防安全；监督检查防范和处置劫机、炸机预案，指导和处理非法干扰民航安全的重大事件；管理和指导机场安检、治安及消防救援工作。

9. 制定航空运输、通用航空政策和规章制度，管理航空运输和通用航空市场；

对民航企业实行经营许可管理;组织协调重要运输任务。

10. 研究并提出民航行业价格政策及经济调节办法,监测民航行业经济效益,管理有关预算资金;审核、报批企业购买和租赁民用飞机的申请;研究并提出民航行业劳动工资政策,管理和指导直属单位劳动工资工作。

11. 领导民航地区、自治区、直辖市管理局和管理民航直属院校等事业单位;按规定范围管理干部;组织和指导培训教育工作。

12. 代表国家处理涉外民航事务,负责对外航空谈判、签约并监督实施,维护国家航空权益;参加国际民航组织活动及涉民航事务的政府间国际组织和多边活动;处理涉及香港特别行政区及澳门特别行政区、台湾地区民航事务。

13. 负责民航党群工作和思想政治工作。

14. 承办国务院交办的其他事项。

二、中国民用航空总局管理机构

中国民用航空总局是国务院的一个职能机构。1980 年,中国民用航空总局进行了重大的体制改革,不直接经营航空业务,主要行使政府职能,进行行政宏观管理调空。紧接着 2002 年全民航经过了重组,中国民用航空总局管理组织机构设置如图 4.2 所示。

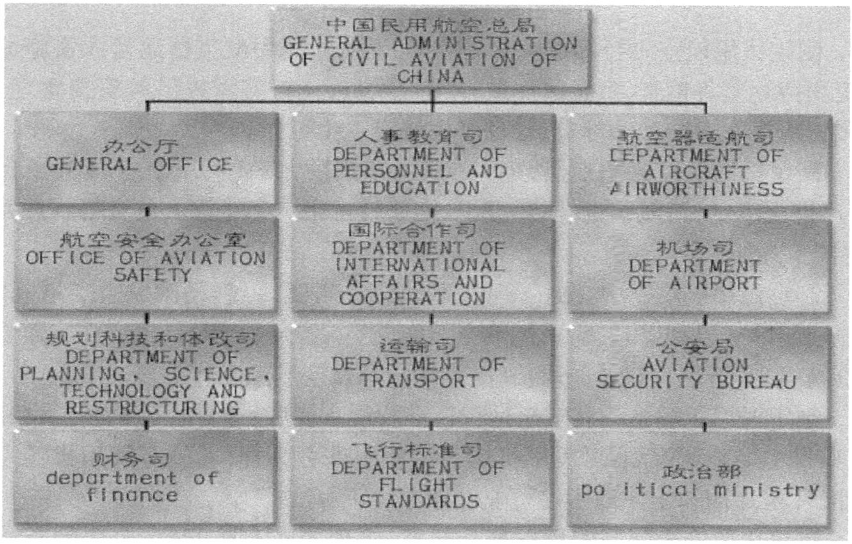

图 4.2　中国民用航空总局管理组织机构设置

中国民用航空总局行政管理机关分设若干专门业务机关,负责相关业务的管理。1998 年机构调整之后的民航总局行政管理机关设置如图 4.3 所示。

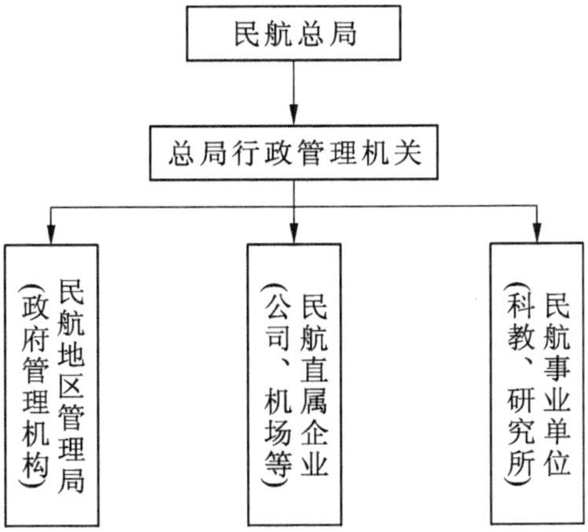

图 4.3 民航总局行政管理机关设置

全国分为 7 大民用航空管理局（民航华北管理局、民航华东管理局、民航东北管理局、民航中南管理局、民航西南管理局、民航西北管理局、民航乌鲁木齐管理局），由民用航空总局下设的 7 个民用航空地区管理局，负责管理本地区所属航空公司、机场、航站、导航台等企事业单位的行政与航空事务。

至 2001 年底，航空总局有 22 个直属企业，包括部分机场、航材公司、航油公司、结算中心、计算机信息中心、空中交通管理局等企业单位。事业单位包括学校和科研所等单位。

第三节 航空公司管理体系结构

航空公司是直接进行民用航空客货邮运输的企业，是具有独立法人地位从事生产和市场销售的营利性单位。它拥有机队、航线、销售服务网络等。

现代航空公司是人员、资金、技术高度密集的服务型生产企业。从事国际航空运输业务的航空公司，其生产规模和市场规模更为庞大。如中国国际航空公司在 2002 年完成重组后总资产为 514.7 亿元，运输总周转量 51.7 亿吨公里，员工 23 000人，共有飞机 118 架。

在中国民用航空总局进行了体制改革以后，航空公司的生产和经营结构也发生了变化。生产集团化，与地方联合组建分公司；经营多样化，不仅进行国际、国内、定期、不定期航班或包机客货运输，而且从事房地产、金融、旅游、饮食服务等业务。

一、重组前的航空公司

在民航总局进行六大重组以前，根据中国民用航空系统的管理体制，中国的航空公司可以分为3大类：骨干航空公司，民用航空总局其他直属航空公司和地方航空公司。

1. 骨干航空公司

1980年，中国民用航空系统进行了体制改革。在改建民用航空地区管理局的同时，根据地区经济地位和国防战略意义，组建了7大骨干航空地区管理局（表4.1）的辖管公司。尤其是建立了国航、东航和南航3大公司，拥有强大的机队和雄厚的技术力量，是我国民航运输的中坚力量。

表4.1　中国民航地区管理局与骨干航空公司

民航地区管理局	本地区的骨干航空公司
民用航空华北管理局	中国国际航空公司
民用航空东北管理局	中国北方航空公司
民用航空华东管理局	中国东方航空公司
民用航空中南管理局	中国南方航空公司
民用航空西南管理局	中国西南航空公司
民用航空西北管理局	中国西北航空公司
民航乌鲁木齐管理局	新疆航空公司

2. 其他直属航空公司

这些利用国家投资组建、隶属中国民用航空总局管理的直属航空公司，主要有中国通用航空公司、云南航空公司、长城航空公司和中国航空股份有限公司等企业，在后来的重组过程中也逐步脱离民航总局，如云南航空公司并入中国东方航空公司等。

3. 地方航空公司

地方航空公司是在体制改革以后，为了充分发挥地方优势共同繁荣我国航空运输事业，利用地方资金组建的航空公司。这些航空公司在航务方面由民用航空地方（省、市）管理局负责管理，资金和人事等方面主要由地方政府管理。目前我国地方航空公司已经超过20个，如海南航空公司、上海航空公司、深圳航空公司、厦门航空公司等。

在国际民用航空业界，通常根据航空公司的生产规模对航空公司进行分类（表4.2）。一般来说，地方性航空公司主要运营支线客运运输；骨干型航空公司一般拥有大型机队和机务维护能力，运营国内主干航线和国际航线客货运输。

表 4.2 国外航空公司规模的划分规则

承运人性质	航空公司类型	年收入(百万美元)
持有运营许可证承运人	骨干型航空公司	>1 000
	全国性航空公司	100 ~ 1 000
(不)持有运营许可证承运人	大型地方航空公司	10 ~ 99.9
	中、小型地方航空公司	<10

航空公司是直接从事航空运输客货业务的部门,有一套行之有效的内部管理体系,以安全生产为核心,进行客货邮运输市场开拓与销售,组织实施运输飞行,建设机队,承担机务维护等一系列任务。航空公司的管理机构设置因航空公司的生产经营规模大小而异。一般来说,它的管理结构与普通的生产企业相似,呈金字塔状。

二、重组后的航空公司

2002 年 10 月 11 日,中国国际航空集团公司、中国东方航空集团公司、中国南方航空集团公司等三大航空运输集团和中国民航信息集团公司、中国航空油料集团公司、中国航空器材进出口集团公司等三大航空服务保障集团在北京正式宣告成立。民航六大集团公司,是经国务院批准,在民航总局直属的九家航空公司和四家服务保障企业的基础上组建的。它们的成立标志着民航政企分开的体制改革迈出了重要的实质性的步伐。

三大航空运输集团中,中国国际航空集团公司是以中国国际航空公司为主体,联合中国航空公司和中国西南航空公司组建的大型国有航空运输企业。集团公司资产总额 573 亿元人民币、员工 2.3 万人,运输飞机 119 架,经营航线 307 条。中国国际航空集团公司组建后,将保留中国国际航空公司的名称,对联合三方进行主辅业分离,航空运输主业及关联资产划入中国国际航空公司,统一使用中国国际航空公司的标识,完成航空运输主业一体化;辅业另行重组,由集团公司统一管理。

中国东方航空集团公司是以东方航空集团公司为主体、兼并中国西北航空公司、联合云南航空公司组建的国有大型航空运输企业。中国东方航空集团公司资产总额 473 亿元人民币、员工 2.5 万人,运输飞机 142 架,经营航线 386 条。中国东方航空集团公司组建后,将保留中国东方航空股份有限公司的名称,对原中国西北航空公司和云南航空公司进行主辅业分离,将航空运输主业及关联资产规范进入中国东方航空股份有限公司,统一使用中国东方航空集团的标识,完成航空运输主业一体化;辅业另行重组,由集团公司统一管理。

中国南方航空集团公司是以南方航空(集团)公司为主体、联合中国北方航空公司和新疆航空公司组建的国有大型航空运输企业。集团资产总额 501 亿元人民币、员工3.4万人,运输飞机180架,经营航线666条。中国南方航空集团公司组建后,将保留中国南方航空股份有限公司的名称,对原中国北方航空公司和新疆航空公司进行主辅业分离,将航空运输主业及关联资产规范进入中国南方航空股份有限公司,统一使用中国南方航空集团公司的标识,完成航空运输主业一体化;辅业另行重组,由集团公司统一管理。

三大航空服务保障集团中,中国民航信息集团公司是以民航计算机信息中心为主体、将中国航空结算中心整体并入而组建的国有企业,资产总额47亿元人民币。中国民航信息集团公司成立后,将适时把中国航空结算中心的主业及关联资产,规范进入中国民航信息网络股份有限公司。

中国航空油料集团公司是在中国航空油料总公司基础上组建的国有大型航空运输服务保障企业,资产总额152亿元人民币。中国航空油料集团公司组建后,将进行主辅业分离,吸收国内航空运输企业和石油、石化企业对主业进行股份制改造,辅业另行重组,由集团公司统一管理。

中国航空器材进出口集团公司是在中国航空器材进出口总公司基础上组建的国有企业,资产总额19亿元人民币。中国航空器材进出口集团公司组建后,将联合国内航空运输企业对主营业务进行重组。

六大集团成立后,集团公司领导班子由中央管理;资产管理及有关的财务关系由财政部负责;国务院向集团公司派出监事会;民航总局对其实施行业管理。

通过这次联合重组,我国航空运输业将形成以三大集团公司为主体的行业结构,有利于规范竞争;通过联合重组,三大集团公司无论在规模和实力上都有所增强,有利于提高国际竞争力;通过联合重组,企业现有的运力、航线、航班、市场网络、人力等资源得到优化配置,有利于降低经营成本;通过联合重组,企业逐步建立产权清晰、权责明确、政企分开、管理科学的现代企业制度,有利于企业的长期稳定发展;通过联合重组,企业规范竞争,降低成本,加强管理,将给旅客和用户提供品质优良、价格合理的产品和服务。

民航三大航空运输集团的成立也势必对地方航空公司的发展带来巨大影响。今后地方航空的发展可能主要有以下三种模式:第一,向大航空集团靠拢;第二,地方航空公司之间组成松散联盟,像已成立的中天集团;第三,一些经营良好的航空公司继续自我发展,例如上海航空公司。就在民航六大集团挂牌的同一天,上航也在上交所成功上市。

民航六大集团公司成立后,民航总局作为国务院主管全国民航事务的直属机构,承担安全管理、市场管理、空中交通管理、宏观调控及对外关系等方面的职能,不再代行对六大集团公司的国有资产所有者职能。民航总局将适应改革后的新情况,切实转变政府职能,依法行政,确保航空安全,规范市场行为,保护消费者利益,维护航空企业公平竞争的环境,做好宏观调控工作,努力推动民航事业的持续、快速、健康发展。

六大集团公司的成立,是航空运输和服务保障企业联合重组的关键步骤,但这并不意味着联合重组工作的完成。实际上,它只是一个开始。下一步,各个集团公司在保证飞行安全和运营正常的同时,将进行内部的职能重组、机构重组、人员重组、资产重组、债务重组、运力重组、航线航班重组、市场网络重组,进行管理理念和企业文化的整合和创新,任务十分繁重。

六大集团公司成立后,民航总局按照国务院的要求,将继续搞好民航地区管理局机构改革和民航省(区、市)局改革,实施机场管理体制改革。

第四节　民用机场管理体系结构

民用机场在ICAO中的定义是指专供民用航空器起飞、降落、滑行、停放以及进行其他活动使用的划定区域,包括附属的建筑物、装置和设施,它是进行民用航空运输生产的必要场所。它不仅提供旅客候机或转乘飞机的候机楼、上下飞机的相关服务设施,而且提供飞机起飞、降落必要的跑道、机坪等一系列保障设施。

一、机场分类

根据机场经停客货航班的业务性质,有国际机场、航班机场、通用航空机场等类型之分。在西方国家,还有私人机场。据统计,至2001年底,中国民用航空系统能够提供航班服务的机场有142个,其中34个机场对外国航班开放;此外有28个通用航空机场。预计到2010年我国民用机场将达到230多个。

1. 航班机场

这一类机场是指提供国内定期客货运输航班服务的普通民用机场。

2. 国际机场

国际机场通常是指提供国际定期客货运输航班服务,并且具有一定旅客吞吐量规模的大型民用机场。在国际上虽然没有关于国际机场的标准或定义,然而一般认为,国际机场不仅提供国际和国内定期与不定期航班客货邮运输服务,而且还设有边防、海关、商检等派出机构,代表所在国从事相关业务。

至2001年底,我国在国际民航组织注册的国际机场已有20多个,如北京首都国际机场、广州白云国际机场、上海虹桥国际机场和厦门高崎国际机场等。

3. 通用航空机场

通用航空机场主要用于通用航空飞行,一般情况下并不提供与航班飞行相关的设施与服务。

4. “枢纽”空港服务网络

在20世纪80年代,西方国家提出了“枢纽空港服务网”(Hub and Spoke Service System)的概念。随着民用航空运输业的迅速发展和航空运输市场竞争的加剧,航空公司一直努力扩大可盈利的客货运输市场,以提高航班飞机的乘坐率,降低成本,增加收入。因此,选择一些位于人口多、交通发达、经济繁荣、客货流量大的城市(机场)为中心,通过与其他大中型城市(机场)之间建立航行干线,大中城市(机场)与附近中小城市(机场)建立航行支线,形成航空运输网络。这样,通过干线运输,将乘客从支线汇集到中心机场或大中型机场,或从干线向支线疏散。由于经过中心机场始发或经停的航班频繁,旅客选择中转航班的机会增加,中转时间显著缩短,一般可以缩短到40分钟到50分钟。旅客还可以搭乘同一航空公司的其他航班。这样,旅客购票单一,旅行时间安排紧凑,中途停留时间缩短。其结果既方便了旅客,又提高了航班飞机的乘坐率。这种方式就像一个车轮,中心机场是车轮的轴心,与之相联接的航线就像轮辐,形成现代运输网络服务体系,如图4.4所示。

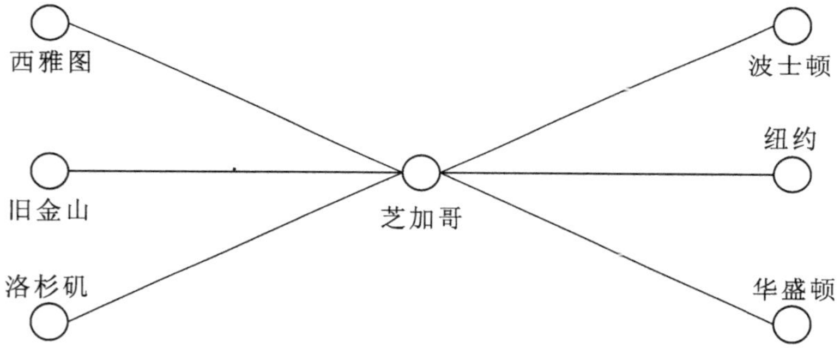

图4.4 轮辐航线网络

另一方面,“枢纽空港服务网”使得航空承运人能够在增加较少成本的情况下,提供比城市点对点飞行更多的运输服务。例如,某一承运人,如果提供10个城市点对点的运输服务,则需要10个航班班次飞行。但是,如果通过中心机场这种“枢纽空港服务网”,同样的10个航班班次可以提供对100个城市的运输服务。通过这种方式使得中心机场成为旅客集散中心,有效地降低运营成本。

二、机场当局管理结构

随着航空运输业的发展,机场的概念已经不仅仅是提供飞机起飞降落的专用场地了。根据现代航空运输的要求,现代机场还应该提供与客货运输相关的服务与设施。现代航空运输采用的飞机运载量大,客货多,飞机起降频繁,机场提供的相关设施需要自然增多。因此,机场占地面范围大、设施多、资金更为密集,更需要一套完备而科学的管理体系。西方业界将机场称为"空港系统"(Airport System)。显而易见,有效运营和有效管理机场是一项复杂而重要的工作。

机场是一个服务场所,管理这个场所的行政机构通常被称为机场当局(Airport Authority)。图4.5所示为一个典型的机场当局管理体系结构。

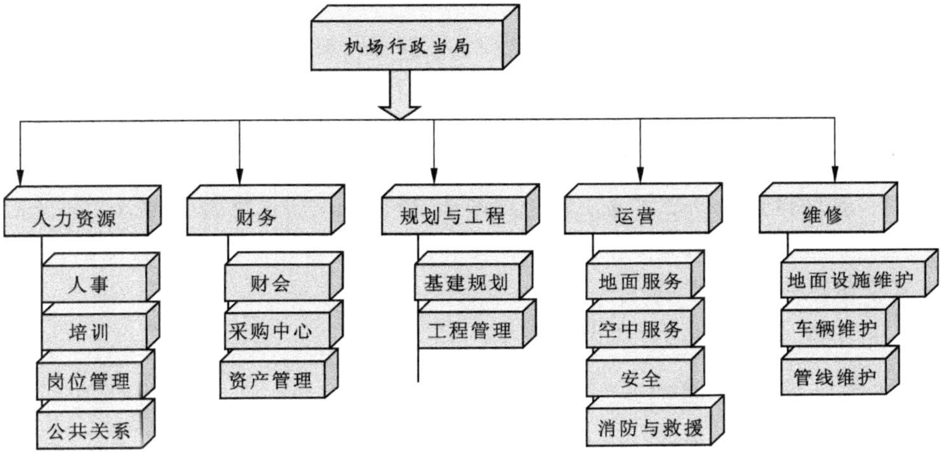

图4.5 机场管理体系

自从中国民用航空体制改革以来,大部分民用机场为独立企业。在中国民用机场中,目前直属中国民用航空总局管理的有北京首都国际机场和广州白云国际机场等,其他大部分机场已由民航地区或地方(省、市)管理局与地方政府共同管理。与发展航空公司的政策一样,中央政府鼓励地方资金参与民用机场的建设,共同受益。

航空公司和机场是发展民用航空运输业的主力军。从一个国家的整体利益来说,航空公司与机场是"唇齿相依"的关系。然而,两者在运输生产和运输市场中的作用则完全不同。

机场行政当局的主要职能是:

1. 拟定民用机场工程、机场安全运行、机场经营管理的规章、技术标准、规范、定额,检查监督执行。

2. 审核、报批新建民用机场场址使用性质、地理名称,颁发或吊销民用机场使用许可证及军民合用机场对民用航空器开放使用的批准书。

3. 审批民用机场(包括军民合用机场民用部分,以下同)总体规划(总平面规划),检查监督执行。

4. 审核、报批限额以上民航基本建设和技术改造项目初步设计、开工报告和管理机构，指导监督工程招、投标和建设监理，对机场专业建设项目实施工程质量监督，组织竣工验收工作。

5. 监管民航建设项目资金，审核报批建设项目工程决算，负责建设项目财务监督管理。

6. 对民用机场安全保障、净空保护、应急救援、环境保护和土地使用等实施行业管理。

7. 对民用机场专业工程的设计、施工、监理单位和中介组织实施资质管理。

8. 对民用机场特种车辆、地面专用设备实行生产许可管理。

9. 办理国际民航组织有关民用机场方面的技术标准和建议措施的推广执行。

10. 承办机场及相关企业的企业管理和公司化改造工作。

11. 指导机场及相关企业运行管理工作，推进民用机场经营管理方式的改革。

12. 负责机场及相关企业（含中外合资企业）的经营资格审查和经营许可管理，指导办理工商登记等事务。

13. 承办总局领导交办的其他事项。

三、我国机场的管理模式

改革开放以来，我国的民用航空事业进入了高速发展的新时期。目前，我国已成为亚洲乃至世界航空运输增长最快的地区，我国大陆在用民用航空机场为139个，其中能满足B747飞机起降的4E级机场18个，大部分机场可以起降B737以上机型。在这些机场中，31个为已在国际民航组织注册的国际定期航班、国际不定期航班及国际备降机场。民航客货吞吐量的95%集中在40个主要机场，其中31个为全国省会、自治区首府和直辖市机场；其余9个为深圳、厦门、大连、汕头、珠海等经济特区、开放城市和旅游城市机场。为满足航空运输量不断增长的需求，中国民航对这40个机场分别按满足2000年或2010年发展目标的需求，分期分批进行改造和建设，提高吞吐能力和现代化水平。

近年来，民航在引进国外先进技术和管理等方面作了很大努力，在引进和自主开发计算机信息管理方面也取得了很大成绩。但还存在着管理水平不高，系统化、自动化程度低、经济效益不好等状况。今后各机场都面临着借鉴国外民航的先进经验，建立和完善机场管理体系，提高人员素质，提高经济效益的问题。我国机场的管理模式自机场产生以来到现在机场与航空公司分开经历了不同的阶段。改革前，中国民航对整个机场的管理模式非常单一，管理的权力机构完全由中央政府集中管理。在这种管理模式下，机场的运作基本上体现的是计划经济时代的特色。改革开放以来，当市场经济占领整个市场的舞台时，相应的改革前的这种单一方式也已经凸现了它的劣势，由于地方政府积极参与机场建设，单一管理模式被打破。

打破后的机场管理模式大致包括以下几类：

1. 民航总局和地区管理局直接管理

现在全国大部分机场是这种管理形式。其中包括部分由中央和地方联合投资建设、但由民航管理的机场。

2. 地方政府管理

这部分机场建设时全部由地方投资（有的机场中央给予少量补助）。机场建成后归地方政府管理。主要有厦门、珠海、深圳、三亚以及一些小型机场。上海虹桥机场是划归上海市政府管理的机场。

3. 中央和地方实行股份制管理

由中央和地方政府联合投资建设，根据《公司法》，按投资比例实施股份制管理。有的由地方政府控股。如南京、福州机场为地方控股，杭州萧山、广州新白云机场则由民航控股。

四、民用机场的经济作用

交通是国民经济建设的基础，机场是航空运输业的发展基地，现代航空运输业离不开现代化机场。

1. 机场是对外开放的窗口

现代航空运输不仅是本国经济建设的重要支柱，而且是对外开放的重要基础。在国际政治、经济、科技、文化的合作与交流过程中，现代化机场是一个极其重要的窗口，首先展现在世界面前。另一方面，机场的运营规模也标志着该地区的政治、经济和文化的发达程度。

2. 吸引投资

机场的地面服务能力是对航班开放的前提，是制约该地区吸引外来资源的关键因素。自我国经济开放以来，发展交通的一个重要方面，就是扩建和新建机场、改善投资环境，为外来投资参与本地经济建设提供现代化的便利通道。

3. 促进地方工业

机场建设本身不仅是投资热点，为本地经济的发展带来生机，而且机场对本地的地面交通、旅游、服务业等相关产业也具有很大的连带和促进作用，因此将产生以机场为中心的经济发展辐射圈。

五、航空公司与机场的关系

在我国，民用机场和航空公司的行政管理属于中国民用航空总局、民用航空地方管理局。对于那些利用地方资金共同建设的机场，地方参与管理，民用航空管理当局对机场的业务进行监督和协调。在经济上，如前所述，体制改革以后，航空公司和机场都是独立经营,独立核算,自负盈亏。然而,航空公司与民用机场之间如何协调发展呢?

1. 协议关系

航空公司根据航班、客货运载量、使用机型等情况,与机场当局就机场的旅客候机或货物仓储场所的使用或租赁、飞机起降与停放、车辆使用、安全检查、登机门、入口、柜台等一系列有关设施使用、服务和费用进行商谈,达成协议,签订合约。机场将按协议提供服务,航空公司将按协议支付费用。

有些航空公司与机场之间签订“一揽子”协议,向机场支付一笔笼统的费用,机场当局提供保障航空公司航班正常飞行所需的实施和服务。

在国际上,航空公司与机场之间的长期服务协议期限有的可达20~30年。

需要说明的是,航空公司使用机场的场地、登机门、入口、柜台等设施与服务的优先与便利程度也存在价格竞争。

2. 股份关系

一些机场希望与航空公司签订长期协议,以保证机场经济收入的稳定性。但是,有的航空公司由于经营亏损,难以及时支付机场使用费用,严重影响了机场的经济收入与发展。因此,在新建机场的过程中有的机场要求大型航空公司出资参股,分担机场投资风险。另一方面,有的机场经济效益好,建设和经营机场本身就有投资收益,一些大型航空公司也愿意加入机场投资股份。在这样的情况下,航空公司与机场存在股份关系,航空公司参与机场的建设、运营或管理,并根据双方协议,航空公司从它们在机场的投资收益中支付机场使用费,用于偿还机场的借贷与利息。

六、航空公司与机场协调发展

航空公司与机场在航空运输市场中相互依存、相互影响,共同发展。

如上所述,机场提供服务的能力直接影响着航空公司在机场所在航线的市场。航空公司支付机场的费用与客货运量、起降频率、机型等因素直接相关。虽然机场没有航空公司所面临的高风险,但是航空公司的经营状况直接影响到机场的直接收益。

不管航空公司与机场采用何种方式进行合作,在一般乘客或货主看来,地面服务是机场,空中是航空公司,尽管在有些机场的部分服务是由航空公司直接提供的。另一方面,机场并不是“航空公司唯一选择”的“业主”(Landlord),它本身经营的旅馆、饭店、旅游、出租车等服务性业务直接受益于航空公司的客货运量。因此,机场必须提供优质高效的服务。

第5章

国际航空公约及其在航空货运管理中的应用

国际货物的运输要遵循国际航空公约的有关规定，中国的国际航空货物运输随着入世的深入，向国际接轨成为其发展的目标。本章主要介绍航空公约中最重要的几个公约：《芝加哥公约》、《华沙公约》、《反劫机条约》(蒙特利尔第四号议定书)等。

随着人类征服空间进程的深入，飞行科学技术的进一步发展，人类愈来愈广泛地利用航空运输为社会经济服务。当今世界，民用航空的发展状况，是一个国家经济发展水平的重要标志，是国家现代化程度的象征。民用航空自诞生之日起，其性质就决定了它是国际间的运输，民用航空愈是发展，其活动愈是频繁，所涉及的社会关系也就愈广泛，更加需要一种法律来保障这一行业的健康发展，民用航空法由此诞生。

航空法划分为国内航空法和国际航空法两大部分，分属于不同的法律体系。国内航空法是国家的重要法律，它涉及领空主权的宣告及其空域管理制度，规范民用航空行政管理行为，调整民用航空活动产生的民商法律关系，还涉及采用刑法手段保护民用航空的安全问题。国际航空法是国际法的重要组成部分，它确立了领空主权原则，调整国家之间开展民用航空活动产生的社会关系。

航空器发明后，人们可以驾驶着航空器在空中无拘无束地自由翱翔。但就在同时，一个人们从未遇到过的问题出现了。即一国的航空器可以几乎不受影响地、随心所欲地在另一个主权国家的领土上空飞行，甚至可以飞到另一国首都上空去。20世纪初，就曾出现过德国的载人氢气球在未经许可的情况下，多次飞至法国巴黎上空的情况。在当时传统的国际公法中，一个国家的疆域范围仅及于其领土和领海；对于位于领土和领海上面的空气空间，国际公法尚未做出过明确规定。民用航空器的出现，使人们不得不对领土和领海上面的空气空间的法律地位做出规定。国际公法顺应了这一要求，并依照罗马法所首倡的“谁拥有土地，谁就拥有土地上方的天空”这一原则，将一国的疆域扩展到该国领土和领海上面的空气空间。自此出现了我们非常熟悉的领空这一概念。

但是,由于航空器无需像陆上交通工具一样借助地面道路运行,它可以很容易地从一国的领空进入另一国的领空。此外,由于缺乏像地面道路一样明晰的标志物,航空器在飞行中也极易发生碰撞事故。在此情况下,仅靠各国单独制定的航空法,是很难适应民用航空发展要求的。所以早在民用航空器投入使用后不久,当时世界上少数航空工业较为发达的国家就已经着手制定调整民用航空的国际性规范。第一次世界大战中,飞机被投入战争用途,更使人们认识到了对航空器进行国际管理的必要性。1919 年第一次世界大战刚一结束,美、英、法、意、日五国各派二名代表和比利时、巴西、古巴、希腊、葡萄牙、罗马尼亚、南斯拉夫(三个邦)各派一名代表组成了巴黎和会航空委员会,讨论了战后国际空中航空的管理问题,并制定了《关于管理空中航行的公约》(简称《1919 年巴黎公约》)。1928 年,美国等 20 多个泛美联盟国家在哈瓦那订立了《泛美航空公约》。1929 年,第一个有关国际航空私法性质的国际公约《统一国际航空运输某些规则的公约》(简称《华沙公约》)在波兰华沙订立。这个公约及以后所制定的多个议定书,主要是用来解决国际航空旅客及货物运输等问题,并形成了民用航空法学界所称的关于航空运输的"华沙公约体系"。第二次世界大战后期,在美国的倡议下,世界上 52 个国家于 1944 年在美国的芝加哥订立了《国际民用航空公约》(简称《芝加哥公约》)。这个公约是目前最为重要的国际民用航空公约。根据这一公约,成立了"国际民用航空组织"(ICAO—International Civil Aviation Organization)。该组织是当今世界上最具广泛性及权威性的国际专业性组织,已拥有 250 多个成员国和地区成员。"国际民用航空组织"的成立,对全球民用航空发展、民用航空飞行安全及各国民用航空合作都起到了积极的促进作用。为了解决飞行中民用航空器对地面、水面第三人人身及财产伤害这个问题,1952 年该组织在意大利罗马订立了《罗马公约》。为了对付曾一度十分猖獗的针对民用航空器的犯罪行为,国际上先后于 1963 年、1970 年和 1971 年分别制定了《东京公约》、《海牙公约》及《蒙特利尔公约》。

第一节　国际航空法条约

现行的国际航空法条约涉及了航空运输的方方面面,例如航空运输、安全保卫、国际航空运输的业务权、双边协定等。

一、《芝加哥公约》

全称为《国际民用航空公约》,于 1944 年 12 月 7 日在美国芝加哥签订,1947 年 4 月 4 日生效,是当前国际上最被广泛接受的国际公约之一。我国是《芝加哥公约》的缔约国，新中国政府于 1974 年 2 月 15 日通知国际民航组织，承认《芝加哥公约》，并参加该组织的活动。

《芝加哥公约》是国际航空领域的一个宪章性文件，它对国际民航领域的基本问题作了规定。除序言外，分为空中航行、国际民用航空组织、国际航空运输和最后条款四部分，以及有关国际标准和建议措施的十八个附件。公约规定，公约仅适用于民用航空器，不适用于供军事、海关和警察部门使用的国家航空器；确认领空主权原则，取消《巴黎公约》中给予缔约国航空器有在其领土上空无害通过的自由，以更有利于保卫本国领空；航空器必须有其登记国的国籍，航空器在何国登记就有何国国籍；航空器只能取得一个国家的国籍；各国由于军事需要和公共安全的理由，可以设置空中禁区等等。

它规定了五种空中自由权，包括：

1. 不降停而飞越其领土的权利。

2. 非商业性降停的权利，即只作技术性降停，如增加燃油、检修飞机等而不上下旅客、货物、邮件的权利。

3. 卸下来自航空器国籍领土的旅客、货物、邮件的权利。

4. 装上前往航空器国籍国领土的旅客、货物、邮件的权利。

5. 装卸前往或来自任何其他缔约国领土的旅客、货物、邮件的权利。

第五种自由权可以细分为：

1. 始发地前一站的第五种自由：飞入授权国领土并在该国领土卸下或装载前往约定航线上位于承运人所属国前一站的第三国的旅客、货物、邮件的权利。

2. 中间降停地第五种自由：飞入授权国领土并在该国领土内卸下或装载约定航线上位于两个授权国之间的第三国旅客、货物、邮件的权利。

3. 延伸地（或以远地）第五种自由：飞入授权国领土并在该国领土卸下或装载约定航线上位于承运人所属国以远地第三国的旅客、货物、邮件的权利。

五种空中自由权的第三、第四种自由是两国通航的最基本原则。第五种自由权需经双方政府谈判并达成协议。

二、《统一国际航空运输某些规则的公约》，简称《华沙公约》

1929 年 10 月 12 日订于波兰华沙，自 1933 年 2 月 13 日起生效。《华沙公约》共分 5 章 41 条，就“国际航空运输”的定义、运输凭证、承运人的责任制度以及责任诉讼的若干程序问题作了规定。共有 149 个国家批准或加入该公约。

在航空运输凭证规定中，《华沙公约》规定了运输凭证的法定形式、法定内容、法定效力、对违反规定的承运人实施的法律制裁，并体现了航空运输以合同为准则的基本原则。

在航空承运人损害赔偿责任规则中,《华沙公约》规定了承运人承担损害赔偿责任的范围、一般原则、损害赔偿原则、消费者索赔期限与诉讼期限、损害赔偿责任争议、司法管辖程序以及仲裁等事宜。

国际航空运输是指根据各当事人所订的合同约定,不论运输中有无间断或转运,始发地点和目的地点是在两个缔约国的领土内,或者在一个缔约国的领土内,而在另一个缔约国、甚至非缔约国的主权、宗主权、委任统治权或权利管辖下的领土内有一个约定的经停地点的任何运输。在同一缔约国的主权、宗主权、委任统治权或权力管辖下的领土间的运输,如果没有这种约定的经停地点,对本公约而言,不被认为是国际运输。

国际航空货物运输是根据各当事人所订的合同约定,不论运输中有无间断或转运,始发地点和目的地点是在两个缔约国的领土内,或者始发和目的地都在一个缔约国的领土内而在另一个缔约国(甚至非缔约国)的领土内有一个约定的经停地点的任何货物和邮件的运输。

三、《修改 1929 年 10 月 12 日在华沙签订的统一国际航空运输某些规则的公约的议定书》

简称 1955 年《海牙议定书》,1955 年 9 月 28 日订于荷兰海牙,1963 年 8 月 1 日起生效。在该议定书缔约国之间,1929 年《华沙公约》和该议定书被视为并解释为一个单一的文件,称之为《1955 年在海牙修正的华沙公约》。《海牙议定书》主要是把航空承运人对旅客赔偿限额提高了一倍,简化了运输凭证,取消了对货物运输的航行过失免责规定,修改了第 25 条,删除了"有意的不良行为"的概念,但对承运人的责任制度未作实质性的变动。共有 131 个国家批准或加入该公约。

《海牙议定书》规定,非《华沙公约》缔约国加入《海牙议定书》具有原《华沙公约》的效力。我国于 1958 年 7 月 20 日加入《华沙公约》,于 1975 年 8 月 20 日加入《海牙议定书》,并声明公约适应于我国的全部领土,包括台湾。我国与《华沙公约》的缔约国之间,适用《华沙公约》;与《海牙议定书》的缔约国之间,适用于《海牙议定书》。

《华沙公约》是无过失责任这一现代概念的先驱。旅客(或其遗产继承人)或托运人无须证明航空公司一方是否有过失,原告只需向被告证明其所受损失的数额。这一原则能够有效地对旅客或托运人提供保护。另一方面,如果损失不是由于承运人有意或不顾后果的行为造成的,公约规定了承运人的赔偿限额。华沙体制有效地规范了国际航空运输,但在其发展过程中,也暴露出一些问题。例如,航空运输合同是否应当适用不可抗力原则;赔偿限额是否应提高和如何提高;具有地域管辖权的法院是否应当扩充到包括旅客居所或永久住所地的缔约国法院等。

四、反劫机国际公约的概况

1.《关于在航空器内犯罪和某些其他行为的公约》

(1) 本公约适用于违反刑法的犯罪、可能或确已危害航空器或其所载人员或财产的安全,或者危害航空器内的正常秩序和纪律的行为,不论此种行为是否构成犯罪。

(2) 除本公约有另外规定外,本公约适用于在任何缔约国登记的航空器内的人实施的犯罪或行为,无论该航空器是在飞行中或在公海的海面上,或在不属于任何国家领土的其他地区的地面上。

(3) 在本公约中,航空器自起飞使用动力时起,至降落终结时止,被认为在飞行中。

(4) 本公约不适用于供军事、海关或警察使用的航空器。

(5) 本公约于 1963 年 9 月 14 日订于日本东京,自 1969 年 12 月 4 日起生效。

2.《制止非法劫持航空器的公约》

考虑到非法劫持或控制飞行中的航空器的行为危及人身和财产的安全,严重影响航空的经营,并损害世界人民对民用航空安全的信任。凡在飞行中的航空器内的任何人:(1) 用暴力或用暴力威胁、或用任何其他胁迫方式,非法劫持或控制该航空器,或任何此类未遂行为,或者(2) 是实施此类行为或任何此类未遂行为的人的共犯即构成刑事犯罪。

在本公约中,航空器从装载完毕、机舱各门均已关闭时起,直至打开任一机舱门以便卸载时为止,被认为是在飞行中。航空器被迫降落时,在主管当局接管对该航空器及其所载人员和财产的责任前,均被认为仍在飞行中。

3.《制止危害民用航空安全的非法行为的公约》

考虑到危害民用航空安全的非法行为危及人身和财产的安全,严重影响航班的经营,并损害世界人民对民用航空安全的信任。任何人非法地和故意地实施下列行为,即为犯罪:

对飞行中的航空器内的人实施暴力行为,如该行为足以危及该航空器的安全;或者破坏使用中的航空器,或者对该航空器造成损坏使其不能飞行或足以危及飞行安全;或者不论采用何种方法,在使用中的航空器内放置一种装置或物质,该装置或物质具有破坏该航空器,或者对其造成损坏使其不能飞行或足以危及其飞行安全的特性;或者破坏或损坏航行设施或扰乱其工作,若任何此种行为足以危及飞行中的航空器的安全;或者传送明知是虚假的情报,由此危及飞行中的航空器的安全。

五、《蒙特利尔协议》

蒙特利尔协议共有四个议定书。

蒙特利尔第一、二、三、四号附加议定书，以与《华沙公约》和经《海牙议定书》、《危地马拉议定书》修正的《华沙公约》接轨为目的，对《华沙公约》中以法国法郎为标准货币单位规定的损害赔偿金最高限额做出了变更。根据以上议定书规定，《华沙公约》缔约国如为国际货币基金组织的成员国，或本国是可以使用特别提款权的国家，《华沙公约》中以法国法郎为货币单位规定的承运人损害赔偿金最高限额，均改为以国际货币基金组织特别提款权表示。

蒙特利尔四号议定书做出的最重大的举措，是将客观责任原则适用于货物运输。该议定书规定，由于灭失、遗失、毁损等原因造成的货物损害，只要损害事件发生在航空运输期间，除非承运人能够证明损害的发生是由于货物属性、品质、缺陷；承运人或其雇佣人、代理人以外的人包装货物的，货物包装不良；战争或武装冲突；政府有关部门实施的有关货物出境、入境、过境行为所导致，不然，承运人应当承担损害赔偿责任。不适用于客观责任的，如对由于延误导致的货物损害，如果承运人能够证明，为避免损害已经采取了一切必要措施或不可能采取此种措施时，承运人可以不承担损害赔偿责任。对由于索赔方的过失导致或促成的货物损害，如经承运人举证，承运人可以全部或部分免除其损害赔偿责任。

此外，《危地马拉议定书》确定损害赔偿限额非经法定变更不可突破原则，从货物运输角度来说，对经《海牙议定书》修正的《华沙公约》中传统的三项具体赔偿原则进行了又一次变革。该议定书规定，经《海牙议定书》修正的《华沙公约》中，就货物损害规定的承运人损害赔偿金限额，是最高限额。无论如何，上述损害赔偿金最高限额均不得突破。蒙特利尔第四号附加议定书对该公约中以法国法郎为标准货币单位规定的承运人货物损害赔偿金最高限额，做出了与蒙特利尔第一号附加议定书对《华沙公约》的变更类似的变更。即原来每千克货物由原来 250 法郎改为 17 个特别提款权；对特别声明于目的地交付的货物，以已声明的实际利益金额为最高限额，用特别提款权作出赔偿。该议定书中有关“特别提款权”与“货币单位”的规定与蒙特利尔第一号附加议定书基本相同。

在航空运输凭证规则方面，该议定书对货运单的一般规则做出了重大调整。它规定，在法定形式上，除货运单之外，经托运人同意，承运人应采取能保持运输纪录的任何其他方式代替货运单。采用“其他方式”时，如托运人提出请求，承运人应向托运人出具货物收据，以便识别货物，并查阅在“其他方式”的记录中法定内容部分的有关信息。如货运单和货物收据均为三项：即(1) 始发地和目的地；(2) 如始发地和目的地在同一缔约国领土内，而于另一国领土内有一个或数个约定经停地时，至少有一个上述约定经停地；(3) 货物重量。在法定效力上，货物收据与货运单相同。即如无相反的证据，货物收据是运输合同订立、合同运输条件、承运人接受货物的证明，又是货物重量、尺寸、包装、件数等运送服务对象基本情况的证明。但是货物收据的证据效力仅限于“证据”的范围之内，如承运人运输货物不出具货物收据，或货物收据的形式、内容、填制程序违反该议定书的有关规定，运输合同仍应存在并有效，仍应受到包括承运人限制损害赔偿责任规则在内的经《海牙议定书》修正的《华沙公约》规则的调整。这一重大变更，不但大大简化了货物运输凭证，而且为高新电子技术在航空货物运输业务实践中的应用与推广，创造了必要条件。

第二节　航空货物运输合同

一、合同的概念

合同是平等主体的当事人为实现一定目的，以双方或多方意思表示一致，设立、变更、终止权利义务关系的协议。

《中华人民共和国合同法》第 2 条规定“合同是平等主体的自然人、法人、其他组织之间设立、变更、终止民事权利义务关系的协议”。

二、航空运输合同的概念

《中华人民共和国合同法》第 288 条规定“运输合同是承运人将旅客或者货物从启运地点运输到约定地点，旅客、托运人或者收货人支付票款或者运输费用的合同”。

航空运输合同是航空承运人与消费者(即旅客、货物托运人以及收货人)之间，依法就提供并完成以民用航空器运送服务达成的协议。

三、航空货物运输合同的特征

航空货物运输合同的主体，一方是承运人，另一方是托运人，还有收货人作为特殊的第三人参加法律关系(在邮件运输中，另一方当事人是邮政机构)；航空货物运输合同的客体是承运人的运送货物的行为；航空货物运输合同的内容是当事人达成协议所确定的各自的权利和义务。航空货物运输合同具有以下法律特征：

1. 航空货物运输合同为双务合同

双务合同的特征以合同双方当事人是否互负义务为划分标准，合同划分为双务合同与单务合同。双务合同，是指双方当事人彼此间互负义务的合同；单务合同指的是仅由一方当事人负担义务，而另一方当事人完全不负担义务。在航空运输合同中，双方当事人都互负义务，承运人须将旅客或货物按照约定，安全及时地从一地运到另一地，旅客或托运人须向承运人支付运费和有关费用，双方具有对价性。因此，航空运输合同是双务合同。因此对于货物在航空运输期间，因毁灭、遗失、或损坏而产生的损失，托运人之所以有权要求承运人赔偿，其法理在于航空货运合同是一种双务合同。

2. 航空货物运输合同为诺成合同

以合同成立的要件是否包含有合同标的物给付为标准，合同划分为诺成合同和要物合同。诺成合同，是一旦双方当事人达成合意，随即产生债的结构的合同；要物合同指的是双方当事人除了必须达成合意外，还必须以实际交付合同标的物为要件，债的结构才能产生的合同。航空货物运输合同的成立一般只须承运人与托运人就提供并完成特定运送服务达成合意，其生效以托运人完成取得运输凭证的有关手续之时为标志，运输凭证仅仅是证明合同成立，以及随即产生的承运人与托运人之间相应的法律关系客观存在的一种证据，因此，货运合同是以托运人交付货物作为承运人履行合同义务的条件而非合同成立的条件。所以，航空运输合同为诺成合同。

3. 航空运输合同为格式合同

格式合同，是基本内容与形式均由一方当事人为与多数人订立合同而事先制定，并在其经营或管理活动中反复使用，而作为另一方当事人（或单独、或集体）不能对合同基本内容与形式做出任何变更的合同。《中华人民共和国合同法》规定："格式条款是当事人为了重复使用而预先拟订，并在订立合同时未与对方协商的条款。"（第 39 条第 2 款）航空货物运输合同的基本内容全部由承运人事先依法律、行业惯例、经营需要单方确定，而承运人所开具的货运单是订立合同和接受运输条件的凭证。从要约与承诺的主体看，承运人永远是要约人，而消费者永远是承诺人；从要约与承诺的内容看，承运人一般不会对合同基本内容做出变更，而消费者也不能对合同基本内容做出任何变更。简言之，消费者只有对合同表示接受或不予接受的权利，却没有对合同条件讨价还价的自由。进而言之，不论对于合同内容知与不知，多知或少知，消费者均要受其约束；从要约与承诺的方式看，如果承运人根据消费者请求按条件合法出具运输凭证，只要没有相反的证据表明消费者不接受要约，就应该认定消费者已就合同成立与履行做出了具有拘束力的承诺。当然，只要没有相反的证据表明承运人没有做出要约或已变更其既定要约，同样应该认定承运人已就合同成立与履行做出了具有拘束力的要约。承运人与消费者均无须按照传统的缔约方式对合同做出签署。在解释这种格式合同时，应依照《合同法》第 39 条至第 41 条的规定进行。

4. 航空运输合同是有名合同

以法律是否以特定名称命名并设有专门规范为标准划分，合同划分为有名合同（又称典型合同）与无名合同（又称非典型合同）。有名合同，指法律对合同的类型与内容已做出明确规定，并赋予特定名称，合同当事人必须对法律规定的要素做出约定的合同。它区别于法律未对合同的类型、内容以及名称做出规定，双方当事人出于交易需要，可以自行决定合同内容，只要不违反法律、社会公共利益，法律便承认其合法效力的无名合同。法律设定有名合同的意义，在于对经济流转中约定俗成的交易模式做出科学的分类并赋予法定的效力，以对日常商业交往中频繁使用的这类合同提供最大限度的保护。这种保护，既体现于合同的要素以及债的结构由法律依各类合同的特殊性做出明确的特别规定，又体现于这种特别规定直接调整相应的债的结构。航空运输合同在本质上属于一种承揽运输合同。世界各国，或在民法与商法中于承揽合同或工作合同名下对它的有关问题做出了一般规定，或在航空法或合同法中于航空运输合同或运送合同名下对它的基本要素做出了特殊规定，例如，合同的基本内容与形式、赔偿责任等，因此航空货物运输合同是有名合同。

第三节 华沙体制在航空货运中的应用

华沙体制主要包括《华沙公约》、《海牙议定书》和《蒙特利尔第四号议定书》，其中《华沙公约》中的许多条款在《海牙议定书》中都作了修改，但《海牙议定书》并未对《华沙公约》基本框架作实质性的修改，而是对航空运输凭证与航空承运人损害赔偿责任规则做出进一步的统一和完善。在形式上，《华沙公约》与《海牙议定书》构成了一个不可分离的统一文件；在内容上，《华沙公约》、《海牙议定书》和《蒙特利尔第四号议定书》连成了一组有机结合的法律规范群体。在实际使用过程中，前2个条约使用最多，在国际上加入《华沙公约》而未加入《海牙议定书》的国家并不多，同时，我国已经加入《海牙议定书》，因此，在分析华沙体制在航空货运中的应用中，采用两个条约中的最终结果，是因为该体制涉及的方面比较广泛，略去与航空货运无关的条款，选取与航空货运代理业务紧密联系的条款，采用节选的方式，目的是为了方便使用。

一、华沙体制的适用范围

1. 条约原文

（1）公约适用于所有以航空器运输旅客、行李或货物而收取报酬的国际运输。本公约同样适用于航空运输企业以航空器办理的免费运输。（《华沙公约》）

（2）公约所指国际运输意义是：根据当事方所订合同，不论运输中有无间断或转运，其始发地和目的地在两个缔约国领土内，或在一个缔约国领土内，而在另一国家，即或是非缔约国，其领土内有一约定的经停点的任何运输。在一个缔约国领土内两点间的运输，如在另一国家的领土内，没有一个约定的经停点，不是本公约所指的国际运输。（《海牙议定书》）

（3）几个连续的航空承运人所办理的运输，如经合同各方认为是一个单一的业务活动，则不论以一个合同或一系列合同的形式订立，在本公约中应视为一个单一的运输，并不只因一个合同或一系列合同全部在同一国家的领土内履行而丧失其国际性质。（《海牙议定书》）

（4）本公约不适用于邮件和邮包的运输。（《海牙议定书》）

2. 应用分析

华沙体制主要应用于国际航空运输。国际航空运输主要指航空器的始发地点和目的地点位于两个国家的运输；或者同属一个国家，但航空器在另一个国家有一约定的经停点的运输。同时，国际航空运输的国际航班的国内段同样适用于华沙体制，而不适用国内航空法，这一点代理人尤为注意，因为国内赔偿与国际差距甚远，例如有一航班由法兰克福经北京中转至青岛，如果货物在北京—青岛段发生问题，则解决方案适用华沙体制。

《海牙议定书》规定该公约不调整根据国际邮政公约而发生的邮件运输，因为邮件运输不属航空货运范畴，而属邮政范畴，而邮政行业系一个国家的公用事业，不属商业行为。但物品类特快专递、邮政快件及包裹属于盈利性法人所办理的商业性运输，所以属于航空货运之列，因此受到华沙体制的约束。

二、航空货运单

1. 航空货运单是运输合同的证明

（1）条约原文

① 航空货运单是订立合同、接受货物和运输条件的初步证明。（《华沙公约》）

② 没有这项凭证、这项凭证不合规定或丢失，不影响运输合同的存在和有效，除必须遵照第九条规定外，这项运输合同仍受本公约规则的约束。（《华沙公约》）

（2）应用分析

航空货运单是运输合同的证明，采用了分离的书面形式。作为证据，空运单证实了货物运输合同的依法存在、客观存在。运输合同的证明主要有以下原因：① 从时间上来看，运输合意在先，空运单在后，所以不是运输合同。② 如果将公共航空运输企业制定的空运单视为合同，将会对托运人及收货人造成损害。③《华沙公约》的第五条第2款的规定进一步证明空运单本身并非合同。

航空货运单是接受货物的初步证明。在航空货物运输中,一旦承运人收取了托运人所交运的货物,就应当向托运人签发空运单,证明货物已由承运人掌管。同时,还要对货物的状态予以说明,以免以后发生争议。

航空货运单是运输条件的初步证明。各国航空法规及民航管理部门均对公共航空运输企业的承运条件加以规定。承运条件包含了对空运货物尺寸、重量的要求,对货物包装的要求,对货物性质正确描述的要求,对货物强制安检的要求等;此外,还对公共航空运输企业在特殊情况下改变约定经停地点及解除运输合同等权利作了专门的规定。托运人接受承运人所签发的空运单,即表示托运人已初步概括性地接受了承运人对承接运输所规定的条件。例如托运人在办理航空货运时,承运人所出具的空运单上列明了经停地点,但由于某种原因,承运人改变了经停地点时,托运人不得以承运人在空运单中列明的经停地点以外的地点经停,而对抗承运人。又如,托运人不得以空运单中并未明确注明货物必须经过强制安检为由,而拒绝接受安检。对拒绝安检而造成的货物不能运输,托运人也不得以空运单未明确注明强制安检为由,要求承运人承担责任。

2. 航空货运单的签发

(1) 条约原文

货物承运人有权要求托运人填写一种称为“航空货运单”的凭证,托运人有权要求承运人接受这项凭证。(《华沙公约》)

(2) 应用分析

如果承运人承运货物而不出具运单,则无权享受法律所规定的免责及责任限额。

虽然《华沙公约》、《民航法》都规定空运单的三份正本应由托运人填写,但在实践中,托运人一般只填写托运书,而空运单则由驻运人或承运人的代理人签发。

3. 航空货运单的流通性

(1) 条约原文

本公约不妨碍签发可以转让的航空货运单。(《海牙议定书》)

(2) 应用分析

对于航空货运单是否可以转让,理论界争论比较多。但从公约本身分析来看:《华沙公约》第十一条第1款规定航空货运单是订立合同、接受货物和运输条件的初步证明。它是由承运人或其代理人出具的货物的单据,不具有权利内容,因而它不是通常意义上的有价证券或物权凭证,自然不具有可转让性。其次,航空货运单都是记名的,且航空运输的速度非常快,通常在托运人通过航空运输把货运单递交给收货人之时,货物也就同时到达目的地,这在很大程度上排除通过转让装运单据来转让货物的需要,因此货运单的转让也就没有实际意义。但在第十五条中规定了“本公约不妨碍签发可以转让的航空货运单”，在实际业务中，航空货运单都印有“不可转让”的字样，因此分析这个问题，从理论和实践的结合角度分析，航空货运单的流通受到一定限制。这主要表现在托运人和收货人应当在履行航空货运合同所规定的条件下，才能转让空运单的权利；其次，即使空运单的权利进行了转让，在向承运人主张权利时，也只能由托运人或收货人以本人的名义进行。所以，航空货运单同海运提单不同，它主要是作为运输合同、货物收据和运费账单而起作用，同时还起到报关准据、保险证书等作用。

三、托运人的权利及义务

1. 托运人的权利

A.（1）条约原文

货物承运人有权要求托运人填写一种称为“航空货运单”的凭证，托运人有权要求承运人接受这项凭证。（《华沙公约》）

（2）应用分析

托运人有权要求承运人接受空运单正本，并在第三份正本上签章后交还给托运人。如根据行业习惯，托运人只填写托运书，那托运人也有权要求承运人代为填写空运单，并将由承运人签章的第三份空运单正本交还自己。

B.（1）条约原文

① 托运人在履行运输合同所规定的一切义务的条件下，有权在始发地航空站或目的地航空站将货物退回，或在途中经停时中止运输，或在目的地或运输途中交给非航空货运单上所指定的收货人，或要求将货物退回始发地航空站，但不得因行使这种权利而使承运人或其他托运人遭受损失，并应偿付由此产生的一切费用。（《华沙公约》）

② 托运人的指示不能执行，承运人应立即通知托运人。（《华沙公约》）

③ 收货人的权利根据第十三条开始时，托运人的权利即告终止。但收货人拒绝接受货运单或货物，或无法同收货人联系，托运人就恢复它对货物处理的权利。（《华沙公约》）

（2）应用分析

托运人在履行了航空货运合同规定的义务的条件下，有权对合同进行变更，这是因为货物在收货人完成提货或依照合同规定履行提货手续前，托运人对货物享有处置权。但收货人拒绝接受货运单或货物，或无法同收货人联系，托运人对货物的处置权又自动恢复。

托运人在行使上述权利时，不得损害承运人及其他托运人的权利。例如：托运人要求从始发地机场提回货物，而此时该托运人的货物已装上飞机，飞机上还有其他托运人的急救物资，承运人便可以拒绝托运人的要求。

托运人在行使上述权利时，既可以是为本人的利益，也可以为他人的利益，但在行使权利时，只能是以本人的名义进行方为有效。

C.（1）条约原文

① 在运输交运的行李和货物时，承运人的赔偿责任以每千克250法郎为限，除非旅客或托运人在向承运人交运包裹时，曾特别申明在目的地交付时的利益，并已交付必要的附加费。在后一情况下，承运人应偿付声明的金额，除非承运人证明声明的金额高于在目的地交付时旅客或托运人的实际利益。

② 如交运的行李或货物的一部分或行李、或物种的任何物品发生灭失、损坏或延误，用以确定承运人有限责任赔偿金额的重量，仅为有关包装件的总重量。如交运的行李或货物的一部分或者货物中任何物件发生遗失、损坏或者延误，以致影响同一份货运单所列的另一包装件或者其他包装件的价值时，在确定责任限额时，另一包装件的总重量也应当考虑在内。

（2）应用分析

托运人的货物价值超过每千克250法郎，托运人便有权要求在空运单上申明货物价值，承运人不得以任何理由拒绝托运人声明价值。

2. 托运人的义务

A.（1）条约原文

① 对于在航空货运单上所填货物的项目和声明的正确性，托运人应负责任。（《华沙公约》）

② 托运人应对引起提供的项目和声明的不合规定、不正确或不完全而使承运人或承运人对之负责的任何其他人遭受的一切损失负责。

③ 货运单中关于货物重量、尺寸和包装以及件数的记载，应是所属的事实情况的初步证明。除非承运人当着托运人经过查对并在航空货运单中注明经过查对，或者是关于货物外表状况的记载外，关于货物的数量、体积和状况的记载不能构成不利于承运人的证据。（《华沙公约》）

（2）应用分析

法律对空运单内容正确性采取的是一种推定正确的态度。在没有相反的证据时，承运人可以信赖托运人在空运单上的各项声明和说明是正确的，未经托运人、承运人当面查对过的空运单不能构成使承运人负担空运单正确性的证据。这样做在事实上从根本上排除了托运人以“承运人应当或有理由知道空运单内容的不正确”为由而提出的抗辩。但对于货物的外表状况即使没有经过查对，承运人也应对其负责。

这样做是比较合理的，承运人作为运输企业人有权对空运单上的各项声明、说明进行核对。

B.（1）条约原文

① 托运人应提供各种必需的资料，并将必需的单证附在航空货运单后面，以便在货物交付收货人以前完成海关、税务或公安手续。除非由于承运人或其代理人的过失，这种资料或单证的缺乏、不足或不合规定所造成的任何损失，应由托运人对承运人负责。(《华沙公约》)

② 承运人对这种资料或单证是否正确或完备没有检查的义务。(《华沙公约》)

（2）应用分析

托运人应提供正确、完备的单证，以便于承运人办理海关、税收或公安手续。

由于单证不合规定造成的损失，应由托运人对承运人负责。例如，由于托运人疏忽未在空运单上附带必要的文件，导致飞机不能准确起飞而造成其他托运人货物延误损失。此时，托运人就应对其他人的延误负责。

3. 收货人的权利和义务

（1）条约原文

① 除前条所列情况外，收货人与货物到达目的地后，并在交付应付款项和履行航空货运单上所列的运输条件后，有权要求承运人移交航空货运单并将货物交付给他。(《华沙公约》)

② 除另有约定外，承运人应在货物到达后立即通知收货人。(《华沙公约》)

③ 如承运人承认货物遗失或在应该到达的日期 7 天后尚未到达，收货人有权向承运人行使运输合同所赋予的权利。(《华沙公约》)

（2）应用分析

在航空货运合同规定由收货人支付费用时，收货人应在收到承运人货物到达目的地的通知后，按照运输合同的规定足额支付运费。

收货人应向承运人支付相关费用。在航空运输中，有些费用应由收货人支付，如目的地机场仓库保管费等。收货人应交足支付的费用。在收货人结清上述费用及相关费用前，承运人有权对货物予以留置。

如果货物在空运单上约定的到达时间届满后 7 天内仍没到达，收货人便可以向承运人主张权利。如果承运人自己承认货物已经遗失，则不受 7 天的限制。

四、承运人的责任

A.（1）条约原文

① 对于交运的行李或货物因毁灭、遗失或损坏而产生的损失，如果造成这种损失的事故发生在航空运输期间，承运人应负责任。(《华沙公约》)

② 上款所指航空运输的意义，包括行李或货物在承运人保管的期间，在航空站内、在航空器上或在航空站外降落的任何地点。（《华沙公约》）

③ 航空运输期间不包括在航空站以外的任何陆运、海运或河运。但如这种运输是为了履行航空运输合同，为了装货、交货或转运，责任和损失应认为是航空运输期间发生的结果，除非有相反的证据。（《华沙公约》）

④ 承运人对旅客、行李或货物在航空运输过程中因延误而造成的损失应负责任。

（2）应用分析

由于运输的延误，使货物未能按时到达，由此产生的损失由承运人负责。这种情况比较多见，例如：一个世界性的服装博览会，服装由于航空运输的缘故而未赶上博览会，造成收货人拒收，从而造成损失；鲜活商品保鲜期已过，无法销售等情况，这种损失有些虽然不涉及货物本身，但只要对托运人造成利益上的损害，承运人就应当负责。

B.（1）条约原文

① 如承运人按照托运人的指示处理货物未要求托运人出示它所收执的航空货运单，而使该航空货运单的合法持有人遭受损失时，承运人应负责任，但并不妨碍承运人向托运人要求赔偿的权利。

② 如遇第十八条、十九条所规定的情况，要求赔偿损失的诉讼，不论其根据如何，只能按照本公约规定的条件和责任赔偿限额提出。

（2）应用分析

指的是不论货物的毁损、遗失、运输延迟所造成损失的根据是什么，即无论是以合同，还是以侵权起诉，只能按照公约的规定条件和责任限额向承运人提出。

从本条可以看出，公约对承运人的保护是相当充分的，承运人对于责任期间的损失，只需承担责仨限额内的赔偿责任，而不论其根据如何。（《华沙公约》）

C.（1）条约原文

① 如经证明损失是由于承运人及其雇用人员或代理人员故意造成或明知可能造成而漠不关心的行为或不行为所致，则不适用于第二十二条规定的责任限额；如受雇人或代理人有上述行为或不行为，还必须证明它是在受雇职务范围内行事。

② a. 如因本公约所致损失对承运人的雇佣人员或代理人提起诉讼，而该受雇人或代理人证明它是在受雇职务范围内行事，则有权引用承运人根据第二十二条得以援引的责任限额。

b. 在此情况下，承运人及其雇用人员和代理人的赔偿总额不得超过上述限额。

c. 如经证明损失是由于受雇人或代理人故意造成或明知可能造成而漠不关

心的行为或不行为所致，则本条约第1.2的规定均不适用。

（2）应用分析

本条是对前面承运人责任限额的规定的补充，承运人并不是无限制地使用减免责任条款，在一定条件下，承运人会丧失这些条款的保护，即造成损失的原因在于承运人的故意不良行为。对于承运人的雇佣人员或代理人也同样适用。

五、承运人的免责

A.（1）条约原文

如承运人证明他和他的代理人为了避免损失能采取这种措施时，承运人不承担责任。

（2）应用分析

这一条说明了《华沙条约》的两个重要特征：其一，《华沙公约》对行为人过错的两种主观形态做出了严格区分；其行为所导致的法律后果与由过失行为所导致的法律后果迥异。其二，《华沙公约》对行为过失的认定，采用了推定过失责任原则，即在这种过失责任中，假定承运人是有过失的，除非承运人能证明他和他的代理人已经采取了一切必要措施或者不可能采取这种措施时方能免除责任，也就是承运人要想不承担责任必须证明自己无过错。这里强调的是承运人举证，是一种倒置举证。根据民法及民事诉讼法的一般规定，在举证责任上适用的是"谁主张谁举证"原则。但这一原则如适用在航空运输中，将对托运人产生极其不利的后果。原因在于航空货运十分专业化，一般当事人根本无法举证证明承运人有过错、过失。因此确定承运人推定过错责任，并将举证责任转嫁给承运人是必要的、合理的。

但这种举证往往是诉讼的焦点，因为航空公司证明自己没有过错在很多时候没有一个统一的标准。例如，"鲁根尼诉荷兰皇家航空公司"案中，鲁根尼交由荷兰皇家航空公司承运的贵重皮毛在纽约机场承运人的仓库里被盗。法院认为承运人仓库里虽有警察，但由于警卫没有佩戴武器，所以承运人未能尽到采用一切必要措施来避免货物的损失这一义务。但是，假设上述案件发生在中国，仓库里有警察值班便视为可行的措施。

B.（1）条约原文

如果承运人证明受害人自己的过失是造成损失的原因或原因之一，法院可以按照其法律规定，免除或减轻承运人的责任。

（2）应用分析

由托运人、收货人过失所造成的货损情况主要有以下情况：托运人在填写空运单时错误，如货物需要冷冻保管运输，但托运人错写为冷藏保管；收货人地址不详或地址错误的空运单所引发的货损;收货人不及时提货或收货人不足额交费而引发的货损等。

在受害人有过失时,承运人并非一概全部免责,而是根据受害人过失与货损间的因果关系来确定承运人免责范围,只有货损全部由受害人过失造成的,承运人才不承担责任,另外是否免除责任或减轻责任的幅度,不由公约决定,而是按照法院的规定处理。

1975 年 9 月 25 日,国际民航界在蒙特利尔订立了《蒙特利尔四号议定书》,其中第四条第 3 款规定了承运人免责的四种情形:① 货物的属性或本身的缺陷所引发的损失;② 承运人或其受雇人以外的人包装不善;③ 战争行为或武装冲突;④ 政府有关部门实施的与货物入境、出境和过境有关的行为。

六、索赔期限和诉讼期限

条约原文

《蒙特利尔四号议定书》的规定如下:

1. 如收件人在收到行李或货物时没有异议,应作为行李或货物已经完好地交付并符合运输凭证的初步证据。

2. 如有损坏情况,收件人应在发现损坏后立即向承运人提出异议,如是货物,最迟在收到货物之日起 14 天内提出。如有延误,应最迟在货物交收件人自行处置之日起 21 天内提出异议。

3. 任何异议应在规定期限内写在运输凭证上或另以书面提出。

4. 除非承运人方面有欺诈行为,如在规定期限内没有提出,就不能向承运人起诉。

5. 诉讼应在航空器到达目的地之日起,或应该到达日起的两年内提出,否则就丧失要求赔偿的起诉权。

6. 诉讼期限的计算方法根据受理法院的法律规定。

第四节 国际航空货运政策

自 1944 年签订芝加哥公约以来,国际航空运输受双边航空服务协议监管。这些协议建立在单一工业的互惠互利原则上,即不论市场规模、地理位置、经济利益、监管制度及航空公司实力如何,有关国家都应在航空运输上遵循“平等及公平交易”的原则。一般来说,他们明确规定两个国家之间的服务(客运、货运)及航线,指定航空公司,并详细列明每条航线所需的运力,并规定定价方式。有关国际利益的航空问题,会在国际民航组织的监管下进行磋商,而国际民航组织则是根据芝加哥公约成立的一个跨政府机构。

在讨论国与国之间定期航空服务交换航权时，不得不提到九项航权的概念。值得一提的是，虽然这一专业术语提到了“航权”及“权利”，但并不是指每个航空公司都享有这些权利。只有经过有关国家政府，就某一航空公司进行专门协商，成为双边航空服务协议中的成员后，该航空公司才享有这些权利。

前两项航权，飞越领空的第一航权和飞越领空、或停降加油、或维修的第二航权均被视作“过境”权。其余各项航权则被视为“通航”权。第三航权指航空公司有权从本国运载乘客及货物飞往协约国。而第四航权则指飞机有权运载乘客及货物从协约国返回。第五航权指飞机有权在协约国运载乘客及货物往返另一个国家，此乃第三或第四航权的延伸。第六项航权指本国航空公司有权于外国接载乘客及货物飞回本国，继而前往另一个国家。换言之，此项航权等同本国航空公司将第三、四航权结合。应注意，第五航权与我们经常使用的术语“以远权”并非同义。例如，在一家加拿大航空公司的温哥华—香港—曼谷航线上，其飞机可能被允许在香港接载其他乘客/货物，亦可能只被允许运送在温哥华登机的乘客，继续前往曼谷。这两种形式，均属于“以远权”，但严格来说，只有前者属于第五航权。无论是何种形式的“以远权”，特别是更为宽大的第五航权，其实行都是备受争议的。第七航权（通常称为“改变型号”权，因为它允许航空公司在第五航权航程中的最后一段使用较小型的飞机）指航空公司有权使用停降在国外的飞机，从国外一个国家接载乘客及货物，再飞往另一个国家。最后为第八及第九航权，指航空公司有权在国外一个国家内的两个航点之间提供航空服务（境内营运权），可以从本国起飞并延续航程服务另一国家，或是直接用另外的飞机。虽然第八、第九航权，近年来开始在协议中出现，如在 1996 年，澳大利亚与新西兰之间的单一航空市场协议，以及 1997 年欧盟国家的一体化航空市场协议；传统上这两个航权几乎是不存在的。

作为双边体制的成员，中国一直采用倾向于限制国际市场竞争的航空政策。

首先，在有关第三及第四航权的双边谈判中，互惠原则通常是以中外航空公司的实际市场占有率为基础，而不在于运输量的提供。香港特别行政区与内地之间也存在类似的航权问题。例如，在上海—香港航线，中国东方航空公司与港龙航空公司之间的航线运输量过去一直是二比一分配，即港龙航空公司每提供一次航班，中国东方航空公司就提供两次。即使一直如此，但中央政府认为，航线分配应该建立在实际市场占有率上，即一比一。结果现行的航空服务协议，令内地的航空公司在往返香港时获得的客容量比港龙航空公司多。另一个例子是 1980 年中美航空服务协议。根据该协议，各自只可有三家航空公司服务中美市场，且每周只允许 27 次航班。此外，航空公司在对方国内的终点站不得超过 5 个。该协议于几年前才得以修订。

第二，中国的航空公司在国际航线上的运输能力有限，因此一直未能充分运用所有通航权，却又不愿将这些未获行使的航权转让给国外航空公司。这类航权通常被称为“虚权”。

第三，中国坚持指定航空公司之间必须先签订商业协议，才能提供相关服务。这些商业协议甚至可能包括补偿方案，好让航空公司在收人与其最初所分配的双边业务分配不一致的情况下，得到补偿。例如，在中国—韩国的航线中，由于韩国乘客比中国乘客多，因此，韩方航空公司可能需要补偿中方航空公司。此外，中国还坚持，飞机票价以及飞机票价的变动和运输量的变动需经双方指定航空公司协商。

第四，一条国际航线通常只有一家中国航空公司及另一家外国航空公司获准利用议定的运输量服务，即所谓的“一航线，一公司”的政策。具体而言，这项限制连同“飞行情报区”边界问题，已严重阻碍中韩双方达成航空服务协议。最后，双方进行了长达四年六个回合的谈判，最终同意取消对汉城—北京航线的有关限制。

第五，中国通常不接受外国要求开放第五航权或试图争取第五航权的谈判。近年来，逐步放开了货运的第五航权。

最后，中国政府政策规定，任何政府官员、大型国有企业员工及从事由政府出资进行活动的人员，必须乘坐中国航空公司的航班。同时，对外国旅行社的商业活动亦有所限制。国内两大航空公司在一定程度上受惠于这些限制，使得它们在上海国际航线上能维持不合比例的庞大市场占有率。

至少有三种因素促成这些限制性政策的实施：

（1）保护国内无竞争力的航空公司；

（2）受基础建设限制，尤其是国内机场实力有限；

（3）对开放的国际航空市场缺乏经验。

中国对国际运输量供应持保守态度，令中外的通航权极为有限。加上在通航权有限的情况下，中国国内航线或班次分配偏向北京。在1998年，北京共有66条国际航线。与此相比，上海仅有25条，广州18条。虽然1999年北京的航空货运量仅为上海的73%，但客运量却是全国之最。由于中国半数以上的航空货物均由客机运载，尽管上海的货运需求明显较多，但北京却拥有更多的国际航线及班次，所以北京在国际航空货运供应方面比上海更具优势。

然而，中国的国际航空政策正在改变。例如，就以上列出的第二条政策而言，中国的航空公司似乎准备将其部分“虚权”有条件地转让给外国航空公司。现在，无论美国航空公司或达美航空公司，均无权直接服务中国市场，但他们都想通过在中国的合作伙伴的“虚权”进军中国市场。目前，美国航空与中国东方航空公司，以及达美航空与中国南方航空公司正在进行谈判，以期更好地利用这项权利下的运输量。

航空货物运输需求方面，货运“及时”压力尚未达到一个水平，以加快国内空运公司的运作。目前，少量从事国际贸易的公司面临沉重的“及时”压力，而这些公司大多位于北京、上海及香港邻近地区，主要利用公路运送货物，再连接国际航线。简言之，深入中国内陆的航空货运发展非常缓慢。

随着中国整体经济发展，民航服务需求不断改变，过去十年，需求增长速度是国内生产总值的两倍。中国加入世贸组织进一步推动了航空货运业的发展。1999年在世界贸易中，中国的市场占有率为4%，2005年该比例超过6%。鉴于贸易活动日益活跃、进口关税逐步降低、非关税壁垒不断减少，以及生产升级为及时制造，未来5~10年，中国航空货运业会不断增长。

自中国进行经济改革以来，中国空运业不断进步，有赖于经济改革带来的推动力、整体宏观经济及贸易扩展的需要和世界民航开放及全球化发展的趋势。中国人口是美国及西欧人口总和的两倍，市场潜力极大。中国民航业的未来发展将取决于总体经济发展及政策演变。

我们相信，鉴于中国入世所带来的机遇与挑战，中国当前最需要进行的一项政策革新是对国际航空运输持更开放的态度。政策革新及由此产生的民航体系，必能加紧中国与世界各国的联系。

第6章

航空货运

现代运输按其运输方式可以归纳为以下五种：铁路运输、公路运输、水路运输、航空运输、特种运输（包括管道运输、索道运输）。

航空货物运输是指一地的货物通过航空器运往另外一地的运输，这种运输包括市区与机场的地面运输。

航空货物运输的产品就是货物在空间上的位移。

国内航空货运的经营范围是国内定期航班和不定期航班的航空货物、邮件的销售运输业务。其形式包括普通货物运输、急件运输、特种货物运输、包机包舱运输、货主押运等五种。

第一节 货物收运

货物收运的一般流程如下：

（托运人）填写托运书→（承运人）核查证件→检查包装→货物安全检查→重量核准→尺寸检查→托运书检查→填制货运单→制作、贴挂标签→收款→交接货物、货运单→编制销售日报。

一、货物收运的一般规定

1. 承运人应当根据运输能力，按货物的性质和急缓程度，有计划地收运货物。

2. 批量大和有特定条件及时间要求的联程货物，必须事先安排好联程中转舱位后方可收运货物。

3. 遇有特殊情况，如政府法令、自然灾害、停航或者货物严重积压时，承运人可暂停收运货物。

4. 凡是国家法律、法规和有关规定禁止运输的物品，承运人可以拒绝收运。凡是限制运输的以及需要向公安、检疫等政府有关部门办理手续的货物，托运人应当提供有效证明。

5．货物不致危害飞机、人员、财产的安全，不致烦扰旅客。

6．收运货物时，应当检查托运人的有效身份证件。

有效身份证件是指托运人或收货人托运、提取货物时必须出示的由政府主管部门规定的证明其身份的有效证件。如：居民身份证、军官证、警官证、文职干部证、有效护照、回乡证、机动车驾驶证、户口簿等。

7．应当检查托运人托运货物的包装。不符合航空运输要求的货物包装，需经托运人改善包装后方可办理收运。承运人对托运人托运货物的内包装是否符合要求，不承担检查责任。

8．对收运的货物应当进行安全检查。对收运后24小时内装机运输的货物，一律实行人工检查或者通过安检仪器检测。

二、货物收运的限制

1．禁止运输物品的限制

禁止运输物品是指政府法令禁止运输的物品。例如，我国政府明令禁止运输的菌种：鼠疫毒菌、霍乱毒菌、马脑脊髓炎病毒和鹦鹉病病毒等。

2．限制运输物品的限制

限制运输物品是指政府法令规定只有符合限制条件才能准许运输的物品。包括：珍贵文物；鸦片、海洛因、吗啡等烟草毒品；罂粟壳；麻醉药品；金属砂矿类；炸药类；粮食；木材；濒危动、植物；政府限制运输的其他物品。

3．货物性质的限制

例如：活体动物等。

4．运输条件的限制

例如：低温冷藏货物等。

5．运输时限的要求

例如：AOG紧急航材等。

6．货物的尺寸限制

最小体积：除新闻稿件类外，一般货物的体积长、宽、高合计不得少于40厘米，最小的一边不得少于5厘米。宽体飞机载运的货物，每件货物重量一般不超过250 kg，体积一般不超过100×100×140（立方厘米）。非宽体飞机载运的货物，每件货物重量一般不超过80 kg，体积一般不超过40×60×100（立方厘米）。在收运一件货物之前，应确定货物的尺寸是否适合运输路线所涉及的机型和装卸、仓储的设施设备。

例如确定一件货物（尺寸：245 cm×62 cm×74 cm）能否被装上B737飞机。

首先,查找 B737－300 系列的装载表,见表 6.1。

从装载表的左边第一列高度(height)中查找 74 cm,因为这里未公布 74 cm,所以选择较大的 76 cm 为基本高度,再查出货物基本宽度为 63 cm,其交叉点是 238 cm,小于要求的 245 cm,因而该货物不能垂直装入 B737－300 的货舱。

但若把货物侧放,则长 245 cm,宽 74 cm,高 62 cm,按照以上方法重新查表得到最大允许长度为 289 cm,大于要求长度,因而该货物可以侧装入 B737－300 飞机。(但要注意货物是否能侧放)。

表 6.1　B737－300 装载表

WIDTH(宽)										
HEIGHT	12	25	38	50	63	76	88	101	114	(厘米)
(高)	5	10	15	20	25	30	35	40	45	(英寸)
12	645	622	609	596	574	502	406	354	299	
5	254	245	240	235	226	198	160	136	118	
25	622	604	579	538	508	457	386	332	292	
10	245	238	228	212	200	180	152	131	115	
30	604	574	523	472	452	426	365	322	279	
12	238	226	206	186	178	168	144	127	110	
35	568	543	472	441	416	381	350	309	261	
14	224	214	186	174	164	150	138	122	103	
40	538	487	431	411	381	350	322	292	254	
16	212	192	170	162	150	138	127	115	100	
45	502	457	421	396	370	342	314	284	248	
18	198	180	166	156	146	135	124	112	98	
50	482	436	411	391	358	330	304	271	238	
20	190	172	162	154	141	130	120	107	94	
55	452	426	401	375	345	320	289	264	228	
22	178	168	158	148	136	126	114	104	90	
60	441	406	381	355	335	297	274	213	205	
24	174	160	150	140	132	117	108	84	81	
66	406	391	365	340	314	289	264	233	193	
26	160	154	144	134	124	114	104	92	76	
71	406	381	355	330	304	279	254	228	187	
28	160	150	140	130	120	110	100	90	74	
76	335	309	284	264	238	248	203	182	142	
30	132	122	112	104	94	98	80	72	56	
81	309	289	254	233						
32	122	114	100	92						
86	284	264	233	213						
34	112	104	92	84						

7. 货物的重量限制

（1）凡托运人托运的货物，由非宽体机载运，单件重量超过 80 kg 或体积超过 40×60×100（立方厘米），称为超限货物。

（2）地板承受力。货物压在机舱地板上的重量就是机舱地板所承受的重量。在承运体积小、重量大的货物时，要注意机舱地板每平方米面积所承受的重量，是否超过机舱地板每平方米的额定最大负荷，即地板承受力。公式为：

地板每平方米所承受货物的重量（千克/平方米）= 货物重量（千克）÷ 货物底部面积（平方米）

例 1：1 件货物 90 kg，包装尺寸是 0.3×0.4×0.6（立方米），

平放时：90÷（0.6×0.4）=375 千克/平方米，一般飞机都可承运；

侧放时：90÷（0.6×0.3）=500 千克/平方米，大多数喷气式飞机均可承运；

竖放时：90÷（0.4×0.3）=750 千克/平方米。

（3）垫板面积：货物的重量超过机舱地板承受力时，应使用 2～5 厘米厚的垫板，否则会压坏飞机。垫板的宽窄、长短应适应货物的形状。

垫板面积（平方米）= 货物重量（千克）÷ 机型地板承受力（千克/平方米）

三、货物包装

1. 货物包装要求坚固、完好、轻便。在一般运输过程中能防止包装破裂、内件漏出散失；不因垛码、摩擦、震荡或因气压、气温变化而引起货物损坏或变质，损伤人员或污染飞机、设备及其他物品。

2. 包装的形状除应适合货物的性质、状态和重量外，还要便于搬运、装卸和堆放，便于计算数量；包装外部不能有突出的棱角及钉、钩、刺等；包装要清洁、干燥，没有异味、油腻和污染。

3. 在特定条件下承运的货物，如动物、鲜活易腐货物等，其包装应符合该货物特别规定的包装要求。

4. 凡用密封舱运送的货物，不得用带有碎屑、草末等材料作包装（如稻草袋、草绳等），包装内的衬垫材料（如谷糠、木屑、纸屑等）不得外漏。

5. 对包装不符合要求的货物，应要求托运人改进或重新包装后方可收运。下述包装任何情况下都不能收运：① 包装严重变形或已破损；② 捆扎材料断裂或松动；③ 包装内货物晃动或有破碎声音；④ 包装上有渗漏或浸湿痕迹；⑤ 袋装货缝口松散；⑥ 有气味散出等。

6. 对几类货物包装的特殊要求，须注意：

（1）液体货物。不论瓶装、罐装或桶装，内部必须留有 5%～10% 的空隙，必须封盖严密，容器不得渗漏。用陶土、玻璃容器盛装的液体，每一容器的容量不得

超过1 000毫升，并要外加木箱，箱内用衬垫和吸附材料填塞妥实，防止晃动，每件包装重量以不超过25 kg为宜。

（2）粉状货物。用袋盛装的，最外层要有保证粉末不漏出的包装，如塑料涂膜编织袋，或玻璃纤维袋等，容量不得超过50 kg；用硬纸桶、木桶、胶合板桶盛装的要求桶身不破，接缝紧密，桶盖密封不漏，桶身坚固结实；用玻璃瓶装的，每瓶容量不得超过一千克，并要外加纸箱或木箱，箱内用衬垫材料填塞妥实。

（3）精密易损，质脆易碎货物。每件毛重以不超过25 kg为宜，并根据货物的易损程度，分别采用以下包装方法：

A. 多层次包装：即货物—衬垫材料—内包装—衬垫材料—运输包装（外包装）。

B. 悬吊式包装：即用几根弹簧或绳索，从箱内各个方面把货物悬置在箱子中，如大型电子管、X射线管等。

C. 防倒置包装：即将容器作成底盘大，箱盖由手提把环或屋脊式箱盖等；不宜平放的包装（底盘大用支架竖起），方可承运。

D. 显像管的包装：应有足够厚度的泡沫塑料或其他衬垫材料围裹严实，外加坚固的瓦楞纸箱或木箱，箱内物品不得晃动。

捆扎货物用的绳索的强度应以能承受货物的全部重量为准，用手提起整件货物时，绳索不致断开。

（4）裸装货物：不怕碰压的货物，如轮胎等，可不用包装，但如不易清点件数，形状不规则或容易碰坏飞机的货物，仍应用绳索或麻布包扎或加外包装。

（5）其他：机器的整件、零配件应清理出内部残存容易渗漏的液体或油料，以免污染、危害飞机安全。

7. 对几种包装的质量要求

（1）纸箱：抗压能力应可承受同类包装货物垛码3 m高的重量，要有绳索或其他捆扎材料捆紧。

（2）木箱：厚度及结构要适应货物安全运送的需要，盛装贵重、精密、易碎物品的木箱，不得有腐朽、虫蛀、裂缝等缺陷；毛重在20 kg以上的包装应有铁腰子箍紧。

（3）条筐、竹篓：条筐要不断条，不劈条，编织紧密整齐，竹篓篓身硬朗，篓框（支柱）要通至篓顶，两篓耳笏要通过篓底，直径50 cm左右的条筐、竹篓的容量以不超过40 kg为宜，盖子要比口径稍大，并能承受垛码几层的压力，内装货物及衬垫不得漏出。

（4）铁桶：铁支的厚薄应与内装货物的重量相适应，中、小型铁桶，容量25 kg、50 kg、100 kg的应用1.25～1.5 mm的黑铁皮制造。

（5）水产品的包装应按照航空行业标准（MH1007－1997）执行。

8. 货物标志、标签的使用规定

（1）有关定义。运输标记是指货物外包装上的标志、标签的总称，分为粘贴式（标贴）和栓挂式。运输标志是指货物包装上标明托运人、收货人名称、地址及储运注意事项的标记。运输标签是指标明货运单号码、货物流向、重量及件数的标记。

（2）在货物的外包装上，必须由托运人逐件书写或钉附明显的运输标记。

（3）货物标签的内容包括：货运单号码、始发站和到达站名称（三字代码）、件数及重量。

（4）每件货物均需牢固地贴挂一个货物标签，体积较大的货物，应贴挂多个标签。

（5）凡是用陶瓷、玻璃瓶作容器的液体、气体货物，其外包装必须粘贴"小心轻放"、"向上"的指示标贴；凡是精密易损、质脆易碎的外包装，必须粘贴"小心轻放"及根据货物的性质粘贴"向上"的指示标贴；其他货物必须按货物的特性，正确粘贴指示标贴。体积较大的货物，要在包装两边或四边粘贴指示标贴。

（6）超重货物的包装外面，应另有标明"重心点"、"由此吊起"的指示标贴。

（7）运输标志、运输标贴和运输标签，一般应由承运人贴挂，如托运人协助贴挂时，应逐件检查，发现错漏或部位不当时，应立即纠正。

（8）旧包装上的残旧标志、标贴或标签，必须清除或涂掉。承运出厂新包装或进口原包装的货物，包装上原有的运输指示标志有效。

（9）包机运输的货物，如全属于一个单位，运往同一个目的地而不再转换飞机时，可不贴挂运输标签。

（10）运输标签应按照规定的部位挂贴，并注意以下几点：

A. 不得贴挂在货物的顶部或底部，扁平形的货物，两端不好贴挂的除外。

B. 货物包装形状特殊，应根据情况将标签贴挂在明显易见的部位。

C. 一件货物贴挂两个运输标签时，一个按规定的部位贴挂，另一个则贴挂在包装另一面的相对部位处。

D. 不得粘贴在绳索或其他捆扎材料上。

9. 各式标签、标贴的图样

（1）"谨防潮湿"标贴

对于不能受潮的货物，在收运后应在货物外包装上加贴"谨防潮湿"（KEEP DRY）的标贴以保证货物在运输过程中，不致因受潮而变质受损。见图 6. 1。

（2）"易碎物品"标贴

在收运易碎货物时，应在货物各面上加贴"易碎物品"（FRAGILE）标贴，以示在运输过程中需小心轻放，避免由于碰撞而使货物受损。见图 6. 2。

图 6.1 “谨防潮湿”标贴样式

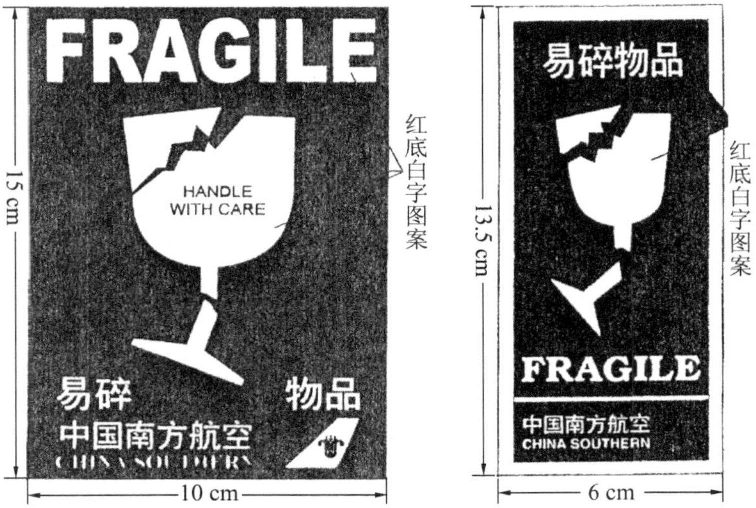

图 6.2 “易碎物品”标贴样式

（3）“禁止倒置”标贴

在收运禁止倒置的货物时，应在货物的外包装上加贴“禁止倒置”（THIS SIDE UP）标贴，以防货物在运输过程中因倒置而损坏，见图 6. 3。

（4）“动物”标贴

在收运动物时，应在货物的外包装上加贴“动物”（LIVE ANIMALS）标贴，以便于在运输过程中引起注意，加强照料。见图 6. 4。

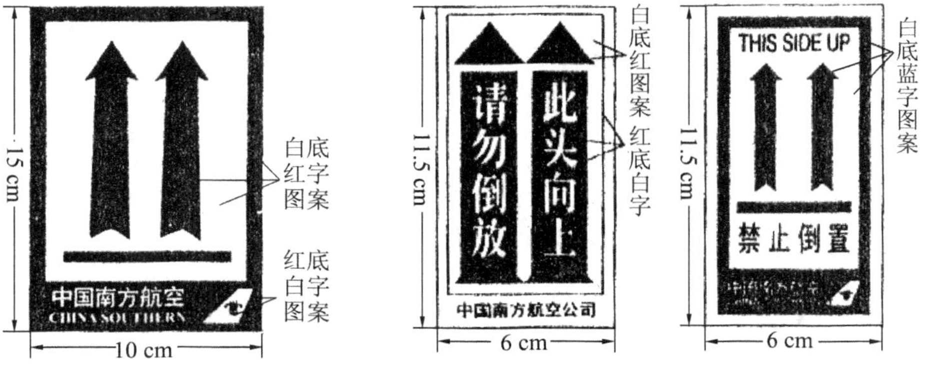

图6.3 “禁止倒置”标贴样式

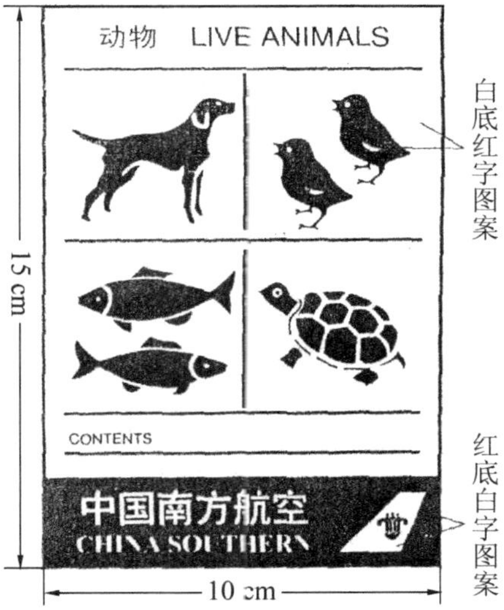

图6.4 “动物”标贴样式

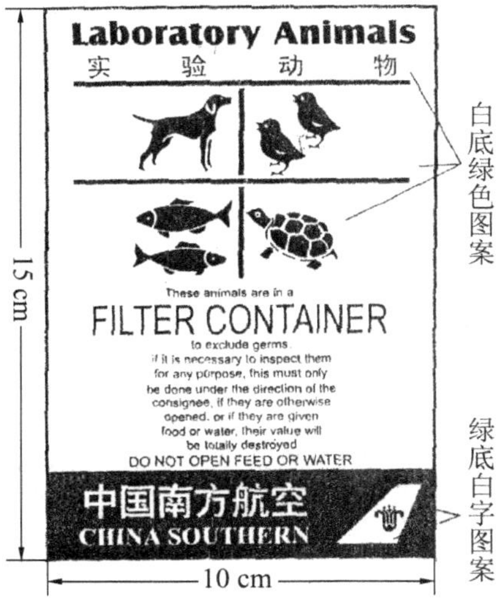

图6.5 “实验动物”标贴样式

（5）“实验动物”标贴

在收运实验用动物时，需在货物外包装上加贴“实验动物”（LABORATORY ANIMALS）标贴，以便于在运输过程中引起注意，防止动物受菌。见图6.5。

（6）“急件”标贴

在收运报纸、期刊、新闻图片、电视片、新闻影片以及其他紧急货物时，应在货物的外包装上加贴“急件”（URGENT）的标贴，以示紧急，便于在运输过程中引起注意，及早处理。见图6.6。

图 6.6 “急件”标贴样式

（7）“货物”标贴

在收运外形酷似行李的货物时，应在货物的外包装上加贴“货物”（CARGO）标贴，避免和行李混淆而发生运输差错。见图 6.7。

（8）货物悬挂式标签

适用于不宜使用软纸标签的货物包装，如布袋、麻布及箩筐等。见图 6.8。

图 6.7 “货物”标贴样式

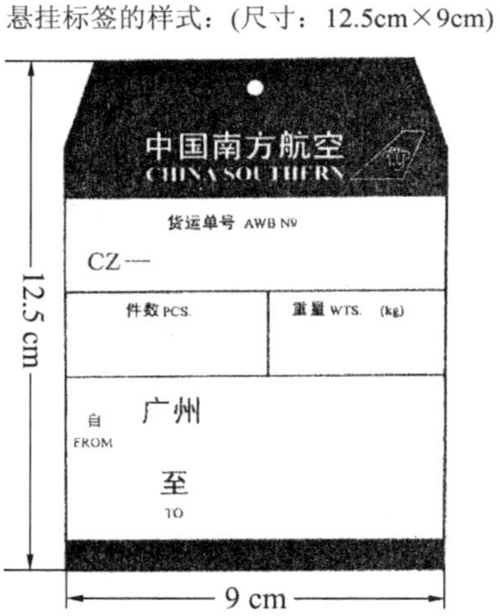

图 6.8 悬挂标签的样式

（9）货物粘贴式标签

适用于可粘贴的货物包装。见图 6.9。

粘贴标签的样式：(尺寸：14cm×7cm)

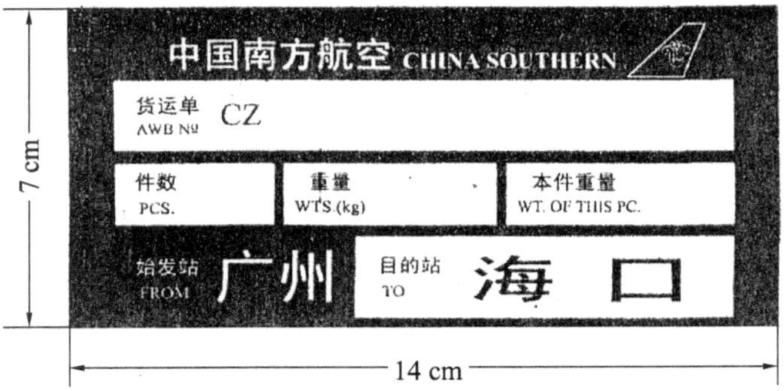

图 6.9　粘贴标签的样式

(10) 货物安检标贴，见图 6.10。

尺寸：10cm×2.5cm

尺寸：14cm×3.5cm

图 6.10　货物安检标贴样式

四、货物计重

1. 国内运输中货物重量按毛重计算，计量单位为千克。重量不足 1 kg 的尾数四舍五入。每张航空货运单的货物重量不足 1 kg 时，按 1 kg 计算。贵重物品按实际毛重计算，计算单位为 0.1 kg。

2. 国内运输中每千克的体积超过6 000立方厘米的货物为轻泡货物。每6 000立方厘米折合为 1 kg，每票货物按照总体积进行折算。

五、货物运价

1. 货物运价种类

(1) 货物运价是根据运输货物的重量、距离和种类等因素制订的单位重量货物运输价格。是出发站机场至目的站机场之间的航空货物运输费率，不包括机场与市区、同一城市两个机场之间的地面运输费及其他费用。

(2) 除另有规定外，急件货物和特种货物运价按普通货物运价的150%计算。

(3) 国内运输货物公布运价种类：

M. 最低运费。是该航线的最低运费标准。在计收运费时，如低于此标准，必须提高至此运费。每张货运单的最低航空运费为人民币30元。

N. 45 kg以下普通货物运价。是该航线的基础运价。

Q. 45 kg以上普通货物运价。以N运价为基础，根据不同重量等级（通常为45KGS，100KGS和300KGS）制订的普通货物运价。

C. 指定商品运价。针对特殊品名的货物，在一定重量等级上制订的较优惠的运价。

S. 等级货物运价。为该航线的基础运价（N）或最低运费（M）附加得到的运价，适用于急件和特种货物。

2. 运价使用顺序

(1) 公布直达货物运价优先于分段相加组成的运价。

(2) 指定商品运价优先于等级货物运价和普通货物运价。

(3) 等级货物运价优先于普通货物运价。

3. 运价以“角”为单位，角以下四舍五入。

4. 一件货物包装内有不同运价的货物，则整件包装的货物均按高的运价计收运费。

六、货物运费

1. 货物运费的一般计算规则

(1) 货物运费 = 适用运价 × 计费重量

计费重量通常为货物毛重和体积重量较高者。但如果使用了较高重量等级的较低运价，则计费重量应为此较高重量。

(2) 计算货物运费时，应该将根据实际重量、体积重量和较高重量分界点重量分别计得的运费相比，取其低者。

(3) 两点之间若无公布直达运价，可以分段相加组合新的运价（此运价仍被视为公布运价）。此时，应根据地理位置、行政区划或经济发展水平下选择多个同时连接上述两点的机场作为运价组合点,并将根据全部运价组合点组成的运价进行比较,取其最低者作为此两点之间的新运价,而无须考虑货物的实际运输路线。

2. 填制货运单后,如遇运价调整,运费多不退、少不补。托运人如有异议,可将货物退运,按新运价重新托运。

3. 运费和其他费用以始发地所在国货币支付。

4. 货物运费除托运人与承运人有协议者外,应支付现金或支票,由托运人在托运货物时,或者由收货人在提取货物前付清。发生在货物运输过程中或目的站与运输有关的费用由收货人在提取货物前付清。

5. 货物运费的结算单位为"元","元"以下四舍五入。

6. 托运人除支付必须支付的费用外,还应保证支付因收货人原因可能使第三人蒙受的损失。承运人有权扣压未付清上述费用的货物,并可以拍卖处理,用部分或全部拍卖收入支付由此产生的相关费用,但是,此种拍卖不能免除付款不足的责任。

7. 无论货物是否损失或是否运抵运输合同指定的目的站,托运人或收货人应支付因承运该货物而产生的所有费用。

8. 托运人或收货人拒绝支付全部或部分费用时,承运人可以拒绝运输或拒绝交付货物。

9. 其他杂费

(1) 退运手续费

每张国内航空货运单的退运手续费为20元。

(2) 地面运输费

地面运输费是指使用车辆在机场和市内货运处之间运送货物的费用,国内运输每千克收取人民币0.20元。轻泡货物按计费重量收地面运输费。每张国内货运单最低地面运输费为人民币5.00元。

对机场与市区路程较远的到达站,可商请当地工商、税务等部门核准收取地面运输费的标准。

七、声明价值附加费与保险

1. 声明价值

(1) 在国内运输中,托运人托运货物,毛重每千克在人民币20元以上的,托运人在托运货物时,可向承运人或其代理人声明货物的价值,该价值称为供运输用的声明价值,亦为承运人应负赔偿责任的限额。承运人或其代理人根据所声明的价值向托运人收取费用,该费用称为货物声明价值附加费。

(2) 每张国内货运单的声明价值一般不超过人民币50万元。

（3）已办理托运手续的货物要求变更时，声明价值附加费不退。

（4）声明价值是对一张货运单的整批货物而言，不可办理一张货运单的部分货物或两种单位价值不同货物的声明价值。（特殊情况除外，如包机包舱运输。）

（5）运输用的声明价值，适用于货物的毛重，但不包括航空公司的集装设备等。

（6）声明价值附加费的计算方法：声明价值附加费 = [声明价值 -（实际重量 ×20 元/千克）] ×5‰

例：广州至北京的一批货物，声明价值为 10 万元，货物的毛重为 50 kg，体积为 100 cm × 60 cm × 20 cm，共 3 件，此批货物是否可以办理声明价值，附加费是多少？

解：A．这里使用的重量应是货物的毛重，而不是计费重量。

B．100 000（元）/50（千克）= 2 000 元/千克

因为每千克价值超过了 20 元人民币，所以可以办理声明价值。

C．声明价值附加费 =（100 000 - 50 × 20）× 5‰ = 495.00 元

应收取 495 元人民币作为声明价值附加费。

2．保险费

货物航空运输险是承运人受保险公司的委托而代理销售的，没有强制性。货物的保险费率由保险公司根据货物的易损程度确定。

3．声明价值附加费与保险费两者取一。

八、货物托运书

1．定义

托运书是指托运人办理货物托运时填写的书面文件，是据以填开航空货运单的凭据。货物托运书被视为航空货物运输合同的一个组成部分——委托书。

2．托运书的填写要求

（1）托运人应当使用钢笔或圆珠笔书写，有些项目，如名称、地址、电话、邮政编码等可以盖戳代替书写。字迹要清晰易认，不能潦草，不得使用非国家规定的简化字。托运人对所填写的单位、个人或物品等内容应当使用全称。

（2）托运人应当认真填写托运书，对托运书内容的真实性、准确性负责，并在托运书上签字或者盖章。

（3）一张托运书托运的货物，只能托运到一个目的地，只能有一个收货人。

（4）运输条件或性质不同的货物，不能使用同一张货物托运书托运。

A．运输条件不同，不能使用同一张货物托运书，如动物和普通货物；

B．不同时效的货物，不能使用同一张货物托运书，如急救药品和普通货物。

（5）托运的货物必须在货物托运书上详列物品的内容和数量。

3. 国内货物托运书的基本内容和填写方法

（1）始发站、目的站：填写货物空运的始发和到达城市名。城市名应写全称，如广州、北京、上海不能简写为穗、京、沪或 CAN、PEK、SHA 等。

（2）托运人及收货人姓名或单位、地址、邮政编码、电话号码：填写个人或单位的全称、详细地址、邮政编码和电话号码。不得使用简称。保密单位可填写邮政信箱或单位代号。

（3）储运注意事项及其他：填写货物特性和储存运输过程中的注意事项。如：易碎、防潮、防冻，急件或最迟运达期限，损坏、丢失或死亡自负，货物到达后的提取方式等。

（4）声明价值：填写向承运人声明的货物价值。如托运人不声明价值时，必须填写“NVD”或“无”字样。

（5）保险价值：填写通过承运人向保险公司投保的货物价值；如已办理声明价值的，可填写“ × × × ”或空白。

（6）件数：填写货物的件数。如一批货物内有不同运价种类的货物，则须分别填写，总数写在下方格内。

（7）毛重：在与件数相对应处填写货物的实际重量，总重量写在下方格内。

（8）运价种类：分别以 M、N、Q、C、S 代表最低运费、普货基础运价、重量分界点运价、指定商品运价和等级货物运价。

（9）商品代号：以四位数字或者英文代表指定商品的货物类别。

（10）计费重量：根据货物毛重、体积折算的重量或采用重量分界点运价比较后最终确定的计费重量。

（11）费率：填写适用的运价。

（12）货物品名（包括包装、尺寸或体积）：① 填写货物的具体名称，不得填写表示货物类别的笼统名称。如：黄连素、地塞米松、麻黄素不能写成西药，手提电话不能写成配件、通讯器材或电子产品等；② 填写货物的外包装类型。如纸箱、木箱、麻袋等。如包装不同，应分明注明包装类型和数量；③ 填写每件货物的尺寸或该批货物的总体积。

（13）托运人或其代理人签字：必须由办理托运的托运人签字或盖章，不得代签或空白。

（14）托运人或其代理人有效身份证件号码：填写托运人有效身份证件的名称、号码。

（15）经手人：分别由 X 光机检查员、货物检查员、过磅员、标签填写员签字并打印货运单号和填写日期，以明确责任。

国内货物托运书，见表 6.2。

表 6.2 国内货物托运书的格式

(本表格尺寸:(长)26.5 cm×(宽)19 cm)

中国南方航空公司货物国内运输

托 运 书

现委托你公司空运以下货物,一切有关事项开列如下:

始发站		目的站	

托运人姓名或单位名称		邮政编码
托运人地址		电话号码
收货人姓名或单位名称		邮政编码
收货人地址		电话号码
储运注意事项及其他		声明价值 | 保险价值

件数	毛重	运价种类	商品代号	计费重量	费率	货物品名(包括包装、尺寸或体积)

说明:1. 托运人应当详细填写或审核本托运书各项内容,并对其真实性、准确性负责。2. 有不如实申报价值的货物发生丢失、损坏或被冒领的,赔偿价值以此托运书注明的为准,造成赔偿不足的责任由托运人或收货人负责。3. 承运人根据本托运书填开的航空货运单经托运人签字后,航空运输合同即告成立。

托运人或其代理人
签字(盖章):________________

托运人或其代理人
身份证号码:________________

货运单号码	
784—	

经办人		
	X 光机检查	
	检查货物	
	计算重量	
	填写标签	
	年 月 日	

4. 货物国际运输托运规定

（1）托运人应当提供必需的资料和文件，以便在货物交付收货人前完成法律、行政法规规定的有关手续；因没有此种资料文件，或者此类资料、文件不充足或者不符合规定造成的损失，除由于承运人或者受雇人、代理人的过错造成的外，托运人应当对承运人承担责任。

（2）托运人应当自行办理海关手续。托运人托运我国政府有关部门和运输过程中有关国家的法律、行政法规和其他有关规定限制运输的货物，应当附有效证件。

（3）运输条件不同或货物性质不同而不能在一起运输的货物，托运人应当分别填写托运书。

（4）危险物品、动物、灵柩、骨灰、贵重物品、枪械、军械、外交信袋、鲜活易腐货物，成批或者超大件货物以及公务货物，应当由托运人通知收货人在到达站机场等候提取。

（5）托运人应具备的文件

托运人在托运货物之前，应该填写一份货物托运书，工作人员根据托运书来判断是否收运货物及填写货运单。一般情况下，托运书应有以下随附文件。

——托运人的危险物品申报单；

——托运人的动物证明；

——如进口的海关规定要求，或者在国际航空运输协会1区与2区之间，使用指定商品运价时，需提供销售者商业发票的副本；

——进口国或出口国海关要求的其他文件；

——付款所需文件。

5. 国际托运书的基本内容和填写方法

（1）AIRPORT OF DEPARTURE（始发站）

填写始发站机场全称。

（2）AIRPORT OF DESTINATION（到达站）

填写目的站机场全称，若所在城市只有一个机场，也可填写城市名称。

（3）ROUTINE AND DESTINATION（路线及到达站）

填写指定运输路线及到达机场

（4）SHIPPER'S NAME AND ADDRESS（托运人姓名及地址）

填写托运人的全称、地址、城市、国家及电话号码（或传真、电传号码）。

（5）SHIPPER'S ACCOUNT NUMBER（托运人帐号）

除非承运人需要，此栏可不填。

（6）CONSIGNEE'S NAME AND ADDRESS（收货人姓名及地址）

填写收货人的全称、地址、城市、国家及电话号码（或传真号码）。

（7）CONSIGNEE'S ACCOUNT NUMBER（收货人账号）

除非承运人需要，此栏可不填写。

（8）ALSO NOTIFY（另请通知）

如果货物除了填在收货人栏内的收货人外，还有另请通知人，可填入此收货人姓名、详细地址、电话等。

(9) FLIGHT/DAY(航班/日期)

由承运人填写所安排的航班/日期。

(10) BOOKED(已预留吨位)

由承运人填写是否预留吨位。

(11) CHARGES(运费)

由承运人填写运费或其他费用支付方式(预付或到付)。

(12) SHIPPER'S DECLARED VALUE(托运人声明的价值)

① FOR CARRIAGE(供运输用)

托运人申报的货物运输声明价值的全额。如果没有声明价值则应填"NVD"-NO VALUE DECLARED。

② FOR CUSTOMS(供海关用)

托运人向海关申报的价值(根据商业发票)，如该货物没有商业价值，应填"NCV"-NO COMMOCIAL VALUE

(13) AMOUNT OF INSURANCE(保险金额)

如果承运人向托运人提供货物保险服务的活，此栏可填入货物的实际价值或投保金额。

(14) DOCUMENTS TO ACCOMPANY AIR WAYBILL(所附文件)

填写货运单所附随机文件，如发票、装箱单等。

(15) NO. OF PACKAGES(件数)

填写货物总件数。

(16) ACTUAL GROSSWEIGHT(KG)(实际毛重)(千克)

填写货物实际毛重(净重加上包装重量)。有些国家以磅(LB)为单位，我国以千克(KG)为单位。

(17) RATE CLASS 运价类别

填写运价的类别，根据需要选用 M、N、Q、C、R、S、U、E、X、Y 等。

(18) CHARGEABLE WEIGHT(收费重量)

根据不同货物性质填写实际收费的重量。

(19) RATE/CHARGE(费率)

填写适用的每千克货物运价，如果为最低运费，也应填在本栏。

(20) NATURE AND QUANTITY OFGOODS(INCL. DIMENSIONS OR VOLUME)(货物品名及数量)

根据不同种类货物详细填写货物的具体品名及货物的长、宽、高，包装尺寸以厘米为单位，对危险物品必须注明其专有名称和包装级别。

国际货物托运书，见表 6.3。

表 6.3 国际货物托运书的格式

中国南方航空公司

CHINA SOUTHERN AIRLINES

国际货物托运书

SHIPPER' SLETTER OF INSTRUCTION

货运单号码
No. of Air Waybill

始发站 Airport of Departure				到达站 Airport of Destination				供承运人用 For Carrier Use Only		
路线及到达站 Routine and Destination								航班/日期 Flight/Day	……	航班/日期 Flight/Day
至 To	第一承运人 By First Carrier	至 To	承运人 By	至 To	承运人 By	至 To	承运人 By			
托运人账号 Shipper's Account Number				托运人姓名及地址 Shipper's Name and Address				已预留吨位 Booked		
收货人账号 Consignee's Account Number				收货人姓名及地址 Consignee's Name and Address				运费 Charges		
另请通知 Also Notify										

托运人声明的价值 Shipper's Declared Value		保险金额 Amount of Insurance	所附文件 Documents to Accompany Air Waybill
供运输用 For Carriage	供海关用 For Customs		

件数 No. of Packages	实际毛重(千克) Actual Gross Weight(kg.)	运价类别 Rate Class	收费重量 Chargeable Weight	费率 Rate/ Charge	货物品名及数量(包括体积或尺寸) Nature and Quantity of Goods (Incl. Dimensions or Volume)

在货物不能交与收货人时,托运人指示的处理办法
Shipper's instructions in case of Inability to deliver shipment as consigned

处理情况(包括包装方式,货物标志及号码等)
Handling information(Incl. method of packing. Identifying marks and numbers. Etc.)

托运人证实以上所填全部属实并愿遵守承运人的一切载运章程
The shipper certifies that the particulars on the face hereof are correct and agrees to the conditions of carriage of the carrier.

托运人签字 Signature of Shipper	日期 Date	经手人 Agent	日期 Date

九、航空货运单

1. 航空货运单的定义和法律作用

航空货运单是托运人委托承运人填制的,托运人和承运人之间为在承运人的航班上运输货物所订立合同的初步证据。其法律作用为:

(1) 航空货运单是托运人和承运人双方订立合同,接受货物和所列承运条件的证明,具有初步证据的效力;

(2) 航空货运单便于承运人的发运、交付;如果运费到付,承运人凭货运单向收货人收取运费;

(3) 航空货运单是货物随附的识别文件;

(4) 航空货运单是托运人合法行使处置权的证书;

(5) 航空货运单是交货收据和运费单据;

(6) 如附加保险,航空货运单可以具有保险单的作用;

(7) 航空货运单可作为货物监管的凭证;

(8) 运费结算的凭证。

2. 航空货运单的填写要求

(1) 航空货运单应由托运人填写,连同货物交给承运人。如应托运人请求代其填写货运单时,应根据托运书填写,并经托运人签字。此货运单应视为代托运人填写的货运单。

(2) 航空货运单由承运人(或其代理人)和托运人(或其代理人)双方签字或者盖章方可生效。

(3) 航空货运单应按编号顺序使用,不得越号。

(4) 托运人应当对航空货运单上所填关于货物的说明和声明的正确性负责。

(5) 航空货运单必须填写正确、清楚,不得修改,如填写错误,应另行填制新的货运单。填错作废的货运单,应加盖"作废"的戳印,除第八联留存外其余各联随同销售日报送交财务部门注销。

3. 国内航空货运单的组成

航空货运单一式八份,其种正本三份,副本五份。

副本 4 是货物到达目的站后由代理人代替发货时使用的存根联或者航空公司营业部收存作为核对或统计货运量的依据。

航空货运单的名称,具体用途如下:

印刷顺序	名　　称	颜　色	用　途
第一份	正本3　托运人联	淡蓝色	交托运人
第二份	正本1　财务联	淡绿色	交开票人财务
第三份	副本7　第一承运人联	淡粉色	交第一承运人
第四份	正本2　收货人联	淡黄色	交收货人
第五份	副本4　货物交付联	白色	交付货物收据
第六份	副本5　目的站联	白色	交目的站机场
第七份	副本6　第二承运人联	白色	交第二承运人
第八份	副本8　代理人/承运人开票存根联	白色	交开票人存根

4. 国内航空货运单的填制

(1) 始发站栏:填写货物始发站机场所在城市的名称,地名应写全称,不得简写或使用代码。

(2) 目的站栏:填写货物目的站机场所在城市的名称,地名应写全称,不得简写或使用代码。

(3) 托运人姓名、地址、邮编和电话号码栏:填写托运人全名,托运人姓名要与其有效身份证件相符,地点和单位名称要详细,邮编和电话号码要清楚准确。此栏内只能有一个托运人。

(4) 收货人姓名、地址、邮编和电话号码栏:填写与有效身份证件相符合的收货人姓名、地址和单位,邮编和电话号码要清楚准确。此栏内只能有一个收货人。

(5) 航线

5A 到达站(第一承运人运达站)栏,填写目的地机场或第一中转站机场的三字代码。

5B 第一承运人栏:填写自始发站承运货物的承运人两字代码。

5C 到达站(第二承运人运达站)栏:填写目的站机场或第二中转站机场的三字代码。

5D 第二承运人栏:填写第二承运人的两字代码。

5E 到达站(第三承运人运达站)栏:填写目的地机场或第三机场的三字代码。

5F 第三承运人栏:填写第三承运人的两字代码。

(6) 航班/日期

6A 航班/日期(始发航班)栏:填写已订妥的航班/日期。

6B 航班/日期(续程航班)栏:填写已订妥的续程航班/日期。

(7) 运输声明价值栏:填写托运人向承运人声明的货物价值。托运人不声明价值时,必须填写“无”字样。

(8) 运输保险价值栏:托运人通过承运人向保险公司投保的货物价值,已办声明价值的,此栏不填写。

(9) 储运注意事项及其他栏:填写货物在保管、运输过程中应注意的事项或其他有关事宜。

(10) 件数/运价点栏:填写货物件数。如果货物运价种类不同时,应分别填写,总件数填在(10A)。如运价是分段相加组成时,将运价组合点的城市代码填入本栏。

(11) 毛重栏:在与货物件数相对称的同一行处,填写货物毛重。如分别填写时,总数应填在(11A)。

(12) 运价种类栏:可用下列代号填写所采用的运价类别。

M. 最低运费;

N. 45 kg 以下普通货物运价;

Q. 45 kg 以上普通货物运价;

C. 指定商品运价;

S. 等级货物运价。

(13) 商品代号栏:应根据下列情况分别填写。

如果该票货物使用了指定商品运价,则应在(12)栏内填入指定商品运价代号"C",本栏内填写该货物的指定商品代号。

如果该票货物使用了等级货物运价,则应在(12)栏内填入等级货物运价代号"S",本栏内应填写适用运价的组成办法。如 N150、M150 等。

如果该票货物使用了重量分界点运价,则应在(12)栏内填入运价代号"Q",本栏内应填写适用运价的组成办法。如 Q100、Q300 等。

(14) 计费重量栏:

如果按体积计得的重量大于实际毛重,应将体积计费重量填入本栏。

采用较低的运价和较高的计费重量分界点所得的运费低于采用较高的运价和较低的计费重量分界点的运费,则可将较高的计费分界点重量填入本栏。

如按最低运费计收运费,本栏可不填写。

(15) 费率栏:填写货物起讫站之间适用的每千克运价。如按最低运费计收运费,本栏应填写"30.00"或"45.00"。

(16) 航空运费栏:填写根据费率和计费重量计算出的货物航空运费额。如因货物适用运价不同,分别填写航空运费时,应将总数填在最下边的(16A)内。如按最低运费计收运费,本栏应填写"30.00 或"45.00"。

(17) 货物品名(包括包装、尺寸或体积)栏:填写货物的确指品名、外包装类型和尺寸(体积)。如果该批货物包装不同,应分别写明数量和包装类型,如纸箱、铁桶、木箱等。填写货物的名称、每件货物的尺寸和总体积。货物名称应当具体准确,不得填写表示货物类别的统称或品牌。如:电视机等不能填写电子产品;私人物品必须详列内容。如该票货物是特种货物,还应注明货物的性质(代码)。

(18) 预付

18A　预付航空运费栏:填写预付的(16)或16A栏中运费总数。

18B　预付声明价值附加费栏:填写按规定收取的货物声明价值附加费。

18C　预付地面运费栏:填写根据地面运费费率和计费重量计算出的货物地面运费总额。

18D　预付其他费用栏:填写(20)栏各项费用的总数。填写除航空运费、声明价值附加费和地面运费以外的根据规定收取的其他费用。

18E　预付总额栏:填写18A—18D的总数。

(19) 付款方式栏:填写托运人支付各项费用的方式,如:现金、支票等。

(20) 其他费用栏:填写除航空运费、声明价值附加费和地面运费以外的根据规定收取的其他费用。

(21) 到付:

21A　到付航空运费栏:填写到付的(16)或16A栏中运费总数。

21B　到付声明价值附加费栏:填写按规定收取的货物声明价值附加费。

21C　到付地面运费栏:填写根据地面运费费率和计费重量计算出的货物地面运费总额。

21D　到付其他费用栏:填写(20)栏各项费用的总数。填写除航空运费、声明价值附加费和地面运费以外的根据规定收取的其他费用。

21E　到付总额栏:填写21A—21D的总数。

(22) 结算注意事项栏:如使用协议运价或销售运价,此栏必须填写有关结算事项。如:有关货物销售运价的通知文件、协议编号或优惠证号码等。

(23) 填开货运单的代理人名称栏:填写填制货运单的代理人名称。

(24) 收货人签字/日期栏(副本4):由收货人签字及填写货物提取日期。

(25) 收货人有效身份证件及号码栏(副本4):填写收货人的有效身份证件号码。

(26) 交付人签字/日期栏(副本4):由交付货物的经办人签字并填写货物交付日期。

(27) 托运人或其代理人签字、盖章栏:由托运人或代理人签字、盖章。

(28) 货运单填开日期、填开地点、填开人栏。

28A　填开日期栏:货运单的填制日期。

28B　填开地点栏:货运单的填开地点。

28C　填开人或其代理人签字、盖章栏:填制货运单的承运人或其代理人的签字、盖章。

国内航空货运单,见表6.4。

表 6.4　国内航空货运单的格式

（本表尺寸：（长）30.5 cm×（宽）21.2 cm）

784－××××××××　　　　　　784－××××××××

始发站 Airport of Departure	[1]	目的站 Airport of Destination	[2]	不得转让 NOT NEGOTIABLE 航空货运单 AIR WAYBILL 印发人 Issued by 中国南方航空股份有限公司 CHINA SOUTHERN AIRLINES CO.,LTD. 中国 广州 白云机场 BAIYUN AIRPORT GUANGZHOU CHINA 邮政编码 Post Code:510415
托运人姓名、地址、邮编、电话号码 Shipper's Name, Address, Postcode & Telephone No. [3]				航空货运单一、二、三联为正本，并具有同等法律效力。 Copies 1,2 and 3 of this Air Waybill are originals and have the same validity
收货人姓名、地址、邮编、电话号码 Consignee's Name, Addiess, Postcode & Telephone No. [4]				结算注意事项 Accounting Information [22] 填开货运单的代理人名称 Issuing Carrier's Agent Name [23]

航班 Routing [5]	到达站 To 5 A	第一承运人 By First Carrier 5 B	到达站 To 5 C	承运人 By 5 D	到达站 To 5 E	承运人 By 5 F

航班/日期 Flight/Date 6 A	航班/日期 Flight/Date 6 B	运输声明价值 Declared Value for Carriage [7]	运输保险价值 Amount of Insurance [8]

储运注意事项及其他 Handling Information and Others [9]

件数 No. of pcs. 运价点 RCP	毛重（千克）Gross Weight (kg)	运价种类 Rate Class	商品代号 Comm. Item No.	计费重量（千克）Chargeable Weight(kg)	费率 Rate/kg	航空运费 Weight Charge	货物品名（包括包装、尺寸或体积）Description of Goods (incl. Packaging, Dimensions or Volume)
[10]	[11]	[12]	[13]	[14]	[15]	[16]	[17]
10 A	11 A					16 A	

预付 Prepaid [18]		到付 Collect [21]	其他费用 Other Charges [20]
18 A	航空运费 Weight Charge	21 A	本人郑重声明：此航空货运单上所填货物品名和货物运输声明价值与实际交运货物品名和货物实际价值完全一致。并对所填航空货运单和所提供的与运输有关文件的真实性和准确性负责。 Shipper certifies that description of goods and declared value for carriage on the face hereof are consistent with actual description of goods and actual value of goods and that particulars on the face hereof are correct.
18 B	声明价值附加费 Valuation Charge	21 B	
18 C	地面运费 Surface Charge	21 C	
18 D	其他费用 Other Charges	21 D	托运人或其代理人签字、盖章 [27] Signature of Shipper or His Agent ____________

续表 6.4

			填开日期 Executed on(Date) 填开地点 At(Place) 填开人或其代理人签字、盖章 Signature of Issuing Carrier or Its Agent
18 E	总额(人民币) Total(CNY)	21 E	28 A 28 B 28 C
付款方式 Form of Payment	[19]		784—××××××××

正本 1(开票人财务联)乙
ORIGINAL 1(FOR ISSUING CARRIER)B

5. 国内货物运价计算

例题 1:普通货物最低运费计算

托运人交运 1 件广州至北京的货物,毛重为 2 kg,品名为服装样品,包装为纸箱,尺寸为 20 cm×20 cm×20 cm,请计算航空运费。

运价:M 30.00

N 8.90

45 6.90

100 6.00

300 5.20

体积重量:20×20×20×1÷6 000=1.3 kg<毛重 2 kg

运价确定:N 运价,8.90×2=CNY19.80≈CNY20.00

最低运费检查:以 N 运价计得的运费低于最低运费 M(CNY30.00),所以适用运价为最低运费,航空运费为人民币 30.00 元。参见表 6.5。

表 6.5

件数 No. of Pcs 运价点 RCP	毛重(千克) Gross Weight	运价种类 Rate Class	商品代号 Comm. Item No.	计费重量(千克) Chargeable Weight(kg)	费率 Rate/kg	航空运费 Weight Charge	货物品名(包括包装、尺寸或体积) Description of Goods (incl. Packaging, Dimensions or Volume)
1	2	M			30.00	30.00	服装样品/纸箱 20 cm×20 cm× 20 cm×1
1	2					30.00	

例题 2:普通货物重量分界点运价计算

托运人交运 5 件上海至北京的货物,毛重为 40 kg,品名为服装,包装为纸箱,尺寸为 60 cm×30 cm×20 cm,计算航空运费。

运价:M　　30.00

N　　5.90

45　　4.70

100　　4.10

300　　3.50

体积重量:$60\times30\times20\times5\div6\ 000=30$ kg < 毛重 40 kg

运价确定:N 运价,$5.90\times40=$ CNY236.00

Q45 运价,$4.70\times45=$ CNY211.50 ≈ CNY212.00

根据运费计算从低原则,使用 Q45 运价计得的运费低于 N 运价计得的运费。

最低运费检查:以 Q45 运价计得的运费(212.00)高于最低运费 M(CNY30.00)

适用运价:Q45,4.70 元/千克

航空运费:CNY212.00 元。

参见表 6.6。

表 6.6

件数 No. of Pcs 运价点 RCP	毛重(千克) Gross Weight	运价种类 Rate Class	商品代号 Comm. Item No.	计费重量(千克) Chargeable Weight(kg)	费率 Rate/kg	航空运费 Weight Charge	货物品名(包括包装、尺寸或体积) Description of Goods (incl. Packaging, Dimensions or Volume)
5	40	Q	Q45	45	4.70	212.00	服装/纸箱 60 cm × 30 cm × 20 cm × 5
5	40					212.00	

例题 3:普通货物体积重量和运价分界点运价计算

托运人交运 10 件上海至成都的货物,毛重为 200 kg,品名为服装,包装为纸箱,尺寸为 60 cm × 30 cm × 80 cm,计算航空运费。

运价:M　　30.00

N　　8.00

45　　6.40

100　　5.60

300　　4.80

体积重量:$60\times30\times80\times10\div6\ 000=240$ kg > 毛重 200 kg

所以应使用体积重量进行运价比较。

运价确定:Q100 运价,$5.60\times240=$ CNY1 344.00

Q300 运价,$4.80\times300=$ CNY1 440.00

根据运费计算从低原则，使用 Q100 运价计得的运费低于 Q300 运价计得的运费。

最低运费检查：以 Q100 运价计得的运费(1 344.00)高于最低运费 M(CNY30.00)。

适用运价：Q100，5.60 元/千克

航空运费：CNY1 344.00 元。

参见表 6.7。

表 6.7

件数 No. of Pcs 运价点 RCP	毛重(千克) Gross Weight	运价种类 Rate Class	商品代号 Comm. Item No.	计费重量(千克) Chargeable Weight(kg)	费率 Rate/kg	航空运费 Weight Charge	货物品名(包括包装、尺寸或体积) Description of Goods (incl. Packaging, Dimensions or Volume)
10	200	Q	Q100	240	5.60	1 344.00	服装/纸箱 60 cm×30 cm×80 cm×10
10	200					1 344.00	

例题 4：特种货物运价计算

托运人交运 2 件成都至西安的货物，毛重为 30 kg，品名为冻牛肉，外包装为纸箱，尺寸为 50 cm×30 cm×20 cm，计算航空运费。

运价：M　30.00
　　N　3.90
　　45　3.10
　　100　2.70
　　300　2.30

体积重量：50×30×20×2÷6 000=10 kg<毛重 30 kg

运价确定：冻牛肉属于鲜活易腐物品，是特种货物，应使用等级货物运价。

N150 运价，3.90×150%=5.85≈5.90

航空运费：5.90×30=CNY177.00

最低运费检查：特种货物的最低运费为 M150，即 30×150%=45.00

此票货物的运费(177.00)高于最低运费 M(CNY45.00)。

适用运价：N150，5.90 元/千克

航空运费：CNY177.00 元。

参见表 6.8。

表 6.8

件数 No. of Pcs 运价点 RCP	毛重 （千克） Gross Weight	运价 种类 Rate Class	商品 代号 Comm. Item No.	计费重量 （千克） Chargeable Weight(kg)	费率 Rate/ kg	航空运费 Weight Charge	货物品名（包括包装、尺寸或体积） Description of Goods (incl. Packaging, Dimensions or Volume)
2	30	S	N150	30	5.90	177.00	冻牛肉/纸箱 PER/鲜活易腐物品 50 cm × 30 cm × 20 cm × 2
2	30					177.00	

例题 5：特种货物（贵重物品）最低运费计算

托运人交运 1 件成都至乌鲁木齐的货物，毛重为 1.330 kg，品名为钻石首饰，外包装为木盒，尺寸为 30 cm × 10 cm × 10 cm，计算航空运费。

运价：M　　30.00

N　　9.60

45　　7.70

100　　6.70

300　　5.80

体积重量：30 × 10 × 10 × 1 ÷ 6 000 = 0.5 kg < 毛重 1.3 kg（毛重精确到 0.1 kg）

运价确定：钻石首饰属于贵重物品，是特种货物，应使用等级货物运价。

N150，9.60 × 150% = 14.40

航空运费：14.40 × 1.5（计费重量精确到千克）= 21.66 ≈ 22

最低运费检查：特种货物的最低运费为 M150，即 30 × 150% = 45.00

此票货物的运费（15.00）低于最低运费 M（CNY45.00）

所以航空运费要提高到最低运费 45 元。

航空运费：CNY45.00 元。

参见表 6.9。

表 6.9

件数 No. of Pcs 运价点 RCP	毛重 （千克） Gross Weight	运价 种类 Rate Class	商品 代号 Comm. Item No.	计费重量 （千克） Chargeable Weight(kg)	费率 Rate/ kg	航空运费 Weight Charge	货物品名（包括包装、尺寸或体积） Description of Goods (incl. Packaging, Dimensions or Volume)
1	1.3	S	M150	1.5	45.00	45.00	钻石首饰/木箱 VAL/贵重物品 30 cm × 10 cm × 10 cm × 1
1	1.3					45.00	

例题6:混运货物运费计算

托运人交运一票由北京至乌鲁木齐的货物,外包装均为纸箱,分别为:电话,2件,40 kg,尺寸为40 cm×40 cm×20 cm;服装,15件,390 kg,尺寸为80 cm×60 cm×40 cm,计算航空运费。

运价:M	30.00
N	11.50
45	9.20
100	8.10
300	6.90

210(为服装的指定商品运价代号)

300	6.20
500	5.50

货物毛重:40+390=430 KGS

体积重量:

(1) 总体积:(40×40×20×2+80×60×40×15)÷6 000=490.7 kg≈491 kg>毛重430 KGS

(2) 电话体积:40×40×20×2÷6 000=10.7≈11 kg

(3) 服装体积:80×60×40×15÷6 000=480 KGS

运价确定:

(1) 使用指定商品运价:

A. 服装:① 5.50 × 500=CNY2 750.00

② 6.20 × 480=CNY2 976.00

应选择①500 kg以上指定商品运价。

B. 电话:③ N,11.50×40=CNY460.00

④ Q45,9.20×45=CNY414.00

应选择④Q45 kg运价。

C. 运费:①+④=2 750.00+414.00=CNY3 164.00

(2) 不使用指定商品运价

Q300:6.90 × 491=3 387.90≈CNY3 388.00

(3) 经过比较,应该使用指定商品运价和普通货物运价组合的运费计算办法,可以取得较低运费。

航空运费:CNY3 164.00

参见表6.10。

表 6.10

件数 No. of Pcs 运价点 RCP	毛重 (千克) Gross Weight	运价 种类 Rate Class	商品 代号 Comm. Item No.	计费重量 (千克) Chargeable Weight(kg)	费率 Rate/ kg	航空运费 Weight Charge	货物品名(包括包装、尺寸或体积) Description of Goods (incl. Packaging, Dimensions or Volume)
2	40	Q	Q45	45	9.20	414.00	电话/纸箱 40 cm×40 cm× 20 cm×2
15	390	C	210	500	5.50	2 750.00	服装/纸箱 80 cm×60 cm× 40 cm×15
14	430					3 164.00	

例题 7:分段相加组合运价计算

托运人交运 3 件长春至丽江的货物,毛重为 26 kg,品名为电子仪器,外包装为木箱,尺寸为 30 cm×40 cm×40 cm,计算航空运费。

运价:M　　　30.00

　　CGQ—KMC:N 12.90　　KMGLJG:N 2.70

　　CGO—CAN:N 11.90　　CANLJG:N 7.80

体积重量:30×40×40×3÷6 000=24 kg<毛重 26 kg

运价组合:(1) 如采用昆明做运价组合点,则生成的公布运价为:12.09+2.70=15.60

(2) 如采用广州做运价组合点,则生成的公布运价为:11.90+7.80=19.70

所以,应采用昆明做运价组合点,运价为 15.60 元/千克。

航空运费:15.60×26=CNY405.60≈CNY406.00

参见表 6.11。

表 6.11

件数 No. of Pcs 运价点 RCP	毛重 (千克) Gross Weight	运价 种类 Rate Class	商品 代号 Comm. Item No.	计费重量 (千克) Chargeable Weight(kg)	费率 Rate/ kg	航空运费 Weight Charge	货物品名(包括包装、尺寸或体积) Description of Goods (incl. Packaging, Dimensions or Volume)
3 KMC	26	N		26	15.60	406.00	电子仪器/木箱 30 cm×40 cm× 40 cm×3
3	26					406.00	

6. 国际航空货运单的组成

国际航空货运单由 12 联组成,包括 3 联正本,6 联副本和 3 联额外副本。其中,正本3为托运人联,货运单填开完毕后,此联交给托运人作为托运货物及交付运费的收据。同时,也是托运人与承运人之间签订的有法律效力的运输文件。

国际航空货运单按印刷顺序排列如下:

印刷顺序	名称	颜色	顺序
第一份	正本3	蓝色	交托运人
第二份	正本1	绿色	交财务部门
第三份	副本9	白色	交代理人
第四份	正本2	粉红	交收货人
第五份	副本4	黄色	交货收据
第六份	副本5	白色	交目的站机场
第七份	副本6	白色	交第三承运人
第八份	副本7	白色	交第二承运人
第九份	副本8	白色	交第一承运人
第十份	额外副本	白色	
第十一份	额外副本	白色	
第十二份	额外副本	白色	

7. 国际航空货运单的填制

(1) 填制货运单的要求

① 填开货运单要求使用英文打字机或计算机,用英文大写字母打印,各栏内容必须准确、清楚、齐全,不得随意涂改。

② 货运单已填内容在运输过程中需要修改时,必须在修改项目的旁边盖章注明修改货运单的空运企业名称、地址、日期,修改货运单时,应将所有剩余的各联一同修改。

③ 货运单的各栏目中,有些栏目印有阴影。其中,有标题的阴影栏目仅供承运人填写使用;没有标题的阴影栏目一般不需填写,除非承运人特殊需要。

(2) 货运单各项栏目的填写说明

① 货运单号码(The Air Waybill Number)

货运单号码应清晰地印在货运单的左右上角以及右下角。

a. 航空公司的票证代号(1A) Airline Code Number

b. 货运单序号及检验号(1B) Serial Number

注意:第四位数字与第五位数字之间应留有比其他数字之间较大的空间。

例:777 - 1234 5675

② 始发站机场 Airport of Departure

打印始发站机场IATA三字代号(如不知道机场名称,可打印机场所在城市的IATA三字代码)。

③ 货运单所属承运人的名称及地址(1C)Issuing Carrier's Name and Address

此处一般印有航空公司的标志、名称和地址。

④ 正本联说明(1D)Reference To Originals

无需填写。

⑤ 契约条件(1E)Reference To Conditions of Contract

一般情况下无需填写,除非承运人需要。

⑥ 托运人栏 Shipper

a. Shipper's Name and Address 托运人姓名和地址

打印托运人姓名(名称)、地址、国家(或国家两字代号)以及托运的电话、传真、电话号码。

b. Shipper's Account Number 托运人帐号

此栏不需填写,除非承运人需要。

⑦ 收货人栏 Consignee

a. Consignee's Name and Address 收货人姓名和地址

打印收货人姓名(名称)、地址、国家(或国家两字代号)以及收货人的电话、传真、电话号码。

b. Consignee's Account Number 收货人账号

此栏仅供承运人使用,一般不需填写,除非最后的承运人需要。

⑧ 填发货运单的承运人栏 Issuing Carrier's Agent

a. Name and city 名称和城市(6)

(a) 打印向承运人收取佣金的国际航协代理人的名称和所在机场或城市名称。

(b) 根据货物代理机构管理规则,该佣金必须支付给目的站国家的一个国际航协代理人,则该国际航协代理人的名称和所在机场或城市必须填入本栏。冠以"收取佣金代理人"Commissionable Agent 字样。

b. Agent's IATA code 国际航协代号(7)

(a) 代理人在非货帐结算区(non - CASS areas),打印国际航协 7 位数字代号,例:14 - 30288。

(b) 代理人在货帐结算区(CASS areas),打印国际航协 7 位数字代号,后面是三位 CASS 地址代号,和一个数字代号检验位。例:34 - 41123/5671。

CASS—Cargo Accounts Settlement System,即:货运财务结算系统。

Account No. 长号(8)。本栏一般不需填写,除非承运人需要。

⑨ 运输路线 Routing

a. Airport of Departure(Address of First Carrier) and Requested Routine 始发站机场(第一承运人地址)和所要求的运输路线(9)

此栏打印与栏中一致的始发站机场名称,以及所要求的运输路线。

注:此栏中应打印始发站机场或所在城市全称。

例:J. F. KENNEDY

b. 运输路线和目的站(Routine and Destination)

(a) To(First Destination)至(第一目的站)(11A)

打印第一个转运点的IATA三字代号(当该城市有多个机场,不知道机场名称时,可用城市代号)。

(b) By First Carrier;由第一承运人(11B)

打印第一承运人的名称(全称与IATA两字代号皆可)。

(c) To (Second destination)至(第二目的站)(11C)

打印第二个转运点的IATA三字代号(当该城市有多个机场,不知道机场名称时,可用城市代号)。

(d) by (Second Carrier)(第二承运人)(11D)

打印第二承运人的IATA两字代号。

(e) To(Third destination)至(第三目的站)(11E)

打印第三转运点的IATA三字代号(当该城市有多个机场时,不知道机场名称时,可用城市代号)。

(f) by (Third Carrier) 由(第三承运人)(11F)

打印第三承运人的IATA两字代号。

c. Airport of Destination 目的站机场

打印最后承运人的目的地机场全称(如果该城市有多个机场时,不知道机场名称时,可用城市全称)。

d. Flight/date 航班/日期——仅供承运人用

本栏一般不需填写,除非参加运输各有关承运人需要

⑩ 财务说明 Accounting Informtion(10)

此栏打印有关财务说明事项:

a. 付款方式:现金支票或其他方式。

b. MCO付款时,只能用于作为货物运输的行李运输,此栏应打印MCO号码,换取服务金额,以及旅客的客票号码、航班、日期及航程。

注:代理人不得接受托运人使用MCO作为付款方式。

c. 货物到达目的站无法交付收货人而需退运的,应将原始货运单号码填在为退运货物所填开的新货运单的本栏内。

⑪ 货币 Currency(12)

a. 打印始发国的ISO(国际标准化组织)的货币代号。

b. 除目的站"国家收费栏"内的款项外,货运单上所列明的金额均按a中货币支付。

⑫ 运费代号 CHGS Code(仅供承运人用)

本栏一般不需填写,仅供电子传送货运单信息时使用。

⑬ 运费 CHARGES

a. WT/VAL 航空运费(根据货物计费重量以适合的运价收取的运费)和声明价值附加费的预付和到付(14A)(14B)。

(a) 货运单上(24A)(25A)或(24B)(25B)两项费用必须全部预付或全部到付。

(b) 在(14A)中打"X"表示预付;在(14B)中打"X"表示到付。

b. Other(Charges at Origin)在始发站的其他费用预付或到付。

(a) 货运单上(27A)(28A)或(27B)(28B)两项费用必须全部预付或全部到付。

(b) 在(15A)中打"X"表示预付;在(15B)中打"X" 表示到付。

⑭ 供运输用声明价值 Declared Value for carriage(16)

a. 打印托运人中申报的货物运输声明价值的金额。

b. 如果托运人没有申明价值,此栏必须打印"NVD"字样。

注:NVD—NO VALUE DECLARED,表示没有声明价值。

⑮ 供海关用声明价值 Declared value for Customs(17)

a. 打印货物及海关所需的商业价值金额。

b. 如果货物没有商业价值,此栏必须打印"NCV",字样。

注:NCV—NO COMMERCIAL VALUE,表示没有商业价值。

⑯ 保险金额 Amount of Insurance(20)

a. 如果承运人向托运人提供代办货物保险业务时,此栏打印托运人投保的金额。

b. 如果承运人不提供此项服务或托运人不要求投保时,此栏内必须打印"×××"符号。

⑰ 储存注意事项 Handling Information(21)

a. 如果是危险物品,有两种情况:一种是需要附托运人的危险物品申报单,则本栏内应打印"DANGEROUS GOODS AS PER ATTACHE SHIPPER'S DECLARATION"字样,对于要求装载在货机上的危险物品,还应打印"SHIPPER'S DECLARATION NOT REQUIRED"字样。

b. 当一批货物中既有危险物品也有非危险物品时,应分别列明,危险物品必须列在第一项。

c. 其他储运注意事项,尽可能使用"货物交接电报程序"(CARGO - IMP)中的代号和简语,如:

(a) 货物上的标志、号码以及包装方法。

(b) 货运单证文件,如托运人的动物证明书"SHIPPER'S CERTIFICATION FOR LIVE ANIMAL",装箱单"PACKAGING LIST",发票"INVOICE"等。

(c) 除收货人外另请通知人的姓名、地址、国家,以及电话、电传或传真号码。

例如,ALSO NOTIFY:×××。

(d) 货物所需要的特殊处理规定。

(e) 海关规定等。

⑱ 货物运价细目(22A)至(22Z)Consignment Rating Details

一票货物中如含有两种或两种以上按不同运价类别计费的货物应分别填写,每填写一项另起一行,如果含有危险物品,则该危险物品应列在第一项。

a. 件数/运价组合点 No. of Prices Rcp(22A)

(a) 打印货物的件数。

(b) 如果使用非公布直达运价计算运费时,在件数的下面还应打印运价组合点城市的 IATA 三字代号。

b. 毛重 Gross Weight(22B)

打印适用于运价的货物实际毛重(以千克为单位时可保留至小数后两位)。

c. 重量单位 kg/lb(22C)

以千克为单位用代号"K"。

以磅为单位用代号"L"。

d. 运价等级 Rate Class(22D)

根据需要打印下列代号:

M——最低运费 Minimum Charge

N——45 kg 以下(或 100 kg 以下)运价 Normal Rate

Q——45 kg 以上运价 Quantity Rate

C——指定商品运价 Specific Commodity Rate

R——等级货物附减运价 Class Rate Reduction

S——等级货物附加运价 Class Rate Surcharge

U——集装化设备基本运费或运价 Unit Load Device Basic Charge or Rate

E——集装化设备附加运价 Unit Load Device Additional Rate

X——Unit Load Device Additional Information 集装化设备附加说明

Y——Unit Load Device Discount 集装化设备折扣

e. 商品品名编号 Commodity Item No.(22 正)

(a) 使用指定商品运价时,此栏打印指定商品品名代号(打印位置应与运价代号 C 保持水平)。

(b) 使用等级货物运价时,此栏打印附加或附减运价的比例(百分比)。

与运价代号 S 对应打印附加运价比例。例:N150,M200。

与运价代号 R 对应打印附减运价比例。例:N50。

(c) 如果是集装货物,与运价代号"X"对应打印集装货物运价等级。

f. 计费重量 chargeable weight(22F)

（a）打印与运价相应的货物计费重量。

（b）如果是集装货物，则：

与运价代号“U”对应打印适合集装货物基本运费的运价点重量。

与运价代号“E”对应打印超过使用基本运费的重量。

与运价代号“X”对应打印集装器空重。

g. 运价/运费 Rate/charge（22G）

（a）当使用最低运费时，此栏与运价代号“M”对应打印最低运费。

（b）打印与运价代号“N”、“Q”、“C”等相应的运价。

（c）当货物是等级货物时，此栏与运价代号“S”或“R”对应打印附加或附减后的运价。

（d）如果货物是集装货物，则：

与运价代号“U”对应打印集装货物的基本运费。

与运价代号“E”对应打印超过基本运费的集装货物运价。

h. Total 总计（22H）

（a）打印计费重量与适用运价相乘后的运费金额。

（b）如果是最低运费或集装货物基本运费时，本栏与（22G）内金额相同。

i. 货物品名和数量 Nature and Quantity of Goods（22I）

本栏应按要求打印，尽可能地清楚、简明，以便涉及该批货物的所有人员能够一目了然。

（a）打印货物的品名（用英文大写字母）。

（b）当一票货物中含有危险物品时，应分别打印，危险物品应列在第一项。

（c）活体动物运输，本栏内容应根据 IATA 活体动物运输规定打印。

（d）对于集中托运货物，本栏应打印“Consolidation as per attached list”。

（e）打印货物的体积，用长×宽×高表示。

例：DIMS：20 cm×20 cm×40 cm。

（f）本栏内货物的实际件数与（22A）中不同时，应在实际件数后面加上“SIAC”（Shipper's Load and Count 托运人装点）字栏。

（g）可打印货物的产地国。

j. 总件数（22J）

打印（22A）中各组货物的件数之和。

k. 总毛重（22K）

打印（22B）中各组货物毛重之和。

l. 总计（22L）

打印（22H）中各组货物运费之和。

m. （22Z）

一般不需打印，除非承运人需要，此栏内可打印服务代号：

B——Service Shipment，公务货物

C——Company Material，公司货物

D——Door to Door Service，门对门服务

J——Priority Service，优先服务

P——Small Package Service，小件货服务

T——Charter，包机

⑲ 其他费用 Other charges(23)

a. 打印始发站运输中发生的其他费用。

b. 作为到付的其他费用，应视为“代垫付款”，托运人应按代垫付款规定支付手续费，否则，对其他运费应办理到付业务。

c. 打印“其他费用”金额时，应冠以下列代号：

AC——Animal Container，动物容器租费

AS——Assembly Service Fee，集中货物服务费

AT——Attendant，押运员服务费

AW——Air Waybill，货运单费

BR——Bank Release，银行放行

DB——Disbursement Fee，代垫付款手续费

DF——Distribution Service，分发服务费

FC——Charges Collect Fee，运费到付手续费

GT——Government Fax，政府捐税

HR——Human Remains，尸体、骨灰附加费

IN——Insurance Premium，代办保险服务费

LA——Live Animals，动物处理费

MA——Miscellaneous—Due Agent，代理人收取的杂项费用

MZ——miscellaneous—Due Insuring Carrier，填开货运单的承运人收取的杂项费用

PK——Packaging，包装服务费

RA——Dangerous Goods Surcharge，危险品处理费

SD——Surface Charge Destination，目的站地面运输费

SI——Stoping Transit，中途停运费

SO——Storage Origin，始发站保管费

SR——Storage Destination，目的站地面运输费

SU——Surface Charge，地面运输费

TR——Transit，过境费

TX——Taxes,捐税

UH——ULD Handling,集装设备操作费

d. 承运人收取的其他费用用“C”表示。

代理人收取的其他费用用“A”表示。

例:AWC,承运人收取的货运单费;AWA,代理人收取的货运单费。

⑳ 预付,PREPAID

a. Prepaid weight charge,预付运费(24A)

打印货物计费重量计得的货物运费,与(22H)或(22L)中的金额一致。

b. (Prepaid)Valuation Charge,预付声明价值附加费(25A)

如托运人申报货物运输声明价值的话,此栏打印根据公式:(声明价值 - 实际毛重 × 最高赔偿额) × 0.5%,计得的声明价值附加费金额。此项费用与(22H)或(22L)中货物运费一起必须全部预付或全部到付。

c. (Prepaid)Tax,预付税款(26A)

打印适用的税款。此项费用与(22H)或(22L)中货物运费以及声明价值附加费一起必须全部预付或全部到付。

d. Total Other Prepaid Charges,预付的其他费用总额

有关栏内容根据(23)内的其他费用打印。

(a) Total (Prepaid) Charges Due Agent,预付由代理人收取的其他费用(27A)

打印由代理人收取的其他费用总额。

(b) Total Other Charges Due Carrier,预付由承运人收取的其他费用(28A)

打印由承运人收取的其他费用总额。

e. (29A)无名称阴影栏目

本栏不需打印,除非承运人需要。

f. Total Prepaid,预付总计

打印(24A)、(25A)、(26A)、(27A)、(28A)等栏有关预付款项之和。

㉑ 到付,Collect

a. Collect Weight Charge,到付运费(24B)

打印按货物计费重量计得的货物运费,与(22H)或(22L)中的金额一致。

b. (Collect) Valuation Charge,到付声明价值附加费(25B)

如托运人申报货物运输声明价值的话,此栏打印根据公式:(声明价值 - 实际毛重 × 20 美元) × 0.5%,计得的声明价值附加费金额。此项费用与(22H)或(22L)中的货物运费一起全部预付或全部到付。

c. (Collect) Tax,到付税款(26B)

打印适用的税款金额,此项金额与(22H)或(22L) 中货物运费以及声明价值附加费一起全部预付或全部到付。

d. Total Other Collect Charge,到付的其他费用总额

有关栏内容根据(23)内的其他费用打印。

(a) Total (Collect) Charges Due Agent,到付由代理人收取的其他费用(27B)

打印由代理人收取的其他费用总额。

(b) Total (collect) Charge Due carrier,到付由承运人收取的其他费用(28B)

打印由承运人收取的其他费用总额。

e. (29B)无名称阴影栏目

此栏不需打印,除非承运人需要。

f. Total collect,到付总计(30B)

打印(24B)、(25B)、(26B)、(27B)、(28B)等栏有关款项之和。

㉒ 托运人证明栏,Shipper's Certification Box(31)

打印托运人名称,可参考(2)中内容,并令其在本栏内签字或盖章。

㉓ 承运人填写栏,Carrier's Execution Box

a. Executed on(date),填开日期(32A)

按日、月、年的顺序打印货运单的填开日期,月份可用缩写,例:06SEP2005。

b. At(place),填开地点(32B)

打印机场或城市的全称或缩写。

c. Signature of Issuing Carrier or Its Agent 填开货运单的承运人或其代理人签字。(32C)

填开货运单的承运人或其代理人在本栏内签字。

㉔ For Carrier's Use Only at Destination,仅供承运人在目的站使用(33)

本栏不需打印。

㉕ 用目的站国家货币付费(仅供承运人使用)(33A)至(33D)

a. Currency Conversion Rate,货币兑换比价(33A)

打印目的站国家货币代号,后面是兑换比率。

b. CC. Charges in Dest. Currency,用目的站国家货币付费。(33B)

将(30B)中所列到付总额,使用(33B)的货币换算比率折算成目的站国家货币的金额,打印在本栏内。

c. Charges at Destination,在目的站的费用(33C)

最后承运人将目的站发生的费用金额包括利息等(自然增长的)打印在本栏内。

d. Total Collect Charges,到付费用总额

打印(33B)与(33C)内的费用金额之和。

国际航空货运单,见表6.12。

表 6.12 国际航空货运单的格式

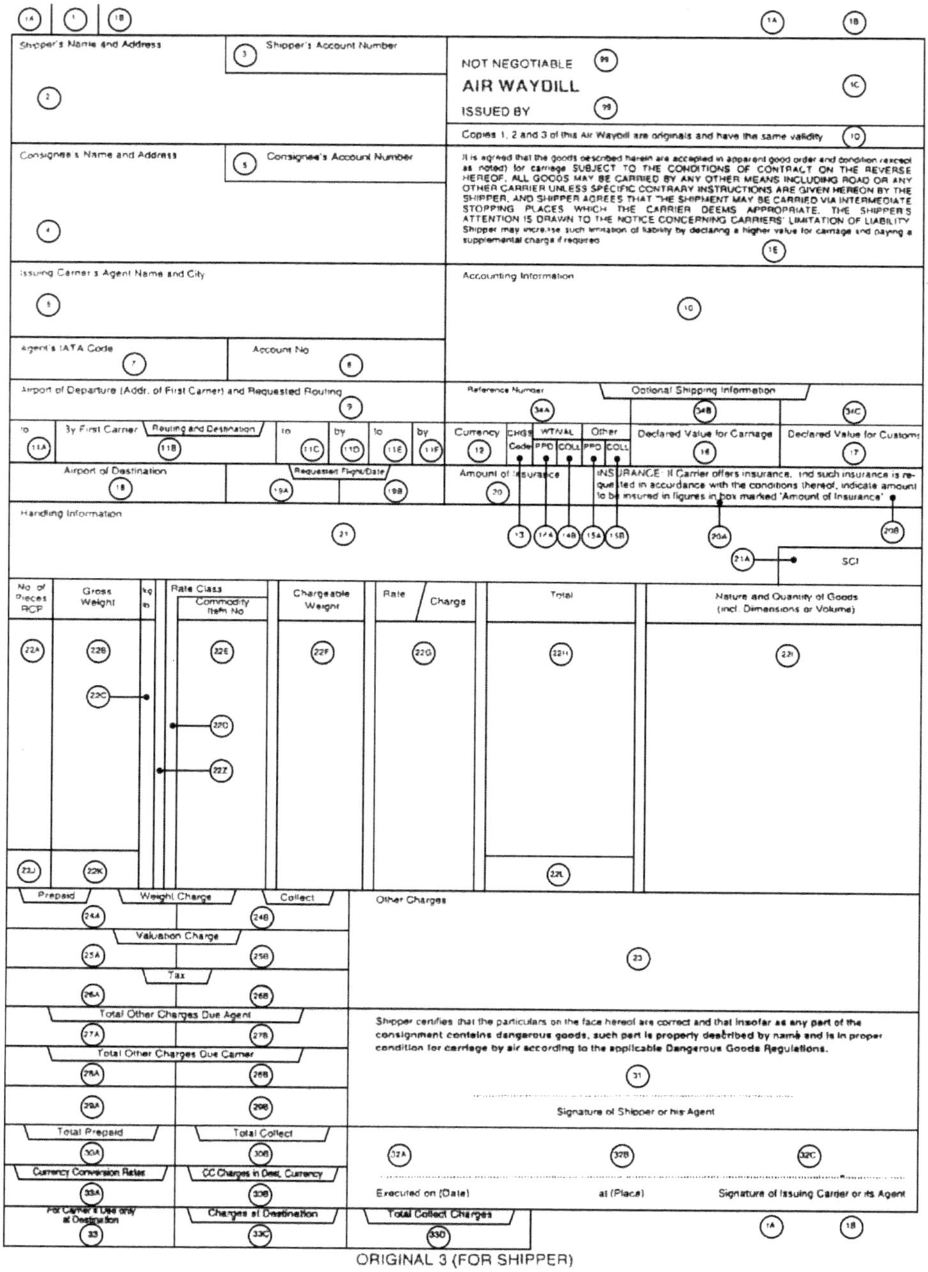

Shipper's Name and Address
Shipper's Account Number
NOT NEGOTIABLE
AIR WAYBILL
ISSUED BY
Copies 1, 2 and 3 of this Air Waybill are originals and have the same validity
Consignee's Name and Address
Consignee's Account Number
It is agreed that the goods described herein are accepted in apparent good order and condition (except as noted) for carriage SUBJECT TO THE CONDITIONS OF CONTRACT ON THE REVERSE HEREOF. ALL GOODS MAY BE CARRIED BY ANY OTHER MEANS INCLUDING ROAD OR ANY OTHER CARRIER UNLESS SPECIFIC CONTRARY INSTRUCTIONS ARE GIVEN HEREON BY THE SHIPPER, AND SHIPPER AGREES THAT THE SHIPMENT MAY BE CARRIED VIA INTERMEDIATE STOPPING PLACES WHICH THE CARRIER DEEMS APPROPRIATE. THE SHIPPER'S ATTENTION IS DRAWN TO THE NOTICE CONCERNING CARRIERS' LIMITATION OF LIABILITY. Shipper may increase such limitation of liability by declaring a higher value for carriage and paying a supplemental charge if required.
Issuing Carrier's Agent Name and City
Accounting Information
Agent's IATA Code
Account No.
Airport of Departure (Addr. of First Carrier) and Requested Routing
Reference Number
Optional Shipping Information
to
By First Carrier
Routing and Destination
to
by
to
by
Currency
CHGS Code
WT/VAL PPD COLL
Other PPD COLL
Declared Value for Carriage
Declared Value for Customs
Airport of Destination
Requested Flight/Date
Amount of Insurance
INSURANCE: If Carrier offers insurance, and such insurance is requested in accordance with the conditions thereof, indicate amount to be insured in figures in box marked 'Amount of Insurance'.
Handling Information
SCI
No. of Pieces RCP
Gross Weight
kg lb
Rate Class
Commodity Item No.
Chargeable Weight
Rate / Charge
Total
Nature and Quantity of Goods (incl. Dimensions or Volume)
Prepaid
Weight Charge
Collect
Other Charges
Valuation Charge
Tax
Total Other Charges Due Agent
Shipper certifies that the particulars on the face hereof are correct and that insofar as any part of the consignment contains dangerous goods, such part is properly described by name and is in proper condition for carriage by air according to the applicable Dangerous Goods Regulations.
Total Other Charges Due Carrier
Signature of Shipper or his Agent
Total Prepaid
Total Collect
Currency Conversion Rates
CC Charges in Dest. Currency
Executed on (Date)
at (Place)
Signature of Issuing Carrier or its Agent
For Carrier's Use only at Destination
Charges at Destination
Total Collect Charges
ORIGINAL 3 (FOR SHIPPER)

Section 6. The Air Waybi

第二节　货物运送

货物运送流程：

货物交接→货物仓储→货物组装→货物配载

制作舱单→货物出仓→货物装机（监装）

货物运输的组织原则：

在一定的经济效益下，按照保证重点，照顾一般，合理运输，安全迅速、准确、经济的原则组织货物运输，充分体现人民航空为人民的宗旨。承运人应当根据运输能力，按照货物的性质和急缓程度，有计划地安排货物吨位，并从宏观上合理利用每一航段最大吨位，充分发挥航空运输快捷的时效性，有效地提高运输服务质量。

一、飞机货舱数据（表6.13）

表6.13　飞机货舱数据

<table>
<tr><th>机　型</th><th colspan="2">货舱门尺寸cm（h×w）</th><th>地板承受力（kg/m²）</th></tr>
<tr><td rowspan="4">B747－400COMBI</td><td>主货舱</td><td>305×340</td><td rowspan="3">976</td></tr>
<tr><td>前下货舱</td><td>168×264</td></tr>
<tr><td>后下货舱</td><td>168×264</td></tr>
<tr><td>散仓</td><td>119×112</td><td>732</td></tr>
<tr><td rowspan="3">B474－400全客机</td><td>前下货舱</td><td>168×264</td><td rowspan="2">976</td></tr>
<tr><td>后下货舱</td><td>168×264</td></tr>
<tr><td>散仓</td><td>119×112</td><td>732</td></tr>
<tr><td rowspan="4">B747－200COMBI</td><td>主货舱</td><td>305×340</td><td rowspan="3">976</td></tr>
<tr><td>前下货舱</td><td>168×264</td></tr>
<tr><td>后下货舱</td><td>168×264</td></tr>
<tr><td>散仓</td><td>119×112</td><td>732</td></tr>
<tr><td rowspan="5">B747－200F/400F</td><td>主货舱前门</td><td>249×264</td><td rowspan="4">976</td></tr>
<tr><td>主货舱侧门</td><td>305×340</td></tr>
<tr><td>前下货舱</td><td>168×264</td></tr>
<tr><td>后下货舱</td><td>168×264</td></tr>
<tr><td>散仓</td><td>119×112</td><td>732</td></tr>
</table>

续 表

机　　型	货舱门尺寸 cm(h×w)		地板承受力(kg/m^2)
B747-200 全客机	前下货舱	168×264	976
	后下货舱	168×264	
	散仓	119×112	732
B767-200	前货舱	175×340	976
	后货舱	175×187	
	散仓	119×97	732
B767-300	前货舱	175×340	976
	后货舱	175×187	
	散仓	119×97	732
B777-200/300	前货舱	170×270	976
	后货舱	170×180	
	散仓	114×91	732
A300-600R	前货舱	178×270	976
	后货舱	175×170	
	散仓	95×95	732
A310	前货舱	169×270	976
	后货舱	181×170	
	散仓	95×95	732
A320	前货舱	124×282	732
	后货舱	124×182	
	散仓	77×95	
A340-300 313	前货舱	169×270	976
	后货舱	169×270	
	散仓	95×95	732

续 表

机　　型	货舱门尺寸 cm(h×w)		地板承受力(kg/m²)
B757	前货舱	107×170	732
	后货舱	140×112	
B737－200/400	前货舱	86×121	
	后货舱	88×121	
B737－300/500	前货舱	86×121	
	后货舱	88×117	
B737－80C	前货舱	89×122	
	后货舱	89×122	
MD－80　MD－82	前货舱	75×135	
	中货舱	75×135	
	后货舱	75×135	
MD11－F	主货舱	259×356	976
	前货舱	167×264	
	后货舱	167×264	
	散舱	91×76	732
BAE146	前货舱	76×134	366
	后货舱	76×134	
YUN－7	前货舱	109×119	400

二、货物发运顺序

1. 抢险、救灾、急救、外交信袋、飞机停场急需的零配件(即AOG航材)和政府指定急运的物品;

2. 指定日期、航班和按急件收运的货物;

3. 有时限、质重和零星小物品;

4. 他站误装、漏卸经本站卸下的货物,本站误卸和因故拉卸的过站货物;

5. 国际和国内中转联程货物;

6. 一般货物按照收运的先后顺序发运。

三、货物运输路线选择

1. 运输路线的选择应当根据合理、经济、迅速的原则，把几种方案加以权衡比较择优而定。

2. 凡有直达航班的均应由直达航班运送货物，尽量避免迂回倒置运送及不合理中转，有紧急货物需迂回或倒运以加快运输速度时，必须经过运输路线上有关航站同意。

3. 如直达航班的班次较少，利用联程航班中转运输速度较快时，可交联程航班运送。各航站在一般情况下应根据运程合理的原则选择货物的联程地点及衔接航班。

4. 需分批发运的货物，应尽可能沿着同一运输路线，而不要分几条运输路线发运，以免造成运输混乱；需联程运输时，应尽可能经由同一联程站中转。

四、货物仓库管理

仓库管理工作的内容大致有：出入库货物交接，登记装配，储存，清仓等工作。

1. 应根据进出港货物的运输量及货物特性，分别建立普通货物、贵重物品、鲜活物品、危险物品等货物仓库；贵重物品、危险物品仓库应当指定专人负责出入库的管理、核对、销号。

2. 应建立健全保管制度，严格交接手续；库内货物应当合理码放、定期清仓；做好防火、防盗、防鼠、防水、防爆等工作，保证进出库货物准确完整。

3. 仓库管理必须明确责任，划分区域专人专管，进行核对、清点、检查和登记工作，如发现未上交交接清单的货运单和货物，必须当日查清情况。

4. 有条件的仓库应当将小件货物和急件货物单独存放，做好配运工作。

5. 同一批货物应当集中码放在一起；急件货物与小件货物应当放置在一起；贵重物品、危险物品应当放入有锁的专用仓库；鲜活易腐货物根据需要应放入冷库储存。总之，要根据货物的性质和要求，采取相应措施，保证货物安全运输。

6. 货物码放要整齐，稳定，大不压小，重不压轻，木不压纸；货物的标签应朝外显露，便于辨认和处理；不稳定的、包装不够坚固的和过重的货物不宜码放。

7. 货区之间留出适当的间隙和足够的通道，便于人员的核对、装卸及车辆通行。

8. 超大超重、在仓库内存放有困难的货物，可放置在仓库外保管，但须采取有效措施，保证不丢失、损坏，不受雨淋。

9. 掌握库存货物情况，每日结算库存货物待运量，并要及时反映积压情况，对积压严重的航线，应向上级报告，提出停收和清运的建议。

五、分批运输

1. 一张货运单的货物应尽可能一次运清,避免分批发运。必须分批发运的,也应尽可能减少分批次数,以免增加工作手续和发生差错。分批发运的货物,每批都要过秤、清点件数、填写分批单,分批单必须逐栏填写清楚,不得省略。

2. 分批单一式二联,上联留始发站作为下批发运的依据,下联随同本批货物带给到达站。货运单目的站联应随同第一次分批单带给到达站。中途站不要拉卸分批发运的货物。

3. 联程货物分批发运的,如分批发运的货物在联程站照单全部转运,联程站可将原分批单随货运出,不必另开单。如联程站需再分批时,则应根据原分批单换开分批单,待运栏填该票货运单货物已运到本站的待运货物件数和重量,原分批单(即下联)连同换开的新分批单(上联)一起存本站。

六、中转货物运输

1. 联程货物(中转)是指经由两个或两个以上的航班运送才能到达目的地的货物。

2. 始发站要根据运力、机型情况有计划地收运,成批货物要经联程站同意;联程站要及时转运,做好记录。

3. 动物、鲜活易腐等特种货物一般不办理中转业务,特殊情况时,要事先向中转站定妥转运航班和舱位。飞机起飞后,要向联程站、目的站发报。

4. 出发站根据联程站的机型和装卸条件填制货运单,运费一次收清。

七、货邮舱单

1. 货邮舱单是始发站向到达站用飞机运送货物的交接凭证。在同一航站内部通常也用来作为各个环节交接货物的清单。

2. 货邮舱单的填写份数

一个航段的货邮舱单一式至少六份,一份供货物出仓,一份作为本站存查,一份用于结算(附货运单承运人联),另两份(以上)随货运单送交到达站,配载(值机)室留存一份。作为地面运输至少一式三份,一份供出仓,两份随货运单带市内货运或机场供对方核对货物使用。

3. 货邮舱单的填写方法

(1) 航班号、飞机号:写明所配运货物的航班号和飞机号。

(2) 飞行日期、出发站:写明该次航班飞行的年、月、日及飞机的出发地城市名称。

(3) 货运单号码:逐行按货运单号码的顺序排列,填写货运单号码或邮件路单号码或公邮号码。

(4) 品名:填写货运单所列货物品名。

(5) 件数、重量:按货运单上所列的件数和重量填写。

(6) 始发站、到达站:按货运单上出发站地名和到达站地名填写。

(7) 总计:分别填写货物累计总件数、总重量和邮件、公邮的总件数、总重量。

(8) 制表、复核:制单和出仓人在此栏分别签字。

(9) 经手人签字:到达站或接收货物人员核对无误后在此栏签收。

值机、复核和经手人在签字时必须写清姓名全称,不得填写简称。

(10) 备注:此栏根据每票货物性质和储运注意事项的内容填写。如:分批货的批次、中转货物的最终目的站、联程货物的到达日期、航班号、飞机号,以及是否为急件、贵重物品、押运货物或者属于不正常运输的“带单”(对方有货无单,将正式货运单及货邮舱单带至到达站)、“单”(对方有单无货将货物用代用货运单补运至到达站,通常用货运单复印件或用托运书填写代单),及某些货件所装位置和某些货物的其他运输事项等。

(11) 填制完货邮舱单后要填写货物装机单(一式二份)。

货邮舱单,见表 6. 14。

八、货物的配载、出仓

1. 配载时应注意

(1) 注意按货物的发运顺序、运输路线和分批发运的规定办理。对每批 5 kg 以下的小件货可酌情提前配运。

(2) 如有前一航班未能运出的货物、邮件应优先配运。

(3) 要弄清所配货物的体积能否装入货舱,重量是否超过货舱地板的负荷。

(4) 要注意装在同一舱位的各种货物性质有无抵触。

(5) 配运联程货物,要考虑到联程站的转运能力。

(6) 重量体积小的货物要与轻泡货物搭配装舱,以充分利用货舱载量和舱位。

(7) 对货机配载,要选配那些客机不便于装卸或不能载运的超重、超大货物。

(8) 一般应利用远程吨位配运远程货物。只有在没有远程货物的情况下,才可配运近程货物。近程吨位不可配运远程货物。

2. 配载的重量宁可小于而不能超过限额,同时选择好在最后结算载量时需要增加或拉卸的货物。

3. 在出仓时保管员应做到三对三符合,即:货运单与货邮舱单相符、货邮舱单与装机单相符、装机单与出仓货物相符。

表6.14 货物舱单格式

（本表尺寸：（长）26.5 cm×（宽）19 cm）

中国南方航空公司国内货运
货 物 舱 单

编号：__________

航班号________ 飞机号________ 飞行日期________ 出发站________ 到达站________

运单号码	品 名	件数	重量（千克）	始发站	到达站	备 注	经收人签字

共计：	货 物		
	邮 件		
	公 邮		

值 机：____________________

复 核：____________________

4. 货邮出仓搬运必须严格按照包装上的储运指示标志处理，如有需要特殊照料的货物，保管员应事先向搬运人员交代清楚。货物出仓时，如对货件重量有怀疑，应予以复查；如发现货物的重量或体积过大，货舱不能装入应另行调配；对分批发运的货物，除标准件外，应每批核实过秤，不可估算。

5. 出仓的货邮，应按航班飞机和到达地点及货舱号分别堆放，注意不要与未出仓的货邮混杂。

6. 包装不够完善或运输手续不齐全的货物，应分别修好包装，补齐手续才能出仓。

7. 为便于复核装机的货物、邮件，保管员应填写装机单。

九、货运单据管理的基本要求

1. 各类单据应当分门别类放置保管，可以日或月为单位装订成册以利于查询。

2. 若航空货运单上托运人或收货人提出索赔诉讼的，必须保留到航空货运单填开之日起 2 年。

3. 运输票据、业务文件保管期满，可以销毁或作其他处理。在保管期满时，如尚存查询事项或未了案件，应当将有关业务文件抽出另行保管，待结案后再进行处理。

十、特种货物装载电报

1. 一般规定

如航班载运了特种货物，则应在航班起飞后 30 分钟内向沿途各站拍发特种货物装载电报，以便各站作好有关工作，避免航班不正常时托运人及货物蒙受损失。

2. 特种货物装载电报的填写

（1）电报识别部分

急缓标志：填写“QU”，表示特急。

收电地址：以 7 个英文字母（地名三字代码、部门二字代码、航空公司或民航二字代码）为一组。如：PEKFICA。

发电地址：以 7 个英文字母为一组，填写该电报的发电部门。如：CANFFCZ。

日时组：填写电报拍发时间（国内运输使用北京时间，国际运输使用国际标准时间），由 6 位阿拉伯数字组成：1、2 位数字代表发电日期；3、4 位数字代表小时；5、6 位数字代表分钟。例：国内运输中 23 日 15 时零 8 分应以 231508 表示。

（2）电文部分

识别代码：填写“SPL CGO ADV”（即 SPECIAL CARGO ADVICE），表示该电报为特种货物装载电报。

标准格式：

货运单号码/起讫地点城市对/件数重量/货物品名/性质代码

航班号/日期/城市对特殊要求/其他信息

性质代码：AOG　紧急航材

AVI	活体动物
BIG	超大货物
FRZ	冷冻货物
HEA	超重货物
HE	种蛋
HUM	尸体
ICE	干冰
MED	急救用药品、医疗用品
NPM	纸型
PER	鲜活易腐货物
RRW	一级放射性物质
RRY	二、三级放射性物质
RART	限制运输物品、危险物品 包括 REN RCO REX RFS RFS RFW RHF RIM RIS RMD RNG ROP ROX RPB RPC RPG
URG	紧急货物
VAL	贵重物品

（3）电报例文

10 月 19 日 CZ3503 航班由广州至上海，有一件贵重物品（金条）重 2 kg，装载 1 舱。电报如下：

QD SHAFDMU

CANFDCZ 121606

CN784－12345675CANSHA/T1K2/GOLDEN BAR/VAL

CZ3503/19OCT/CANSHA

OSI：IN H1

十一、货物的运达时限

1．一般货物的运送时限

干线不超出 4 天运出，支线不超出 8 天运出为标准。

2．联程货物的运达期限

（1）需要经过其他航站转运方可完成预期运输的大宗普通货物，应当在托运人提出申请时即向中转站电报申请航班/吨位/日期，经中转站同意后方可通知托运人办理托运手续。

（2）出发站以中转站同意的申报吨位计划为标准，严格限制托运人所托运的该批货物的重量，同时，要考虑体积因素，避免造成中转站分批发运。

（3）承运人应当根据运力情况及中转所需时间，向托运人提出申明运输的最长时限，以达成意向的书面运输合约，避免造成延误运输。

第三节　货物到达与交付

货物进港一般流程：

接业务袋→分拣货运单→分拣货物→货物入仓→到货通知→查验有效证件→货物交付→货物销号。

一、业务袋的接取

航班到达后，应立即接取业务袋。业务袋内包括以下内容：货邮舱单、货运单、邮件结算单（路单）、平衡图和载重表，以及其他业务函件等。

二、到达货物的处理

1. 货物的分拣工作应当在飞机到达后尽快完成。如发现不正常运输应立即电告前方站和始发站，后续的查询等工作，均以此为初步证据。

2. 根据进港航班的货邮舱单认真核对货运单是否全部收齐无误。

根据货物的目的地、收货地址把货物分成联程货物、机场留取货物、代理点提取货物，并分类填制货物交接单进行交接。

3. 如发现货物外包装破损和内物有异样，应当做货物不正常运输记录，并由交接双方、值班领导共同签名。一份交货物查询记录备案，以便后续查问处理工作的正常进行；一份随附在货运单上，以便在货物交付时和收货人验证时使用。

4. 如发现货物的重量和货运单上所列不符，要退补收运费时，应当通知始发站向托运人退补收运费，如始发站已无法办理，可在货物交付时向收货人办理退补收手续；应当向收货人收取的款项，应在提货通知中说明，并在交付时向收货人收取。

5. 邮件运输的路单。按飞机载重平衡表上列明的或货邮舱单上列明的路单数，做好记录向邮局代理人移交，并及时清点件数，做到路单、邮件双方人员在场清点处理。如发现异常情况，及时做好事故记录，并将事故记录移交给查询部门备案处理。

6. 分拣好的货物、联程货物应装入拖车或集装板上，码放整齐。机场留取货物和代理点提取的货物要及时入库按规定码放以便交接。

7. 对到达本站的联程货物，应当注意核对有关运输凭证和货物件数，检查货物和包装状况。凡发现内物破损、包装不良等不正常情况应及时填制事故记录，发电向有关航站查询，并设法弥补差错，整修包装，以便续运。如货物破损严重继续发运会增加破损程度，应停止转运，同时电告始发站货物破损情况，转告托运人提出处理意见；将全部处理过程和情况记录移交货运查询备案，以备查询工作后续的处理。

8. 应当将联程货物的货运单、货物分批发运单、证明文件等妥善保管，作为继续运输的依据。如遇有单无货、有货无单等情况，应当及时查找补齐或填制代用货运单，以保证单货一致。

9. 对联程货物的处理情况，应当填制联程货物处理登记单，有电脑系统的要输入电脑系统中，以备后续的查询工作，联程货物处理登记单可以联程货物交接清单为标准格式统一使用。

10. 分批运抵的货物要在分批货物登记单上做好记录，以便能清晰地知道何时清运完毕。

三、到货通知

1. 电话通知

凡能用电话通知的应当尽量用电话通知。在用电话通知时，应当交代有关事项，问明受话人姓名并将通知日期和受话人姓名记录在货运单有关栏内，以便备查。

2. 书面通知

对于不使用电话通知的收货人，可采用邮寄提货通知的办法进行通知。到货通知单采取单页卡片式挂号交寄。

3. 到货通知的一般规定

（1）货物运至目的站后，除另有约定外，承运人应及时向收货人发出到货通知。急件货物的到货通知在货物到达后2小时内发出。

（2）对于能预知收货人名称及到达时间的货物，如报纸纸型、包机货物等，应当在知道飞机到达时间后即可通知提货。

（3）对于普通货物的到货通知，在到达机场或市内货运处后24小时内发出到货通知。

（4）如货运单未随货到达，应当根据货物包装的发货标志通知收货人提货；如有疑问，应当发电查询清楚或待收到货运单后再作处理，以免通知错误。

（5）在发出到货通知五天以后，如收货人仍未提货，应当再次发出到货通知。

（6）到货书面通知应当以挂号信的形式邮寄。

四、货物运输事故记录

1. 发现货物破损时，应当及时填制货物运输事故记录，对于包装破损严重的货物，应当详细记录，并妥善保管，等候收货人验证后的意见。

2. 在交付货物时，应当将运输事故记录附上，会同收货人共同检查货物内容。

3. 在收货人签收时，可给予一份运输事故记录，作为日后索赔凭证。

4. 对联程货物，必须将包装修复或重新包装后，才能续运。

5. 破损货物转运时，应当做好运输事故记录多份，将此记录附在货运单上，随货物运往到达站。

货物运输事故记录，见表 6.15。

表 6.15 货物运输事故记录的格式

中 国 南 方 航 空

货物运输事故签证 No. 0004786

货运单或邮件路单号码

托运人、地址______

收货人、地址______

货物品名______件数/重量______包装______

受损品名______件数/重量______

货物价值______损失价值______（保价、保险、普货）

事故类别：1. 货物损坏　2. 包装破损　3. 丢失　4. 受潮

事故发生或发现地点______日期______航班______

事故主要情况______

______

______

______

______

事故处理情况______

______

______

______

______

填写单位　　　　经办人（签字）

日　　期　　　　收（发）货人（签字）

注：1. 此签证只作为民航承运人与货主之间对货物运输事故的证明和以后处理的依据，不涉及对责任的确认。

2. 此表填写一式二份，一份留存，一份交货主。

第二联　承运人

五、货物保管

1. 普通货物和危险物品,从发出到货通知的次日起免费保管3日。

2. 活体动物、鲜活易腐物品以及其他需冷藏、冰冻的货物到达后免费保管6小时。

3. 贵重物品到达当日免费保管。

4. 非承运人原因造成的收货人未收到或延迟收到到货通知,承运人不承担责任。

5. 货物被检查机关扣留或因违章等待处理现存放在仓库内,应当由收货人或托运人付保管费和其他有关费用。

六、货物的保管费

1. 普通货物,自发出到货通知的次日起免费保管3天。分批到达的普通货物的免费保管期限从通知提取最后一批货物的次日算起。超过免费保管期限的货物,每天每千克收取保管费0.10元人民币,保管期不满一天按一天计算。每份货运单最低收取保管费5.00元。

2. 贵重物品,自到达目的站的次日起每日每千克收取保管费5.00元人民币,保管期不满一天按一天计算。每份货运单最低收取保管费50.00元。

3. 危险物品,自发出到货通知的次日起免费保管3天。超过免费保管期限的货物,每日每千克收取保管费0.50元人民币,保管期不满一天按一天计算。每份货运单最低收取保管费10.00元。

4. 凡需冷藏的鲜活易腐、低温、冷冻物品,自航班到达后,免费保管6小时。每日每千克收取保管费0.50元人民币,保管期不满一天按一天计算。每份货运单最低收取保管费10.00元。

七、货物交付

1. 收货人应在承运人指定的提货地点提取货物。对活体动物、鲜活易腐货物及其他指定航班的货物,托运人应负责通知收货人到目的地机场等候提取。

2. 除托运人与承运人另行约定外,货物只交付给航空货运单上的收货人。

3. 收货人应当凭本人有效身份证件提货。必要时,收货人应当提供盖有公章的提货证明。

4. 收货人如遗失提货证明,应当向承运人声明,并提供有效的证明文件来提取货物。

5. 收货人提取货物时,发现货物丢失、短缺、变质、损坏或延误到达等情况,应当场提出异议，由承运人按规定填写货物运输事故记录，并由双方签字或盖章。

6. 收货人提取货物并在航空货运单上签字而未提出异议，则视为按运输合同规定货物已完好交付。

7. 承运人按照适用的法律、政府规定或命令将货物移交给国家主管机关或部门，应视为完成交付。发生此类情况时，承运人应通知托运人或收货人。

8. 经常有货物到达的单位，与承运人协商同意后可以出具委托书指定专人凭印鉴提货，不必每次开具证明。

9. 每一张货运单只允许有一个收货人。

八、交付程序

1. 查验收货人的有效身份证件，注意防止冒提和误交提货，注意是否超过免费保管期限。

2. 收清应当向收货人收取的所有应付费用，如运费、保管费和其他费用。

3. 根据货运单核对发货标志和货物标签无误后，将货物点件、对号交给收货人；请收货人查看货物是否完整无损，对贵重物品和重要货物，更应当查验清楚。如发现不正常情况，按下列办法处理：

（1）货物包装破损，内件缺少或损坏，重量不符，应当和收货人当面检查复秤，填制事故记录。如属承运人责任事故，应当按照有关赔偿规定处理。

（2）如货物的短少或损失、损坏责任不明，应当负责进行调查，明确责任，并按照调查结果处理。

（3）保险货物发生短少、损坏应当告知收货人在承运人出具事故记录的 14 天内向所在地保险公司申请办理索赔。

4. 将货物点交以后，如收货人对货物的完整无损未提出异议，请其在货运单收货人栏内签收。如货运单未随货到达，应当请收货人在代货单上签收，待货运单到后附在一起存查。如货物分批到达，分批交付，应当请收货人在货物分批发运单收货人栏内签收。

5. 收货人提取货物并在货运单上签收后，可视为承运人即完成该次承运任务，货物已完好交付。

6. 货运工作人员也应当在货运单或分批发运单交付人栏内签字，并在提货日期栏内注明日期并销号。

7. 到达站应当将已交付货物的货运单逐日整理按日期装订，妥善保存，以备查考。

九、货物品名不符的处理

货物品名不符是指货物的实际名称与运输凭证上填写的货物名称不相符。发现此种情况，要区分性质，正确处理。托运人谎报货物品种或在货物中夹带政府禁止运输或限制运输的物品和危险物品时，承运人应按下列规定处理：

（1）在出发站，停止发运，通知托运人提取，运费不退。

（2）在中转站，停止发送，通知托运人，运费不退；对品名不符的货件，按照实际运送航段另核收运费。

（3）在到达站，对品名不符的货件另核收全程运费。

（4）对品名不符的货物，承运人可根据情节轻重处理，必要时交由公安部门处理。

因托运人伪报货物品名，给承运人或旅客、行李、邮件和其他货物造成的损失，由托运人负完全责任。

十、无人提取货物的处理

1. 在运输过程中发生下列情况，应当作为无法交付货物处理

（1）货物从发出到货通知的次日起14日内无人提取或收货人拒绝接受的货物，始发站通知托运人征求处理意见；满60日仍无人提取，又未收到托运人处理意见时，按无法交付的货物处理。

（2）因货运单丢失，货物标志脱落，经过查询而无法查明托运人或收货人时，满60日如无人认领或查找，可作为无法交付货物处理。

2. 无人提取货物的处理要求

（1）对无法交付的货物，应当认真做好清点、登记和保管工作，想办法联系托运人。

（2）始发站通知托运人后60天未收到托运人处理意见，承运人可根据货物类别进行处理，贵重物品、珍贵文物移交有关主管部门，一般货物可作价处理，货款在90天内无人认领可上缴国库，鲜活易腐货物如作毁弃处理所需花费可要求托运人支付。

十一、集装运输

1. 集装运输

是将行李、邮件、货物在合理装卸的条件下，按照同一流向进行集合装箱、装板运往目的地的一种运输方式。

2. 集装运输的特点

减少货物装卸时间,提高工作效率,减少货物装卸次数,提高飞机完好率,减少差错事故,提高运输质量,节省货物包装材料和费用,有利于组织联合运输和"门对门"服务。

3. 集装器的种类

(1) 组合结构的集装器

飞机集装板和网罩 AIRCRAFT PALLET AND NET

飞机集装板、网罩和无结构拱形盖板 AIRCRAFT PALLET NET AND NON-STRUCTURAL IGLOO

(2) 结构集装器

——底舱货物集装箱 LOWER DECK CARGO CONTAINER

——主舱货物集装箱 MAIN DECK CARGO CONTAINER

——有结构拱形集装箱 STUCTURAL IGLOO ASSRMBLY

4. 集装板

集装板是根据机型要求制造的一块平面台板,将货物集中放在板上,用网罩或拱形盖板固定,然后锁定入货舱内,以达到速装速卸的目的。

集装板的厚度一般不超过1英寸,在板的边缘应有固定网罩的装置,网罩可用绳子或皮带打成方形或菱形网格。

5. 拱形结构

无结构拱形盖板是 NON—STRUCTURAL IGLOO,前面敞开没有底部的结构,用硬质的玻璃纤维、金属或其他材料制成,拱形形状是为了与货舱的轮廓一致,可放在与客舱交接部位并与集装板同用,用外面的网罩固定。用拱形盖板可使集装板容纳最大载量。

当无结构拱形盖板具备前部和底部并摆脱网罩的固定,而单独使用时,就变为有结构拱形箱(STRUCTRUA LGLOO)。

6. 集装箱

集装箱主要分为:

(1) 内结构集装箱

INTERMODAL CONTANERS,20英寸或40英寸宽,8英尺高,可装在宽体飞机主货舱内。

此类集装箱主要用于空运及转入地面运输时使用(公路、海运、铁路)。

(2) 主货舱集装箱

MAIN DECK CONTAINERS, 63 cm(641 N)高或更高一些,因此只能装在货机的主货舱内。

（3）下货舱集装箱

LOWER DECK CONTAINERS，只能装在宽体飞机下货舱内，有全型和半型两种类型。货舱内可放入一个全型或两个半型的此类集装箱。集装箱的高度不得超过 163 cm(641 N)。

（4）有证书和无证书集装器

有证书集装器，即通用集装容器，可以适用于多种机型。此类集装器是被政府有关机构授权的集装器制造商授予证书，并满足飞机安全需要的集装器，此类集装器被认为是飞机可装卸的货舱，能起到保护飞机设备和构造的作用。

无证书集装器，即非通用集装容器，只能适用于特定机型。此类集装器没有授予证书，也不作为飞机可装卸的货舱。因为它们的形状不能完全符合飞机货舱的轮廓，但可适应地面操作环境，此类集装器只能用于指定机型和指定的货舱内，禁止用于飞机的主货舱内。当放入货舱时，此类集装器的顶部和四壁必须牢固。

十二、集装器的识别

1. 集装器代号

每个集装器都编有由数字和字母组成的 IATA9 字代号，

例：P A P 5001 F M

第一位：字母，集装器型号；

第二位：字母，集装器底部尺寸；

第三位：字母，集装器顶部外形及适用机型；

第四至第七位：数字，序号；

第八、第九位，字母、集装器拥有者的两字代号。

2. 集装器型号

A——有证书集装箱

D——无证书集装箱

P——有证书集装板

R——有热制造证书集装箱

U——无结构拱形盖板

3. 集装器底部尺寸

A——224 cm×318 cm　88 N×1 251 N

B——224 cm×274 cm　88 N×1 081 N

E——224 cm×135 cm　88 N×531 N

G——244 cm×606 cm　96 N×238.51 N

K——153 cm×156 cm　60.4 N×61.51 N

L——153 cm × 318 cm　60.4 N × 1 251 N

M——244 cm × 318 cm　96 N × 1 251 N

4. 集装器顶部外形适用机型

E——适用于装 B747、A310、DC10、L1011 下货舱无叉眼装置的半型集装箱。

N——适用于装 B747、A310、DC10、L1011 下货舱有叉眼装置的半型集装箱。

P——适用于装 B747COMB 主货舱及 B747、DC10、L1011、A310 下货舱的集装板。

A——适用于装 B747F 主货舱的集装箱。

注:该字母的使用各承运人有所不同。

第7章

航空邮件运输

邮件是指邮局交给航空运输部门运输的邮政物件，其中包括信函、印刷品、包裹、报纸和杂志等。

第一节 航空邮件运输的一般规定

一、邮件承运范围

1. 承运人、航站均接受邮局交运的国内和国际航空邮件。

2. 为保证飞行安全，邮局不得收寄和交运危险物品及航空运输禁止收运的物品。

二、班期时刻、运送路线

1. 承运人应将班期时刻、运价等资料按时提供给当地邮局。如班期时刻临时变更或有加班飞机等情况，也应随时通知邮局。

2. 机场值班人员应将载运邮件的飞机的起飞和到达时间及时通知邮局，以便邮局按时交接邮件。

3. 邮件的运送路线要做到运程合理、速度最快。

三、预留吨位

1. 机场货运配载部门根据邮局的要求，参照邮件的一般运量，在每次班机上预留一定吨位，用以载运邮件。在预留吨位数量以内的邮件，应保证当班飞机清运，超出预留吨位的邮件，应优于普通货物尽量当班清运，如确实载量不足，应按照先信函、报纸后包裹的顺序发运。

2. 如因气候等特殊原因造成飞机载量少而需要拉卸邮件时，必须经值班领导批准,未运出的邮件应在下次班机上优先运送。

3. 如果邮件交运量经常与预留吨位相差较大时,应与邮局协商调整吨位。如临时有较大量邮件交运时,邮局应尽可能与承运人联系,协商解决。

四、封包要求

1. 航空邮件应一律用完好的航空邮袋封袋(用非航空邮袋封袋时,要加挂“航空”标牌),不得散件或用绳索捆扎交运。

2. 对运往同一通航地点的同类小型邮件袋,应汇封总袋交运。

3. 航空邮件袋牌上的地点要书写清楚、准确,不得使用同音字或字迹潦草。对寄往非通航地点的邮件袋,应在袋牌上加注到达地名。

4. “寄发航空邮件总路单”按普通、特快专递两种。按100% N运价付费的邮件分路单登入普通总路单,按150% N运价付费的邮件分路单登入特快专递总路单。

5. 联程邮件可以由出站的邮局直接封包寄往到达站。

五、交接地点

为了减少装卸和交接环节,应请邮局自备交通工具到机场交接邮件。

六、责任范围

承运人运输邮件,仅对邮政企业承担责任。

1. 承运人在承运邮件之后,交付邮件之前,由于承运人原因造成邮件遗失、损毁或失窃时,应按照规定负责赔偿。但对保价邮件不负保价责任,而按照普通邮件赔偿。

2. 因不可抗力(如自然灾害等)原因招致邮件损失或毁损时,承运人不负赔偿责任。

3. 邮件发生遗失、损毁或失窃事故,应尽快查明责任。如属于承运人责任事故,应请邮局书面提出邮件损失情况及应补偿的金额,由承运人将赔偿金交给邮局。非经济性的补偿则由承运人出具证明,请邮局自行办理补偿手续。

第二节 邮件承运

一、邮件承运注意事项

1. 航空邮件的托运和承运双方要相互协作、紧密配合,按公布的航班计划和邮件路单安全、准确地组织运输。

2. 航空邮件应当按种类用完好的航空邮袋封袋，加挂“航空”标牌。

3. 承运人对接收的航空邮政信函应优先组织运输。

4. 航空邮件内不得夹带危险物品。航空邮件应当进行安全检查。

5. 航空邮件按普通和特快专递来计收相应的运费。

6. 承运人运输邮件，仅对邮政企业承担责任。

二、承运程序

1. 邮局应按约定时间将邮件送到机场交运。

2. 邮局交运邮件应按航线和到达地点分别交运。

3. 航站值班人员应按航空邮件分路单上所登记的项目进行核对和检查邮件。

4. 逐袋核对邮件号码、重量和到达地点是否与分路单相符。

5. 核对分路单的编号和邮袋件数，到达地名是否与总路单相符。

6. 检查每个邮袋的外部情况。袋身有无破损，袋身破损处有无缝补，袋口扎绳是否松动和绳子有无折断接头，铅封字迹是否清楚和有无撬动痕迹，内物有无散碎或渗漏现象等。

7. 一切检查无误后，方可在总路单上签收。对于不符合承运条件的邮袋，应剔除请邮局取回。

三、路单处理

邮局在交运邮件时，应按照下列份数填制邮件路单并交给承运人，承运人应按照下列规定处理有关路单：

1. 总路单

总路单一式两份，一份经航站值班人员核对后签退给邮局交运人员，另一份由承运人收存，总路单也是邮局与承运人交接邮件和路单的交接凭证之一。

2. 分路单

分路单一式四份，当地邮局、承运人各存一份备查，其余两份随同邮件由飞机带交给到达站，一份经过邮局核对后签退给到达站，另一份交邮局留存。对于联程邮件，邮局应多填一份分路单，交给承运人随机带给联程站查存。

3. 国际航空邮件总包路单

对于国际航空邮件，邮局应填制 AV7 国际航空邮件总包路单。此项路单所需份数，应根据寄达邮局、海关和出发地承运人和邮局交接等需要确定。

4. 邮件路单如有更改、签注，应请邮局工作人员处理并签章。

四、“航空邮运结算单”的填制

1. 始发站栏:填写始发航空港所在地名称。

2. 目的站栏:填写航空邮件空运目的航空港所在地名称(不指中转站和邮件实际通过陆运抵达地点)。

3. 邮件托运人名称、地址栏:填写送交邮件的单位名称、地址、电话和联系人姓名。

4. 邮件接收局名称、地址栏:填写运达目的地接收邮件的单位名称、地址、电话和联系人姓名。

5. 承运人和航班日期栏:由民航运输部门填写自始发站载运航空邮件的承运人的名称、航班号及承运日期。

6. 到达站栏:由民航运输部门填写第一承运人载运的航空邮件到达的中转航空港或第二、第三承运人将邮件最终运往目的站(在填写此栏时,应靠上书写到达站和承运人,留出适当空间,以备遇到中转或变更到达站及承运人时书写之用)。

7. 应分运费栏:由承运人财务部门填写相应的承运人按规定的分配办法,计算出承运人应分得的邮运运费数额。

邮局交运邮件后,按民航总局规定的运价计算收取的航空运费。

8. 储运注意事项及其他栏:填写根据航空邮件托运人提出的在空运中需要注意的事项等。

9. 邮件种类栏:由制单的民航运输部门填写托运航空邮件人交运邮件的具体种类。

10. 件数栏:填写托运航空邮件人交运航空邮件的件数及送交邮件尺寸或体积。

11. 实际重量栏:填写航空邮件经过过磅后的实际重量,即千克数。

12. 计费重量栏:填写轻泡邮件按体积折算的千克数。

13. 航空运费栏:分特快、普件两栏,由制单的民航运输部门接收。

14. 总额栏:填写航空运费以下各栏收费的总和。

15. 始发站航方接收邮件单位及制单人员(签章)栏:由民航方面接收邮件的运输人员填写填制航空邮运单的具体日期、地址(机场)、接收邮件的民航具体单位名称(区分航空公司、分公司、机场、省局和航站)及制单人等,同时加盖销售单位专用公章。

16. 到达站交接情况栏:由航空邮件运达目的站民航运输部门人员在交付邮件时,由送交方与接收方填写签章并用于备查。

第三节 邮件装卸

1. 在装卸车辆出入仓库时，均应按照装机小单，或舱单、路单，清点邮件件数，检查包装和按到达的先后分站堆放整齐。

2. 装卸邮件时要做到轻拿轻放，不得拖、摔，也不得用邮件衬垫其他货物，要防止水淋、水淹。

3. 要注意按照邮件的袋牌进行操作：

（1）凡是拴有白布红杯袋牌或红杯中有“水”袋牌的邮件，都是易碎或液体包裹，装卸时要注意小心轻放。

（2）凡拴有白布红字袋牌、白布黑字红色三角形记号袋牌、绿布黑字红色三角形记号袋牌的邮件，都是装有挂号信函、特种挂号信函或贵重物品的保价邮件，对此类邮件的装卸应加倍注意，要在装卸单上注明件数，并避免装在有旅客的座舱内。

4. 在装卸邮件时，如发现邮袋破裂，内件可能损坏短少时，应作如下处理：

（1）在装机前或在中途站发现，应停止发运并会同邮局进行处理，并填制事故纪录。

（2）在卸机时发现，应填制事故纪录，并请机组人员签字证明。

第四节 联程邮件

一、一般规定

1. 经由两个或两个以上航班运送的邮件，称为联程邮件。此类邮件运到联程站后不必运交市内邮局，而由机场邮局交换站径直办理转运手续，以减少交接环节。

2. 邮局应在联程邮件的分路单及袋牌上加盖“联程”戳记，以便区别。

3. 联程邮件的运费，由出发站核收至到达站，连程站不另计收。

二、注意事项

1. 联程站值班人员应根据货邮舱单和分路单核对邮件件数、重量和到达地点。

2. 检查邮件是否完好无损。

3. 联程邮件在联程站等候转运期间，邮局交换站和承运人仓库应予妥善保管，不得到处堆放，并注意防止漏装续程飞机。

4. 应利用最快的联程航班优先运送联程邮件，最迟不应超过第二天运出，不得积压。

5. 联程站应将联程邮件的路单号码、件数、重量，原出发站及到达站各填写在货邮舱单上，不得省略，以免发生不正常情况时不易查核。

6. 联程邮件的分路单如未随同邮件到达联程站，可先按照邮袋牌上写明的到达站名，由联程站（邮局交换站）填写代分路单后予以转运，并通知出发站补送分路单。

第五节　邮件交付

1. 要求当地邮局按照飞机的到达时间到机场及时提取邮件。

2. 应会同邮局人员一起点交邮件，不得让邮局单方面自行验收。点交时应根据分路单逐件核对邮件号码、件数、重量和到达站名。点交后请邮局工作人员在一份分路单上签收并将路单留存备查，另一份分路单随同邮件一起交给邮局人员。

3. 交付邮件时，应与邮局工作人员一起认真检查邮件是否完好无损。如发现袋身破损、封志脱落、内部损坏或缺少等现象，应会同邮局人员拆开查验，航空运输人员不得自行拆开，如属国际邮件还应有海关人员及机组在场。如卸机时未填制运输事故记录，应予补办。航空运输部门、邮局双方应及时追查处理。

4. 如分路单没有随同邮件到达，可先将邮件点交邮局人员，请其出具临时收据，在收据上写明收到邮件的号码、件数、重量和原发局名等。分路单寄到后，留一份连同临时收据存查，一份补送邮局。

5. 国内进港航空邮件交接单一式两份，作为承运人与邮局的交接凭证，应按照栏目详细填写，如果发生少收、多收，承运人应及时发报向始发站查询，此单双方各留存一份。

第六节　邮件运费

一、邮件重量

每袋邮件按照毛重计算，邮件重量以邮局在路单上所开列的重量为准，民航一般不再过秤，但应注意检查核对，必要时也可过秤。

二、计费单位

1. 报纸、杂志以半千克为计费单位。

2. 其他各类航空邮件以100克为计费单位。

3. 凡尾数不足一个计费单位,按照一个计费单位计算。此项计费单位均按照分路单所列重量为准。

三、邮件运费

1. 航空邮件按运输时限的不同计收相应的运费,普通邮件按照国内普通货物运价计收,特快专递按照普通货物运价的150%计收。

2. 寄往同一到达站的邮件,虽然不同航线运送,其运费均按照出发站到到达站两地之间规定的费率结算。

3. 邮件因航班不正常在中途改变陆运或飞机将邮件过带至他站后又运回到达站,均按原路单计算运费,承运人和邮局互不扣除或找补运费。

四、运费计算

1. 各类邮件的运费由当地承运人与当地邮局直接结算。

2. 承运人应于每月月终根据分路单结算邮件重量和运费,经与当地邮局核实后编制本月邮件运费结算清单。

3. 邮局应在每月九日以前将上月的邮件运费付清,承运人收到运费后填制货运单,将托运人联交给邮局作为收清运费的凭证。

第七节 航班不正常时对邮件的处理

1. 出发站遇班机延误、取消或改变航路等情况,应及时通知邮局,便于邮局另行安排发运。

2. 中途站遇班机延误、中断飞行等情况需要改用地面运输时,应通知当地邮局自行办理续运。

3. 如飞机将邮件过带至他站时,他站应利用其他飞机将邮件带至到达站。

第8章 航空快递

航空快递是适应于经济内在发展规律的一种运输方式,具有广阔的发展前景。

在现代经济和信息高度发达的社会中,时间已成为产品价格和企业资本的实际构成部分,快递业务紧紧抓住“迅速”“安全”这两大要素来换取客户付出的较高运费。在经济和信息发达的国家,越来越多的人们和公众清楚地意识到,空运运费的相对增加与货物运输的及时性和安全性以及因此而实现的经济价值和社会效益相比已变得微不足道。从20世纪70年代开始,特快专递业务以门到门服务的形式,为客户提供快速递送各类文件资料、物品、机器零件等服务,作为社会经济发展和文明进步的反映,它的高时效性和高服务质量的特点广受用户的欢迎,至今这项业务在我国已相当普及,并成为航空运输业的一项重要业务。

第一节 国际航空快递货物运输概述

一、快递发展的历史

国际快递的产生是因为近几十年来国际贸易和国际运输飞快发展,客观要求有一个比现存运输方式快得多的运输方式出现。我们从DHL的产生来看快递的起源。

1969年3月的一天,一位名叫达尔希(Dalsey)的美国青年,到加利弗尼亚州的一家海运公司看望朋友时,听一位管理人员讲,一艘德国商船正停泊在夏威夷港,而提单在旧金山制作中,需在一周时间才能寄到夏威夷港,达尔希主动提出,愿意乘飞机将文件送到夏威夷,管理人员发现此举可节省昂贵的港口使用费和滞期费等开支,便同意他充当一次特殊信使,达尔希完成任务后便联合了赫尔布罗姆(Hillblom)和林恩(Lynn)两位朋友,于1969年10月20日在旧金山成立DHL航空快件公司,服务于旧金山和夏威夷岛之间,这就是最早的快递公司。1974年DHL

又在香港通过钟普洋先生成立了 DHL 国际航空快件有限公司，现在 DHL 的总部设在布鲁塞尔，并为德国邮局所控股。

从 DHL 的产生我们可以知道，快递的产生主要是社会经济发展的必然产物，社会经济的发展对快件产生了巨大的需求，从此这个行业就应运而生。

二、定义

航空快递（Air Courier）是指具有独立法人资格的企业将进出境货物或物品从发件人（Consignor）所在地通过自身或代理网络运达收件人（Consignee）的一种快速运输方式，采用上述运输方式的进出境货物、物品叫快件。

快件业务从所发运快件的内容看主要分快件文件和快件包裹两大类，快件文件以商务文件、资料等无商业价值的印刷品为主，但也包括银行单证、合同、照片、机票等。

快件包裹又叫小包裹服务。包裹是指一些贸易成交的小型样品、零配件返修及采用快件运送方式的一些进出口货物和物品。航空快递的业务性质和运输方式与普通航空货运有较多相近之处，可以视为航空货运的延续或发展。因而，国内许多航空货运代理公司都兼营快件业务，同时也有专门的快件公司从事国际航空快件业务。

快件货物除了航空公司飞行承运之外，其全程运行必须置于快件公司的操作和控制之下。这样才能提高运送效率，减少差错，为跟踪查询提供条件，使快件运输较之于普通空运在服务水准上有了质的提高。

三、中国目前快递业务概况

我国改革开放以来，首先面临的是国际间对外贸易、对外经济和文化等方面的交流。中外双方都急需把商业文件、银行票据、其他文件和小件包裹互相快速交流。国内、国外都急需使用这个已经诞生的新型运送方式，特别是国外用户极力鼓励国际快递公司进入中国。就是在这个背景下，OCS 于 1979 年首先进入中国，并和中国对外贸易运输总公司达成了互为代理协议。这是第一家国际快递公司进入中国。第二家就是 DHL，它于 1980 年进入中国，也是与对外贸易经济合作部直属的中国对外贸易运输总公司达成互为代理协议。由于业务发展迅速和合作良好，经过外经贸部批准，在 1986 年 12 月 1 日中外运—敦豪国际航空快件有限公司正式成立，这标志着中国在国际快递业务招商引资方面有了突破性进展。注册资金 50 万美元，各家一半，合约 15 年。这是国际快递公司在中国成立的第一家合资公司。1984 年美国联邦快递进入中国，它与外运合作，开展互为代理业务。1988 年 5 月 26 日 TNT 和中国对外贸易运输总公司成立了中国第二家合资国际快递公司，

1996年的1月1日和6月18日中国对外贸易运输总公司又分别和OCS、UPS成立了合资公司。即：中外运—欧西爱斯公司和中外运北空—UPS公司。1999年11月11日联邦快递和天津大田航空代理公司成立了大田联邦快递公司，为占领市场份额，更是在中国五大城市设立办事处并在深圳、上海开设航班货物分拨中心。至此，全世界五家国际快递公司都在中国成立了合资公司。

时至今日，国内已有大大小小数千家快递公司参与竞争，快递市场呈现出激烈的竞争局面。我国快递业务市场有较大的发展潜力，这已成为国内外同行业的共识。作为第一家在中国合资兴办的中外运—DHL公司，近几年在中国的发展也相当迅速，自1986年成立至今服务网点达57个大中城市，业务每年以30%的速度增长，除此以外，大通（EAS）、联邦速递公司（FedEx）、联合包裹运输服务公司（UPS）、天地快运（TNT）等公司通过设立和发展自己的机构，抢占着中国内地的国际、国内快递业务大部分市场。民航系统的快递业务由1988年开始，由民航广州公司发起，经过了十年多的艰辛历程，至1996年，按照民航总局组建民航快递企业的原则，由北京、上海、广州、成都、西安、沈阳、深圳和厦门等8个地区和15家股东参股成立了"民航快递有限责任公司"。民航快递有限责任公司作为民航的内部企业，与航空公司和机场之间存在千丝万缕的关系，有着民航系统网络和航空运输业务的基础条件，这是民航快递企业优越于国内外其他企业和公司的重要优势，这种关系保证了快递货品的运输舱位、配载和按时运输等，推动着民航快递业务的发展，使民航快递企业成为继邮政速递、中外运速递之后中国市场中的又一支劲旅。

四、世界六大快递公司简介

1. 简述

到现在为止，在全世界形成规模的，目前作业的快递公司共有6家，即DHL、FedEx、UPS、TNT、OCS和依靠万国邮政联盟为基础各国邮局，即EMS。这6家的简要情况如下：FedEx是典型的美国公司，靠国内快递起家，美国的国内快件80%以上由FedEx运作。现在它兼营国际快件，双管齐下。它现有员工约143 500人，640架飞机和45 000辆货车。它的业务重点在亚洲和美洲之间。2002年3月，FedEx荣获了由Cargonews Asia发起的在新加坡举行的第16届亚洲货运业颁发的四项大奖：北美洲最佳航空货运公司、最佳全货运公司、亚洲最佳公路运输公司和最佳物流管理公司。

UPS（United Parcel Service），联合包裹公司，1907年8月28日在美国西雅图市成立。在第二次世界大战前后，主要是帮助商店做购物递送和宅急送，目前已成为美国国内最大的包裹投递商和全球最著名的包裹运送快递公司。2001年全球营业额达306亿美元。它拥有700多架飞机和88 000辆货车，论实力，在六大快递公司占第一位，它还为自己的客户提供金融贷款。

DHL 起源于美国，几年前公司的构成为 3 部分：美洲、亚洲和欧洲。现在公司被德国邮局收购，成为德国邮局控股的国际快递公司，总部设在布鲁塞尔。公司业务从一开始就是国际业务。目前在国际业务中仍占有领先地位，重点逐渐转向亚洲与欧洲之间。

TNT（Thomas National Transport）1946 年由澳大利亚人托马斯成立于悉尼，开始只限于国内业务，1997 年被荷兰邮局兼并，总部的名称叫 TPG（TNT Post Group），其快递业务仍叫 TNT。TPG 的业务分三部分：国际快递、邮件和物流，TNT 现有 36 架飞机、17 200 辆车，以欧洲业务为主；TNT 的物流很发达，特别是有关汽车、轮胎、高科技的产品和易消耗品的物流方面，它现在是世界上的最大汽车物流供应商。

OCS（Overseas Courier Service），日本新闻普及株式会社。1957 年由日本东京的几家主要报纸出版人组建而成，其业务是为这些报社的国外订户发送报纸，到了 70 年代以后才开始做文件、包裹的国际快递业务。总部设在日本东京，业务以亚洲为中心，是和中国在快递方面合作最早的公司。

EMS 依托万国邮政联盟。按照合约，各国邮局互为代理、互相投递来自不同国家和地区的快件，同时将自己收到的快件交到收件人手中，其业务也在不断地发展。

2. 六大快递公司在中国的情况简介

（1）中外运—敦豪

成立最早；基础扎实；50 年协议。现在它有 39 个分公司，2 656 位员工，705 部车辆，营业点多。它的特殊产品为“珍宝箱”，快件能两天到欧洲。

（2）大田联邦

每周 6 班飞机；一天到美国；发展快；美国政府重点支持。

（3）中外运—天地

成立较早，现有 12 个分公司：上海、北京、大连、青岛、武汉、天津、杭州、广州、深圳、南京、厦门和福州，推出颇具企业文化的六项价值观“Go For Gold”，颇有新意，即：客户至上、改革创新、团队精神、忠诚可靠、正直诚信、持续增长。

（4）中外运北空—UPS

目前只在北京有合资公司；其他省市依靠外运作为代理进行业务，2001 年 4 月 1 日有飞机直飞中国，停靠两个城市：上海和北京，上海每周 6 班，北京每周 4 班；由于直航和其他措施，2001 年业务增长最快，递增 40% 以上，业务以包裹为主。

（5）中外运—欧西爱斯

最近几年里，业务发展较快，它共有 5 个分公司：上海、天津、青岛、大连和北京，业务仍以中日之间的文件为主。

(6) 中国的EMS

邮政速递EMS，80年代初在中国市场开展业务至今，服务领域达210多个国家，在国内大约有2 000多个网点，市场份额一直遥遥领先。

第二节　快递运输方式的分类

快递运输方式从大类上主要分为三种：国际快递、国内快递和同城快递。

一、国际快递

国际快递就是国与国之间的以商业文件和包裹为运送对象的一种快速运送方式。严格讲，其定义应该是，具有独立法人资格的企业将进出境的文件和包裹(Documents & Parcel)从发件人(Consigners)手中通过自身或代理网络运到收件人(Consignees)手中的一种快速运送方式。被运送的文件或包裹就叫快件。

国际快递主要分为三类：门到门(Door to Door)、门到机场(Door to Airport)、专人派送(Courier on Board)。

1. 门到门服务(Door to Door)

发件人需要发货时打电话给快递公司，快件公司接到电话后，立即派人到发件人处取件。快件公司将取到的所需发运的快件根据不同的目的地进行分拣、整理、核对、制单、报关。利用最近的航班，通过航空公司(或快件公司自己的班机)将快件运往世界各地。发件地的快递公司用电传、Email或传真等形式将所发运快件有关信息(航空运单及分运单号、件数、重量等内容)通告中转站或目的地站的快件公司。快件到达中转站或目的地机场后，由中转站或目的地的快件公司负责办理清关手续、提货手续，并将快件及时送交收货人手中，之后将快件派送信息及时反馈到发件地的快递公司。

2. 门到机场(Door to Airport)

运输服务只能到达收件人所在城市或附近的机场。快件到达目的地机场后，当地快递公司及时将到货信息通知收件人，收件人可自己办理清关手续，可委托原快递公司或其他代理公司办理清关手续，但需额外缴纳清关代理费用。采用这种运输方式的多是价值较高，或是目的地海关当局对货物或物品有特殊规定的快件。

3. 专人派送(Courier on Board)

这种方式是指发件地快递公司指派专人携带快件在最短的时间内，采用最便捷的交通方式，将快件送到收件人手里。在一些比较特殊的情况下，为了确保货物安全、确保交货时间而采用这种方式。

比较起来第一种方式最普遍、最简单、最方便。在日常业务中如果有什么重要的文件或其他物品要尽快交到客户手中时，你只需拨个电话，很快地快件公司的专业派送人员就会上门取货，随之其他一切发运手续由快件公司办理。这对于发运一般的文件、成交样品等比较适合。第二种形式在时间上优于普通货运形式，同时又简化了发件人的手续，但需要收货人按自己的方式到机场办理清关、提货手续。第三种方式是一种特殊服务，一般很少采用，但用这种方式可以免去普通快件的出关、入关手续。

二、国内快递

国内快递指主要在一个国家范围内进行经营快件的行为。我国很多快递公司的快件主要在中国国内进行运输，这就是国内快递。

三、同城快件

同城快件是指在特定城市内的经营。随着城市经济的发展，虽然在一个空间距离比较小的区域范围内(一个城市内)，但由于各个公司的业务繁忙、人员紧张，如果采用本公司职员去递送文件，其成本比较高，外包方式交给同城快件，则可以很好地解决这个问题。但此时不一定使用航空运输。

第三节 航空快递的特点

航空快件运输(尤其是包裹运输)与普通航空货物运输相比，其基本程序和需要办理的手续相同，所需的运输单据和报关单证也基本一样，都要向航空公司办理托运；都要与收、发货人及承运人办理单货交接手续；都要提供相应的报关单证向海关办理进、出口报关手续。

但是，航空快运作为一项专门业务而独立存在，亦具有其他运输方式所不能取代的特点。试以航空快运业务与普通航空货运业务、国际邮政业务作简单的比较，从中可以看出航空快运业务具有的特点和作用。

一、快递公司有完善的快递网络

快递是以时间、递送质量区别其他运输方式，它的高效运转只有建立在完善的网络上，才能进行。这种网络要求无论始发地、中转地、到达地都能以服务于网络这个目的进行，同时网络具有相当强的整合能力。

二、以收运文件和小包裹为主

从收运范围来看,航空快递以收运文件和小包裹为主。

文件包括银行票据、贸易合同、商务信函、装船单据、小件资料等,包裹包括机器上的小零件、小件样品、急用备件等。快运公司对收件有最大重量和最大体积的限制。

普通航空货运则以收运进出口贸易货物为主,并且规定每件货物的最小体积不得小于5 cm×10 cm×20 cm,每票货物的最小重量不得小于0.5 kg。

邮政业务则以运送私人信函为主要业务范围,要求货物的体积、重量较之航空快件为小。

航空快件、普通航空货运、邮政国际业务三者业务范围之间有一定交叉,但又各有自己相对的经营领域和服务范围。其主导业务是有明显区分的。

三、特殊的单据 POD

从运输和报关单来看,航空快运业务中有一种其他运输形式所没有的单据,即交付凭证(POD:Proof of Delivery)。POD是航空快运中重要的单据,它由多联组成(各快运公司的POD不尽相同),一般有发货人联、随货同行联、财务结算联、收货人签收联等,其上印有编号及条形码。POD类似于航空货运中的分运单,但比航空分运单的用途更为广泛。它具有:

1. 商务合同作用;
2. 分运单作用;
3. 服务时效、服务水平记录作用;
4. 配合电脑检测、分类、分拨作用;
5. 结算作用。

四、流程环节全程控制

从服务层次来看,航空快运因设有专人负责,减少了内部交接环节,缩短了衔接时间,因而运送速度快于普通航空货运业务和邮递业务,这是快运业务有别于其他运输形式的最本质、最根本的一点。

五、高度的信息化控制

从服务质量来看,航空快件在整个运输过程中都处于电脑的监控之下,快件每经一个中转港或目的港,电脑都得输入其动态(提货、转运、报关等),派送员将货送交收货人时,让其在POD上签收(日期、姓名)后,电脑操作员将送货情况输入电脑,这样,信息很快就能反馈到发货方。一旦查询,立时就能得到准确的回复。这种运输方式使收、发货人都感到安全、可靠。

普通的航空货物虽然在送交收货人时也让其在底单上签字,但这种底单主要是作为货物已交付货主的凭证存入档案,而不是作为回执反馈发货方。虽然有些航空货运代理公司也开始向发货方国外代理人反馈货物处理信息,但反馈信息的速度和准确度远不如航空快运业务。

邮政业务没有运送信息反馈,邮件丢失查找困难,被动查询时,按顺序一个邮局接一个邮局查询,一个邮局接一个邮局回复,信息返回缓慢。

第四节 快递的作用

一、使商业活动得到更加有效的改善

它解决了对外贸易和商业活动中人们期盼已久的文件、样品、包裹的加速交流,从而使对外贸易和商业活动更加有效,而且随着快递业的发展和被普遍使用,这种作用也就日益加大和显现,并被广泛认同。

发展到今天,我们可以说快递是对外贸易的先行者,外贸的第一环节。依次才是成交、运输和结汇。

二、促进了各领域的交流

快递的发展极大地促进了各国之间的经济、外交、文化、体育、科技、旅游等各领域的往来,成为国际交往中不可缺少的传送工具。如2002年世界杯中国订购的15 749张门票就是国际快递公司DHL在5月14日从英国曼彻斯特运往北京的。

三、拉动了世界各国国民经济的快速发展

快递业的发展拉动了世界各国(特别是广泛使用快递运输方式的国家)国民经济的快速发展。没有国际快递,你就甭想快速发展外贸,从而国民经济的发展也会受到极大影响。

四、奠定了世界各国发展物流业的基础

快递业的发展奠定了世界各国发展物流业的基础。事实证明,哪个国家的国际快递和国内快递发达,哪个国家的物流业就发达。

五、是检测一个国家开放程度的标准之一

凡是经济发达的国家,国内快件和国外快递都已经基本放开,如美国,它是世

界三大快递公司(UPS、DHL、FedEx)的诞生和发源地,也是快递业开放程度很高的国家。一些发展中国家,如哥斯达黎加、印度尼西亚、坦桑尼亚等,其快递市场也是开放的。

六、解决了普通百姓的燃眉之急

随着国家的对外日益开放,学术交流、出国留学、旅游、访问、个人画展以及研讨会等日益增多,在这些活动中都会经常产生普通老百姓急需把各种证件、包裹越快越好地让收件人收到的问题。国际快递也给普通百姓解了燃眉之急。

第五节　快递公司运作实例

本节以 UPS 为例,介绍国际快递公司的运作情况。

一、UPS 公司简介

联合包裹服务公司(UPS)是世界上最大的快递和包裹运输公司,同时也是全球最大的商业便利供应商,提供数种后勤及财务服务。从 1907 年公司成立伊始,即为私有性质,从 1999 年 11 月开始公司在纽约证交所上市交易。

UPS 公司致力于成为整个供应链(从原材料和零部件直到最终消费的产成品)中的货物流、信息流和资金流最基本的协调者。据估计,在美国国内,UPS 承担运输的货物总值超过美国国民生产总值的 6%、全球 GDP 的 2%。

1. 国际、国内包裹运输服务

2003 年,公司收入的 75% 来源于国内包裹运输服务。2003 年,公司每日国内货运量价值达到 1 240 万美元,其中陆上运输承担的部分达到了 78%。同样,UPS 能够将货物运送达美国国内航空运输的 48 个目的地,其中包括:保证在第二天早十点前运抵的航班、覆盖约 75% 美国人口,以及保证在第二天中午前抵达的航班、覆盖另外约 15% 人口。两者相加共可覆盖约 91% 的美国人口。

UPS 在 1975 年进军国际市场。截至 2003 年,其国际日运营量为 127 万货次。UPS 国际包裹运输服务(其收入占 2003 年总收入的 17%)增长速度比国内业务增长快,并且这种增长趋势预计在未来几年内仍持续下去。2001 年 1 月,中国民航总局将美国至中国的直航权赋予 UPS,使其得以在 2001 年 4 月开始经营美中之间直航业务。2002 年 4 月,UPS 在菲律宾开设了一个新的亚洲运输网络中心,以支持其未来在亚洲的业务增长。

2. 非包裹运输业务

非包裹运输业务,其收入占 UPS 2003 年收入的 8%,包括:一个快速增长的业务部门——供应链方案解决集团，并且提供后勤和配送服务、国际贸易管理、普通运输和多模式的货物运输；UPS资产部——提供以资产为基础的借款、国际贸易融资和进出口贷款；UPS顾问部——提供供应链设计和再整合顾问服务。

2003年，公司宣布对包裹分检和运输系统进行重大改革。预期将在未来几年内投入6亿美元以简化和优化该项业务，以极大地提高公司的效率、可靠性和灵活性。据估算，到2007年该项改革一经完成，公司每年即可节省6亿美元，主要是通过改进生产效率和每年缩减1亿运输公里来达到该目标。

3. 雇员

截至2003年12月31日，UPS共通过与国际运输车驾驶员协会签订协议，雇佣了228 000名雇员（约占该协会总劳动力的64%）。2002年10月，驾驶员协会批准了新的雇佣合同，其生效期直至2008年1月31日。2003年末，公司共拥有、运营和租赁了约600架飞机及一支由88 000辆运输工具组成的庞大路上运输队伍。

二、UPS最近营运业绩

2004年第三季度，UPS在国内和国际业务方面均有强劲增长。主要是由于公司的技术产品能够支持客户服务和供应链管理的改进，从而促成了强劲的绩效增长。此外，国际市场的成长和美国经济的复苏支撑了公司未来的增长潜力。UPS的自身定位十分成功，主要是通过在全球市场进行扩张和采用新技术而获利。

此外，构成UPS2004年第三季度营业利润增加的另一方面是，供应链方案业务能够向客户提供量身定制的解决方案，这一业务的增长也为公司其他部门带来了积极的影响。

公司采用的名为"直接交易"的技术方案极大地便利了将货物从海外工厂直接送达美国。该方案使货物在进入海关之前不必再为重新包装而在库房中停留。由于将各种单件货物集中利用一只集装箱进行运输，因而这些私人包裹能够直接进入我国的配送系统。

另外，公司开始提供新的航运服务——"跨国界直接交易"。直接交易服务减少了货物抵达市场的时间，并且能够对来自各种国际市场如亚洲、欧洲和南美洲，以及跨国界如墨西哥和加拿大的货物进行控制。通过使用一张简单的发票也极大地简化了海关文书工作。

在未来，直接交易运输过程中的库房将拓展到更多的海外地点。公司客户已经通过这一方案将产品进入市场的时间缩减了50%，达到了前所未有的及时。

UPS还向一些公司诸如eBay、东芝和雅虎提供解决方案的设计服务。还为一些制造企业如福特汽车，提供整个分销系统的整合设计，从而实现缩减货物运输路线、生产程序化和系统追踪。此外,UPS 供应链解决方案还能够帮助客户改进商业循环或电子设备的配备安置。尽管后勤业务并不能够和运输业务一样保障两位数的盈利率,但是通过改善客户关系能够带来货运量的增加,这能够在一定程度上弥补其较低的利润率。

2004 年夏,美国与中国完成了两国间增开航班线路的计划。联合航空和西北航空公司均获准增开旅客航班路线。而 UPS 和 FedEx 正在申请货运线路的增开。UPS 已就增加现有与中国通航的航班提出申请,希望能够增开航班。目前 UPS 已经申请了至上海的航线。未来公司会从亚洲出口增加中获利。新协议还将增加允许 UPS 在中国和日本之间直航的内容。在两国间新增加的 195 个航班中,有 111 个是货运航班。

三、UPS 各部门营运分析

1. UPS 航空货运

UPS 在全球 150 个机场提供直接的机场对机场货物运输。作为全球最大的货运专营公司,UPS 航空货运还提供多种业务,如可以提供几乎所有种类货物的航运服务,包括易腐品到飞机发动机的运输,这些服务具有快捷、可靠、机场对机场的优点。

UPS 是整个北美最早通过新噪音规定审核的航空公司,目前公司共运营着超过 300 架飞机。

2. UPS 资产公司

这是 UPS 重要的财务供应链部门。通过为客户提供实用的、与供应链管理相联结的资本解决方案,可帮助客户拓展运营、改善存货周转、租用新设备、管理风险、加速现金流流动及在全球范围内扩展新业务。

3. UPS 咨询公司

UPS 咨询公司能够提供与供应链相关的专业解决方案,以利用世界不断变化的商机。其经验丰富的解决方案具有非常强的现实操作性。传统的"推"式供应链模型——计划、购买、制造、运输、销售的直线式程序并不能满足顾客的需要。而 UPS 提供的方案能够在很大程度上解决旧方案存在的问题:如增加存货成本以及客服、耗时等等。

4. UPS 邮件创新业务

UPS 致力于帮助客户提高其邮件运送的效率和效果。通过加速邮递服务,UPS 邮件创新业务能够全程掌握各种邮件的运输,包括信件文件、重量小于一磅的包裹、装订物、宣传品等,对这些邮件分类、称重和计算邮资后分配到美国邮政服务部门进行最终的投递。UPS 邮件创新能够帮助公司客户在派发邮件的过程中最大限度地优化运营效率和控制成本。

5. 邮箱类服务公司

该公司在2001年独立出来，是全球最大的零售商店、邮递业务和商业供应授权经销商。曾连续13年在企业家杂志的邮递和商业服务经销商全球排名中荣登榜首，在美国拥有3 300个营业点，全球营业点超过1 000家。2003年，美国和波多黎各有超过3 000家的营业点更名为“UPS零售商店”。

6. UPS专业化服务(PSI)

通过提供技术创新支持、专家财务分析、长期后勤专业知识等为客户提供商业战略方案。作为全球管理咨询公司，PSI致力于为客户提供使其效率最大化的解决方案。

7. UPS供应链方案集团

这是一种为满足全球客户供应链需要而设计的新的服务组合，供应链方案集团包括UPS后勤、UPS资本、UPS货运服务和UPS邮件创新业务。

8. 综述

从盈利和成长的角度分析各营业部门，UPS的国内包裹业务在2004年共收入64.8亿美元，比2003年同季度上涨了5.8%，净利润上涨了13.8%，达到近两年的最高水平。

国内陆路运输总量和隔日航空包裹运输总量的增加抵消了自2003年来航空信件邮递不断下滑的影响。国际包裹运输业务的收入上涨了18%，达到16亿美元，年业务量增长达8.5%。国际业务运营利润增长了72%，达到2.72亿美元。其中，国际业务运营增长总量中的12%得益于美国出口业务的增加，更有17%得益于亚洲出口业务的增加。

非包裹运输业务，包括UPS供应链解决方案(SCS)业务，收入增加了6.4%，达到7.78亿美元，营业利润增长62%。SCS的收入在总收入中占5.68亿美元，比2003年同季度增长7.2%。

四、UPS经营理念

1. UPS使命

愿意、执行、成长。在UPS，人们明白成功始于能够看得到的业务成长机会。有了强有力的品牌、快速的扩展能力和良好沟通的网络，就构成了一个充满机会的世界。

2. 与客户同步的商业服务

五年前，UPS在谈论供应链管理时还主要是使用概念性的词语。主要涉及如何利用合作性的业务程序来帮助公司运营得更加有效率、使顾客得到更好的服务。

现在UPS价值20亿美元的供应链解决方案正在帮助IBM、全国半导体、尼康等大公司塑造其分销体系，以更快到达市场服务客户和达到商业计划目标。到2003年，UPS供应链解决方案在过去四年中共整合了超过20家被并购公司。这种伴随着跨企业销售的合并，已经极大地提高了业务增长的速度，创造出了稳步增长的利润。

3. 保证股东权益

全球化和技术进步提供了众多的经济发展机会、商业灵活性、客户购买能力、创业机会和跨国性商业的扩张机会。这就意味着UPS商业部门的光明前景。事实上，到2007年. UPS期望在每个商业部门都能达到超过15%的利润率。

UPS还正在致力于建设新的品牌——也是自1907年成立以来的第四个新品牌。品牌重建是公司历史上花费精力最多的活动，令人们惊觉UPS发展的巨大潜能。

UPS不但重视提升自身的品牌知名度，而且还积极地投身于社会和环保活动之中。2003年秋天，公司发布了第一个《公司可持续性发展报告》，分析了在经济、社会和环保方面公司走过的历程和未来将面对的挑战。UPS自1907年成立以来就一直贯彻商业与环保互利的企业文化。该份报告显示了这种企业文化已经渗透到UPS的全球运营之中。

4. 稳定的服务水准

近一个世纪以来，UPS通过不断的改进、完善和在网络方面进行投资，最终创造出了一个如时钟般准时运行的系统。最近，公司开始使用新的运营技术，利用过去的信息来改善现有的运营。目前，UPS在全球的工作系统每小时要处理超过304 000份包裹，移动广播网络每天传输超过300万条包裹追踪信息，在全球超过65 000个的客户网站中都嵌有UPS的货运链接。此外，运用全球定位系统，可以将每个包裹与其目的地的定位误差控制在小于30码的准确程度。

5. 高效、成长的供应链

UPS正在运行一个不断增长的、全球性的同步化商务网络，以适应不断变化的市场需求。通过在全球超过750个的分销中心推行融合货运、代理报关、订单与存货管理、零部件配送和国际贸易、财务服务为一体的复合性业务模式，UPS极大地简化了原本复杂的商业供应链。

目前，UPS在超过120个国家提供供应链解决方案的运营服务。为每天进入美国的400万货次提供代理报关服务。UPS目前已稳居世界最大交易中介商地位，在2003年的“3PL优秀奖”调研中，荣获全球第一后勤供应商美誉，在北美《交通世界》杂志上被评为世界第3大后勤供应商。

6. 多样、全面的服务供应

通过不断扩张多样化的客户服务网点，UPS不但极大地提高了其服务客户的便利性，而且鼓励了公司在美国本土陆上运输业务的发展，增加了品牌的知名度。

UPS零售商店提供了全套的货运和商务服务，为公司提供了相当部分的包裹运输量。事实上，自从UPS在美国设立了3 000个与百货店联结的电子邮件联络中心以来，货运量已经成长了超过两倍。除了电子方式，UPS还有计划性地在各商业、零售中心地区设立了数千个航空快递和货物联络店内联络点和第三方零售打包运输网点。

目前，UPS在全球共有4 500个零售网点——超过其他所有运输连锁网点的总和。在美国和加拿大，共拥有超过41 000个投递箱和超过7 500个第三方零售打包运输网点。在全球业务网中拥有超过1 400个客户中心、超过12 900个店内运输网点和商业柜台。

7. 不断扩张的业务网络

全球化在很大程度上促成了UPS的成长，公司丰富的产品组合为客户提供了众多的解决方案，满足了其在本地、局域和全球范围内的需要。此外，公司仍在通过争取在亚洲增开航班、在加拿大温哥华和德国科隆扩展已有的密集性便利网点来扩张现有业务。UPS每天为全球超过850个机场、1 800个航空部门提供服务。在全球运营了11条最大的定期航线。每个国家的管理人员平均拥有长于14年的管理经验。在获得香港航空权后，UPS致力于在两个最大的集散地——欧洲与亚洲间提供直接航运服务，并且加强介入中国快速增长的快递、货运业务。

五、未来展望与总结

鉴于快递、货运行业仍然具有继续增长的积极发展前景，以及贸易壁垒的不断被打破、自由贸易协定的签署和全球化进展对全球市场的重新界定、业务的不断成长，都有助于在全球范围内提供资源共享服务和货物运输。UPS积极投入到全球化潮流之中，公司强有力的品牌知名度为其超越国界、文化扩张和对客户提供创新性的解决方案提供了良好的基础。UPS正在与全球商业同步发展，并不断提高其业务标准。

公司是美国仅有的拥有标准普尔和穆迪指数3A等级的七家公司之一。在2003年共运输34.4亿件包裹，即平均每天处理1 360万件包裹。在过去几年中，一直被财富杂志评为“全球最值得加入的公司”。

第9章

航空物流

第一节 世界航空物流发展概况

空港不仅是区域间联系的枢纽,同时由于便捷的交通和完善的基础设施条件,往往也是其所在区域内外人流、物流、资金流和信息流交汇的重要场所。航空货运是现代物流中的重要组成部分,其安全、快捷、方便和优质的服务正好符合现代物流服务的基本要求。

国际航空运输协会发布的统计公报显示,2003 年全球货运量增长了 4.9% ,特别是中东地区增长稳健,年底时货运量比 2002 年同期增加 15.08%(见表 9.1)。北美和亚洲航空公司的货运量在 2003 年 12 月也出现转折,同比增幅分别达到 1.9% 和 8% 。另据预测,世界航空货运量在未来 20 年中将以年均 6.4% 的速度增长。

表 9.1 2003 年全球航空货运量增长统计表

地 区	欧洲	北美	南美	远东	中东	非洲	全球
航空货运量增长%	2.5	5.2	5.7	5.4	15.1	10.4	4.9

航空运输作为快速货运在物流中得到了很大的发展,为提高机场竞争力,许多国家按照现代物流重要节点的要求对机场进行设计、建设,将兴建物流园区作为发展航空货运的主要战略之一。

1. 香港国际空运物流中心

(1) 航空货运概况

香港特区是全球最繁忙的国际航空货运中心。自 1998 年至 2003 年底,香港国际机场的航空货运量每年平均增长 12% 。机场现在设有 21 个货运停机位。

香港国际机场致力发展、拓展及改善服务,包括提升与中国内地的联运系统,被《航空货运》(Air Cargo News)评选为2002年及2003年最杰出的货运机场。1998年至2004年香港国际机场货运统计见表9.2。

表9.2 香港国际机场货运统计表(1998~2004)

年份	货物(吨)			
	卸货量	装货量	合计	增加或减少(%)
1998	774 544	854 198	1 628 742	-8.8
1999	841 161	1 133 130	1 974 291	+21.2
2000	952 514	1 288 071	2 240 585	+13.5
2001	893 935	1 180 398	2 074 333	-7.4
2002	1 003 563	1 475 259	2 478 822	+19.5
2003	1 035 198	1 606,905	2 642 103	+6.6
2004	1 164 433	1 930 282	3 094 715	+17.5

(2)航空货运设施

香港国际机场设有两所航空货运站,位于南跑道以南,共占地21公顷,营运商分别是香港空运货站有限公司和亚洲空运中心有限公司。这两所航空货运站致力改善货运业务的硬件和软件,并推行新的计划。亚洲空运中心较着重硬件方面,兴建了多项新设施;香港空运货站则较着重软件方面。

为了提供通畅的航空货运服务,机场的空运货物处理系统与海关的空运货物清关系统互相连接。两个系统连接后,在货物抵港前3个小时,已可传送有关的货物资料。空运货物清关系统与两个航空货运站、四家综合速递公司(DHL、FedEx、TNT及UPS)及海运码头连接,确保货物资料及通关情况的电子数据交换及时传送。这套系统可让尚未抵港的货物预先办理清关手续,能够处理各类型的货物,而且提供"优先货运"服务。香港航空货运设施布局情况见图9.1。

(3)航空货运服务

香港航空货运服务分为两层。第一层货运服务由香港空运货站有限公司、亚洲空运中心有限公司和DHL中亚区枢纽中心提供。香港空运货站有限公司备有先进的自动化货物处理设施,能以具竞争力的价格提供多项货运服务,包括实际处理一般及特殊货物、文件处理、停机坪飞机服务,以及进口货物预先清关服务;亚洲空运中心有限公司提供可靠的货物及文件处理服务,价格具竞争力,目前,该中心正在兴建第二座货运站,预计在2006年底前完成,届时,处理货物能力将为目前的三倍;DHL中亚区枢纽中心于2004年6月启用,是香港首个专用的速递货运站,将成为DHL在亚太区的主要货运枢纽及门户。

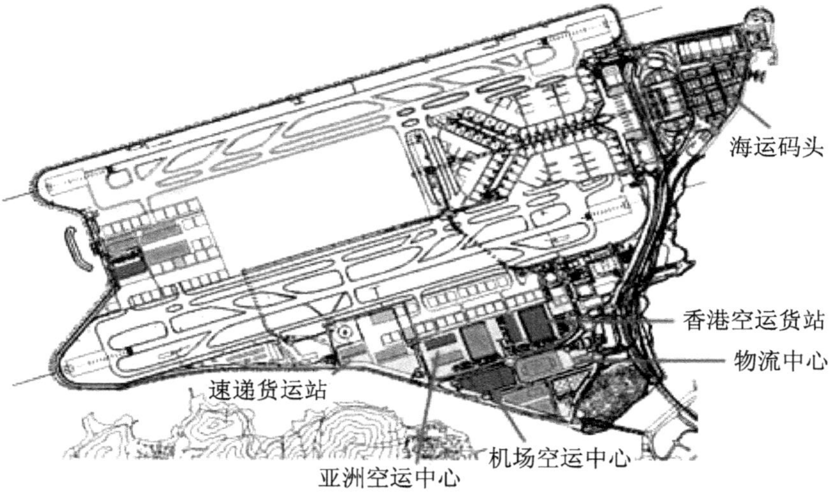

图 9.1　香港航空货运设施布局图

第二层货运服务包括海运码头、机场空运中心和商贸港物流中心。海运码头提供一站式服务，连接机场与珠江三角洲内多个河港，促进了机场与货运腹地之间的空运货物联运服务；机场空运中心是机场岛上主要的存仓服务营运商，有超过50家货运代理商、物流服务公司及辅助服务供应商营运，方便货运代理使用航空货运站的服务；商贸港物流中心提供多元化的物流及供应链服务，例如存货管理、特殊货物处理、订单处理。

（4）发展蓝图

据预测，香港国际机场的存货量，将以每年6%的速度增长，至2020年，将发展成为每年处理货物900万吨的世界级国际机场。为了提供资源丰富和效率卓越的货运服务，将香港发展成为国际和地区物流枢纽，2001年，香港机管局公布了《香港国际机场2020年发展蓝图》，提出要实施货运发展战略，不仅将香港国际机场建成航空货运中心，还要建成速递货物枢纽，并在机场范围以外的北大屿发展物流园，以应对2020年航空货运发展的需要。

2. 日本几大临空物流区

（1）东京成田国际机场

成田机场于1978年5月开航，是日本空中交通的中心，也是日本经济增长的主要因素。2002年成田机场货物吞吐量203万吨，2003年达215万吨，排名世界机场前列（见图9.2）

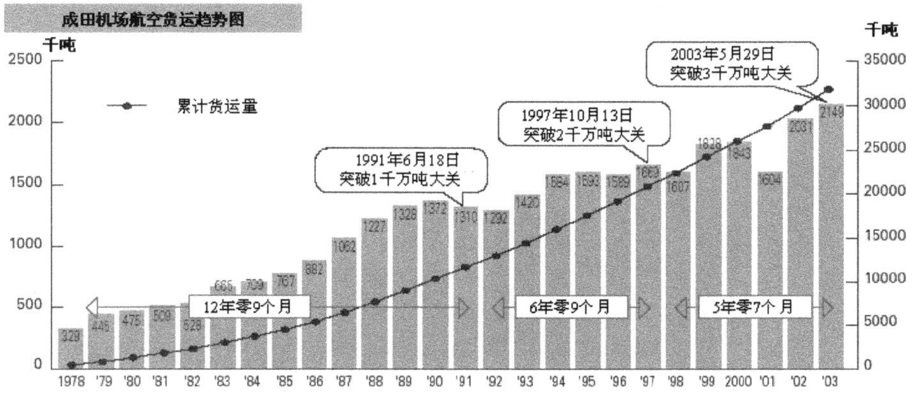

图 9.2　东京成田机场航空货运趋势图

自从 20 世纪 80 年代后半期以来，成田机场的航空货运量就一直增长，航空货运设施一直处于超饱和状态。为了解决这个问题，成田机场管理局进行了一系列的动作，包括：

① 建立成田国际物流联盟。成田国际物流联盟是由于千叶地方政府的公共企业部门推动并组建而成的，共占地 78 万平方米。包括成田在内的 3 个城市、9 个市镇和 1 个乡被批准建设成临港区域的国际物流中心。公共企业部门下属的工业园区有：位于 Shibayama 的机场南工业园区和位于 Yokoshiba 的 Yokoshiba 工业园区。2002 年，千叶政府申请开辟一块机场特区作为体制改革的试点，特区有宽松的政策环境，允许建立和运营独资的私营企业。

② 兴建机场周围的货运设施。近几年，在成田机场外围，由大型货代公司运营的保税货运设施也快速增长，机场南工业园区现在成为了货代企业的物流中心。2003 年 9 月，有 25 家公司在机场周围 5 千米的辐射范围内的 28 个地方建造了仓库，总面积达 26 万平方米。这差不多与机场所占的 26.59 万平方米的面积相等，可以很好地缓解机场的阻塞压力。成田机场国际物流复合基地与临空工业园区布局情况见图 9.3。

（2）中部国际机场

日本中部地区在取得了 2005 年世博会的主办权后，就以此为契机，在名古屋南部的常滑市建设 24 小时运作的“中部国际机场”，机场于 2005 年 3 月正式启用。在货物运输方面，中部国际机场每周有货运班次 27 个，世界最大的货运公司之一 FedEx 还在新机场设有常驻调度机构。

中部临空都市是邻近中部国际机场的现代临空产业/城市的联合体。都市由两个区域组成：发展区（约 107 公顷）位于机场岛，即伊势湾海上；空港对岸区在机

图 9.3　成田国际物流复合基地与临空工业园区布局图

场岛对岸(约 123 公顷)的陆地上。空港岛发展区主要分为临空生产区、港湾交流区和综合物流区。其中综合物流区占地 32 公顷,基于机场货运功能的总体规划,该区将集中发挥国际物流的综合功能,如推进、配送、贮藏、分配、流通加工、展示和贸易的基础设施,并提供机场支持功能(清洁、飞行时的配餐、飞机配件的修理和维护)。空港对岸区主要分为港湾区、中央区、生活文化区、研发生产区。其中港湾区占地 13 公顷,由于其独特的海、陆、空交汇的地理优势和高效的配送设施,该区将发展成为重要的现代物流区。

(3) 关西国际机场

关西国际机场位于大阪湾东南泉州海面 5 千米,是一座填海建成的 24 小时运行的海上机场。1994 年 9 月开港以来,客货量不断增长,作为大阪/关西地区的新的空中大门,发挥着重大的作用,成为代表日本航空运输的国际枢纽机场。

为了加强和完善机场性能,改善周边环境,振兴地方事业,日本在关西机场对岸建设了临空城(Rinku Town)。临空城面积为 318.4 公顷,其中物流区的面积近 25 公顷,包括国际航空货物运输服务机构、物资与保税仓库;24 小时货物装卸基地支持海、陆、空的物流;临空国际物流中心是日本西部规模最大的处理国际航空物资的地方。

3. 德国法兰克福货运城

法兰克福是德国第五大城市，它是德国金融业和高科技业的象征，法兰克福地区还设有大量的邮购公司、网络商店等物流企业。

法兰克福机场在市中心西南16千米，是德国最大的机场。法兰克福机场每年处理240万吨空运货物，是欧洲最大的航空货运机场，欧洲67%的航空货物运输、54%的邮件流转是在法兰克福机场进行的。

在法兰克福机场附近100个足球场大小的一片土地上，是法兰克福货运城，聚集了80家航空运输公司、100家运输服务公司专业从事物流服务。由北向南，货运已发展成为南、北两个货运城（见表9.3）。预计到2015年，货运城的货物周转量将达到274.5万吨。

德国邮政国际邮件分拣中心也位于机场附近，每天分拣信件500万封、邮件45 000件。2002年，法兰克福机场的航空货邮量达152万吨，其中50.4%通过全货机载运，其余通过客机货舱带货。其操作方式是：中心人员接收国际邮政中心的航空邮件袋，按国家及航空公司对其进行分拣，再将其交付机场地勤人员。航空邮件袋通过一个带有悬挂式传送机的直通输送桥来运递，该桥将航空邮件处理中心和国际邮政处理中心相互连接起来。这种邮件处理采用全新的、集中的和现代化的方式，遵循最新的安全标准。法兰克福货运城概况如表9.3所示。

表9.3 法兰克福货运城概况

总面积	1 490公顷
货运城北部	
总面积	510公顷
除去交通道路外的面积	456公顷
建筑物面积	163 000平方米
货运城南部	
总面积	980公顷
货运中心	
总面积	482公顷
除去交通道路外的面积	373公顷
建筑物面积	110 000平方米
货物推进区	
总面积	482公顷

续表 9.3

除去交通道路外的面积	429 公顷
建筑物面积	90 000 平方米
其他	
南部办公总面积	56 000 平方米
仓储面积	148 000 平方米
员工数	9 926
公司数	256
餐饮设施	4 家饭店,1 个旅馆
基础设施	停车场、穿梭巴士等
专业设施	动物站、模拟室、危险品仓库、贸易港、航空邮件中心等

4. 国际航空物流发展的经验

国际航空物流发展的实践表明,机场物流园区可以实现高效的物流运作,吸引大量的航空公司和物流企业入驻,有助于航空货运的发展及货运枢纽港的形成、供应链系统的完善和地区经济的发展,同时还可促进与其相关产业发展。只有采取科学、有效的方法,对物流园区的功能、规划设计等进行合理定位,才能确保其建成后顺利运作。

(1) 规划具有长远性和前瞻性

园区建设应具备较高的现代化程度,综合功能强,能满足未来一定时期内的需求,并保持较强的竞争优势。如香港国际机场开发了一系列完善互补的物流设施,包括现代化的航空货运站、空运货物清关系统、综合速递公司及海运码头,确保货物资料及通关情况的电子数据交换及时传送;成田机场外围也兴建了一批货运设施,有货代企业的物流中心、保税仓库等。同时,机场物流园区的设施规划及布局应留有一定的发展空间和适于变化的设计方案,以满足未来的发展要求。如香港亚洲空运中心有限公司还在兴建第二座货运站,使得处理货物的能力变为目前的 3 倍。

(2) 功能定位合理且分期发展

机场物流园区主要包括三大功能:物流核心功能、物流增值功能、航空物流服务支持功能。物流核心功能是机场物流园区的核心部分,包括货站、仓库、地勤、航空快递中心,机场在兴建物流园区时,首先考虑的是这部分功能的建设能够最大限度地满足客户的需求。物流增值功能用于为园区的参与者提供增值服务,如对货物进行简单的加工、分拣、为货主报关、清关等,以提高货运的运作效率,如香港国际机场货站为货主免费提供清关、三检服务等增值服务,德国邮政国际邮件分拣中心也对航空邮件进行分拣,大大增加货运处理速度。航空物流服务支持功能主要体现在提供信息、商务和政策支持,如香港国际机场货站运用 AIDE 系统保障货物的快速准确交付和提取,简化提货的手续;而法兰克福南部货运城则有行政区域、货物推进区、餐饮、航空邮件中心等一系列配套商务支持服务。此外,物流园区在协调各方利益、制定服务标准等方面也发挥了重要的作用。

机场物流园区运作的成败,取决于能否让物流企业满意并能吸引更多的航空公司和物流企业入驻。因此应当以经营航空货物为特色,适度发展非航空货物的现代物流运作,即在短期内主要发展机场核心业务,在保证核心业务功能的基础上提供增值服务,如建立保税区或自由贸易区、提供多种联运功能等服务。韩国仁川机场已经建成的主要物流设施有 3 个货站,分别为大韩航空、韩亚航空和机场对外服务货站,在第二期工程中才考虑建设自由贸易区,提供增值服务。

第二节 航空物流的发展趋势

一、现代物流产业总体发展态势

现代物流产业是在传统物流产业的基础上,利用现代信息技术进行货物存储、交易、卸运的运作方式和管理机制,它将使运输、仓储、装卸、加工、整理、交通、信息等方面的有机结合,形成完整的供应链,从而使物流速度加快,准确率提高,库存减少,成本提高,以此延伸和放大传统物流的功能,为用户提供多功能、一体化的综合性服务。

现代物流的发展既是经济全球化的产物,又是推动经济全球化的重要服务业。20 世纪 90 年代,世界物流业年均增长 7% 以上,高于同期 GDP 增幅。美国、日本和德国等经济发达国家,纷纷制定出新的物流发展规划及措施,物流产业已经成为国民经济的重要组成部分。美国 2003 年物流产业总规模为 9 360 亿美元,几乎为高新技术产业的 2 倍,占 GDP 的 8.5%。随着经济全球化和信息化进程的不断加快,跨国公司所导致的本土化生产、全球采购、消费趋势的加强,全球物流产业有了新的趋势,呈现出新的发展特点。

1. 物流运作全球化

21 世纪是一个物流全球化的时代,物流规模和物流活动的范围将进一步扩大。预计全球跨国货物交易总额将由 2000 年的 6 万亿美元增长到 2005 年的 8.5 万亿美元。要满足全球化的物流服务,物流企业必须向集约化、协同化方向发展,形成规模效益。主要表现在:积极展开并购,争取更大的市场份额。美国和欧洲一些大型物流企业跨越国境,展开连横合纵式的并购,大力拓展国际物流市场。

整合物流能力,创造新的物流价值。跨国物流公司通过建立战略联盟,强化物流市场的增长因素,开展全球物流业务的优质服务。

建立物流园区,实现企业物流协同化发展。大型物流园区可发挥整体优势和规模优势,实现企业物流的专业化和互补化。日本、德国、荷兰等国都相继建设了大规模的物流园区。

2. 物流技术电子化

目前,国外物流企业已经形成了以系统技术为核心,以信息技术、运输技术、配送技术、装卸搬运技术、自动化仓储技术、库存控制技术、包装技术等专业为支撑的现代化物流装备技术格局。

基于网络的电子商务的迅速发展促使了电子物流的兴起,今后电子物流进一步的发展方向是:信息化——采用无限因特网技术、全球卫星定位系统(GPS)、地理信息系统(GIS)、射频标识技术(RF)、快速反应系统(QR)等;自动化——自动引导小车技术(AGV)、搬运机器人技术、自动分拣系统(ASS)等;智能化——电子数据交换(EDI)、电子识别和电子跟踪技术、智能运输系统(ITS);集成化——集信息化、机械化、自动化、智能化于一体。

3. 物流服务外包化

近年来,跨国企业无不期望通过外包物流环节,以整合全球物流资源,降低供应链成本,增强核心竞争力。第三方物流(Third-party Logistics ,简称 3PL)已经成为发达国家经济增长最快的部门之一,从 1996 年到 2002 年,全球第三方物流市场份额激增,年均增长率为 13% ,2002 年达到 2810 亿美元,占物流总支出的 7% 。

4. 物流管理现代化

经济全球化浪潮推动跨国公司结构调整和价值链重新排列,对物流管理带来了新的需求。2003 年,物流管理开始向高端发展,呈现了供应链整合管理的趋势,主要表现在精细物流、6 西格码物流、闭环物流等概念的发展。精细物流强调同步操作环境、循环时间压缩、全过程的可视性、精确时点绩效、过程的一致性和无缺陷;6 西格玛物流注重应用、结果和成功实施等要素,要求在满足客户主要的质量方面达到近乎完美;闭环物流是正向物流和供应链、逆向物流和储存能力的集成,主要应用在售后服务、零部件更换(高科技产业)、未出售、未使用、废弃物的回收、召回或有缺陷的产品、绿色产品的“保鲜”等方面。精细供应链的概念是精细原理与供应链结合,是对精细物流的进一步发展,其基本计划方法是设定企业目标、部门目标、操作目标,明确现有绩效与目标值的差别认定,制定达到预期目标的时间框架和要求。精细供应链与 6 西格玛结合,又会创造新的概念。

2005 年初,有 40 多年历史的美国物流管理协会正式更名为美国供应链管理专业协会,标志着全球物流进入供应链时代的开始。

5. 物流系统绿色化

物流虽然促进了经济的发展,但是物流的发展同时也会给城市环境带来不利的影响,如运输工具的噪声、污染排放、对交通的阻塞等,以及生产及生活中废弃物的不当处理对环境所造成的影响。为此,21 世纪对物流提出了新的要求,产生了绿色物流的概念。

绿色物流的发展包括两方面。一是对物流系统污染进行控制,即在物流系统和物流活动的规划与决策中尽量采用对环境污染小的方案;另一方面就是建立工业和生活废料处理的物流系统。发达国家政府在污染发生源、交通量、交通流等三个方面制定了相关政策,形成了倡导绿色物流的对策系统,如日本政府 2001 年制定的《新综合物流施政大纲》中,就包括构筑环境负荷小的绿色物流体系。

第三节 航空货运物流信息系统

从货运代理收到托运单开始,直至货物到达目的地,当中交换传递了庞大的信息。这些信息涉及当地的运输服务、海关、航空公司、全球货运网络及相关的物流服务,以及托运单上一切数据。

信息科技,已被物流业管理阶层广泛采用,用以改善、控制及减少货物流转的时间。通过因特网进行业务管理(电子商务)已经成为全球化趋势,这种势头给航空货运业的中介商带来新的挑战和机遇。已经被许多跨国公司采用的供应链概念(SCM),正在推动供应链内的货运中介商进行更多的整合与合作。供应链管理讲求的是一家公司利用信息科技与合作伙伴的物流活动进行整合。跨国公司普遍使用供应链管理技术,来改善其整体系统的表现,同时也继续支援供应链管理的技术,如电子数据交换(EDI)及货物追踪。然而,大部分中小型企业,无论是供应商、零售商或者物流供应商,由于缺乏信息科技能力,在建立紧密物流合作关系(即合作伙伴)时倍感困难。

空运货物大多是高档次及具有高时效价值的产品,因此对于一批货物的付货人、收货人以及中介商来说,能够及时追踪及随时查询这批货物的安全状况、运输状况、位置和交货时间是非常重要的。由于联合包裹和敦豪速递公司这类综合运输商拥有完善的电子货物追踪系统,相比于传统的航空货运商更具有决定性的优势。他们能够提供高度整合性的服务,从取货一直到交货的整个过程,都是自己一手包办。他们能够利用因特网技术进行电子数据交换。其内部联网贯通全球,设立查验站以作货物追踪。

网络连接力是货运追踪与查询的必备条件。虽然大部分大型货运代理、承运商及货站营运商都拥有电子数据交换能力，但是，在付货人与货运代理之间、货运代理与承运人之间以及承运人与货站营运商之间，甚至承运人本身与其客户之间的电子网络连接上仍存在许多缺口。要求网络通信通畅无阻，必须关注两项发展：

（1）一个全行业之间通用的信息标准；

（2）一个中小型企业在技术及费用上都能承担的公共电子网络。

建立一个通用的信息标准要确保接受信息的代理商能够解读所交换的内容，而解决中小型企业的技术及费用承担问题可以扩大网络覆盖面，网络效应因此顺利产生，资源不足的代理商也可以受益。

因特网在全球已经相当普及，因特网使个人与各行各业之间信息交流的成本非常低廉，这对电子商贸的发展非常有利。因此，市场对零售商的需求逐步减少，当然也减少了相应有形的分销环节及相关存货。无论是大型制造商还是中小企业，现在都可以直接销售少量产品给身处于地球另一端的客户，接下来是要把这少量的产品送到客户手里。毫无疑问地，电子物流商贸为货运代理商及综合运输商带来了新的难题和机遇。

航空货运物流不仅是信息密集，并且涉及众多的中介商，包括买方、货运代理、银行、承运商、货站营运商、海关及其他政府机构等。这些机构可以通过因特网或其他信息交换系统更顺畅地进行沟通，使航空货运效率明显得到提高（参见图9.4）。

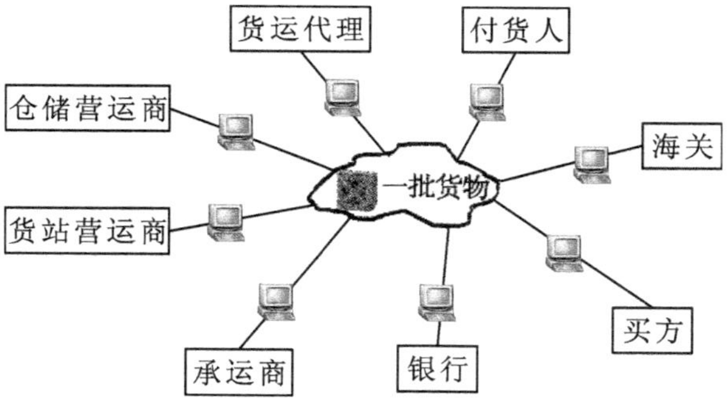

图9.4　多方参与的物流过程

一、航空物流信息系统的参与方

1. 航空公司

大多数航空公司使用国际航空电信协会（SITA）提供的通信网络。国际航空运输协会提倡的名为“Cargo 2000 计划”，旨在建设一个基于因特网连接各相关成员的共同数据管理平台，此平台将用于货运追踪、查询及质量控制。该建议亦包括将现在采用的 Cargo—IMP 标准转变为 XML。

2. 货运代理公司

大型国际货运代理通常利用自身开发的软件或经修订软件套装(例如 SAVI, IPACS)处理日常业务。这些公司通常是 Tradelink 及 Traxon 的登记用户,并拥有自身的因特网站提供各项服务。中型公司一般使用本地开发的软件系统,这类软件多半是独立运行并不与外界相连。

部分小型公司除利用电脑进行业务管理外,仍未利用任何电子系统进行对外沟通。因此许多小型货运公司使用传真或电话处理订单的现象仍非常普遍。

3. 航空快递公司

航空快递公司拥有先进的信息系统。然而,他们往往需要能够与客户的系统相连接或在自身系统内安装客户的插件。航空快递公司亦会协助大型客户进行较为积极的供货商管理。例如,航空快递公司会与客户的企业资源规划系统(ERP)相连,并将其 ERP 内部数据提供给客户的供货商。也就是说,事实上航空快递公司同时扮演应用系统供应者的角色,只是并不直接收取系统租金。

4. 仓储营运商

大型仓储营运商提供货运代理、货车运输及其他增值服务。他们也广泛利用信息科技。许多大型营运商,例如嘉里(Kerry)及香港商贸港(Tradeport)在仓储管理中运用了 EXE 技术。许多营运商正进行大规模的系统改造,并独立开发仓储管理系统(WMS)。在实际应用中灵活性是必不可少的,例如直接使用客户的软件或向客户提供量身订做的功能,在因特网上开发出相应网站,可进行货物追踪、查询及下订单。小型仓储营运商利用本土开发的软件系统,半独立运行并不与外界连接。

部分大型仓储营运商现在以实验形式采用电子标签以进行仓储管理,电子标签可准确地即时提供仓库货存信息。

5. 货车运输公司

货车运输业内有许多"一司机一货车"型的小型公司,几乎完全不使用信息科技。这些营运商通过移动电话进行联络。某些较大规模的货车运输公司可能设有办公系统及因特网连接设备。

6. 政府部门

涉及航空货运业的政府部门,主要有海关、贸易及工业署和政府统计处,他们使用 EDI 与外界物流机构交流信息。香港政府在多年前已开始实施"单窗口"(one window)计划,利用同一网络应用程序整合所有政府部门的功能。当前海关拥有 ACCS,可利用 Tradelink 进行报关。Tradelink 亦常用于牌照及许可证申请,并可为贸易统计局编辑数据。

7. 付货人

付货人通常须采用买方提供或要求使用的系统。卖方与买方 ERP 系统相连接的方式很多。其中一种就是直接接受或利用买方现有的系统。当前普遍使用的 ERP 系统大多拥有供货商自助模块,这样买方可为他的各个供货商提供有限的连接便利。自身并无 ERP 系统的小型供货商,需要建立多种 ERP 接口与不同的买方连接。在香港,经营电子及高科技产品的买卖双方通常在交易中利用基于 RosettaNet 的交易系统。零售商(如沃尔玛、凯马特、百佳及惠康)及成衣买卖商通常采纳属于国际条形码标准系统体系的 EDIFACT HKANA 进行管理及运输用电子数据交换系统。香港货品编码协会(GSl)旨在提供编码标准,方便在整个供应链中进行产品追踪及服务。其编码标准如 GLN、SSCC 及 GTIN 等已开发完善。

二、我国航空物流信息系统简介

我国主要机场所在城市的海关均要求利用 EDI 进行预先报关。上海、天津及广州正在开发电子海关处理系统(Eport)。航空货运业相关机构在因特网上向客户提供的信息系统服务范围较窄。

1. RosettaNet 的应用

使用以 RosettaNet 为基础的交易系统是新趋势。思科系统及其内地分销商——晓通网络技术有限公司(Xiao Tong Networking Technology Co. Ltd.)最近利用 RosettaNet XML 基础的业务流程标准,已对其电子采购流程进行整合。晓通计划逐步将此种与采购相关的功能系统扩展至其客户及内地其他贸易伙伴。

2. 电子海关处理系统

电子海关处理系统是由中国海关总署、交通部、公安部、对外贸易经济合作部(外经贸部)及其他相关政府部门共同开发的信息系统。该系统旨在达到无纸报关及通关的目标。该系统基于 Windows 操作系统及 EDI 系统而建,可在因特网上通过网络浏览器进入。拟试用的初步功能包括部分出口货物的报关通关应用。进一步的应用则计划涵盖一系列的海关服务和关税及费用的电子支付。上海、广州及天津目前正在对电子海关处理系统进行试用。

三、北京及上海空运业内各方参与航空物流信息系统的应用情况

1. 航空公司

只有一级货运代理公司,获授权直接从航空公司预订舱位及获得主空运提单。航空公司与货运代理依靠传真和电话联络。对于货运管理,许多航空公司租用国际航空电信协会的超级货运系统(Super Cargo System)信息服务。通过国际航空电信协会的系统,北京的航空公司,如中国国际航空公司在班机到达前,就能收到海

外营业部的主空运提单及舱单。该信息随即转换和通过 EDI 发送至海关,以便预先报关。

天信达信息技术有限公司(Info Sky Technology Co.),是一家由中国民航信息网络有限公司及国际航空电信协会(SITA)合资兴建的公司。旨在为航空货运市场开发及提供信息科技方案。该公司于 2001 年 1 月 1 日投入营运。天信达主要为航空公司、机场及货运代理提供货运系统、系统整合等服务项目。该公司联网已能够覆盖国内外 300 多个大中型城市,并同时分别为大中型航空公司提供软件方案、中央货运处理系统及前期货运处理系统。在 2004 年 5 月,天信达推出了基于因特网开放技术的航空货运业务处理系统(iCargo),该系统的主要功能包括货位管理、货位预订管理、离港及抵达管理、仓库管理等。厦门及上海航空公司已签署协议使用其前期货运处理系统。天信达也在 2004 年初,在自己航空物流信息服务平台(LISP)上为南方航空公司提供数据交换服务,使南航可以与在平台上的其他航空公司及机场交换信息。

2. 货运代理公司

在中国加入世贸组织以前,只有国内公司或合资公司可获一级货运代理牌照。后者拥有强大的国际合作伙伴如敦豪、英运物流有限公司(Exel Sinotrans Freight Forwarding Co. Ltd.)及英雪纳国际货运(Encinal International Freight and Transportation)。这些公司内部管理系统通常已计算机化并互相联网;会计及销售系统均与业务系统,例如保税仓库管理及进口关税报告系统相连接。为方便协调,全球相关部门及业务均互相联网。此类公司大多通过因特网提供货物追踪及查询服务。凭借先进的信息科技能力,此类货运代理公司也已经发展了第三方物流外包业务。

有不少一级合营公司与香港的大型货运代理公司,成为合作伙伴(如信达国际有限公司及 C&C Freight international)。他们使用信息科技的目的主要用于内部管理。内部系统有一定程度的联网。除与香港合作伙伴连接外,其全球联通性较弱,因此较少或没有在因特网上提供服务。此类公司的客户多半为中国本地的制造商或贸易公司。而中国本地的货运代理公司在利用信息科技方面相对落后。这些公司在会计及仓储管理方面,使用独立运行的信息系统。而一些货运代理如中国货运航空公司及中远国际货运有限公司,则利用 EDI 与其海外附属公司及合作伙伴联络,传真及电话仍为常用的联络方式。这些公司与中国的航空公司、海关及货站营运商之间的密切关系是经营的一大优势。

部分一级合营货运代理,在客户的仓库或在其保税货运物流业之信息科技应用仓库提供第三方物流服务。而制造商却相反,为求营运效率而要求物流在其仓库执行。例如,英运物流(中国)在北京的仓库为诺基亚提供物流服务,在摩托罗拉天津的工厂为摩托罗拉提供类似的服务。总体而言,合营公司在开发第三方物流服务市场方面更为先进。

3. 航空快递公司

四大主要航空快递公司——敦豪速递公司、联合包裹、联邦快递及TNT在北京及上海均有合营公司，提供与世界其他地方类似的高素质、信息科技集中的航空快递服务。这类公司的服务拥有全球网络及先进信息科技的支持。中国加入世贸组织后，货运公司可以以独立经营的方式在内地作业，联合包裹已于2004年宣布，将逐步赎回合作伙伴的产权。

4. 仓储营运商

仓储管理及货车货运代理的经营均需要营业牌照。仅一级货运代理或货站营运商，有权拥有及经营保税仓库。保税仓库管理应用信息科技与否，则由仓库所有者即货运代理公司技术水平决定。如上所述，合营公司在信息科技利用方面一般较本地货运代理先进。计算机控制及机械操作的货架系统在部分新航空货站中得以运用，然而许多仓库仍然依靠人工操作。有少数主要营运商安装条形码系统。

5. 货车运输业

货车运输业由大量小型营运商及自由运输业者组成。他们主要利用电话而很少使用计算机进行联络。另一方面，大型营运商如中国外运或TNT(中国)则已实现网络化与计算机化。中国外运公路车队已引入先进的追踪系统如全球卫星定位系统及通信系统，而部分仓库也已装备条形码。然而，运输业的发展仍以重点城市为中心，北京、上海、广州、深圳等城市与乡镇甚至次等城市的联系仍有待改善。

6. 海关

自20世纪90年代中期以来，内地海关在管理、商业及运输用电子数据交换系统(EDIFACT)标准的基础上有所发展，海关EDI系统也已在应用中。当前，EDI系统仅用于预先报关。然而，空运提单通关仍须官方盖章。有报道称海关正在推行基于网络的系统以改善现存的EDI系统。

中国电子口岸是海关总署联同12个国务院部委建立的公共数据中心，此系统完全建立于因特网上。企业可直接向海关、国检、外贸、外汇、工商、税务、银行等政府机关申办进出口手续，企业在上网使用此系统之前需向海关申办企业IC卡，作为确认身份之用。

电子口岸第一期功能包括以下四项：

(1) 出口收汇核销单申领发放核查核销；

(2) 出口报关单申报；

(3) 出口加工区企业电子账册备案核销；

(4) 快件通关。

第二期将包括以下多项功能：出口退税申报、舱单申报、转关申请、加工贸易备案、减免税申请、进口增值税核查、代理或专业报关。

中国电子口岸系统(Eport)已于选定城市(包括天津、北京、上海、广州、大连等)投入使用。目前此系统仅准许付货人在货运管理中使用一个货运代理。付货人与客户间的出口货运报关及通关确认可以通过电子信件完成,然而相同的信息却不能以相同的方式传递给货站营运商。货站营运商仍需凭经盖章的实物单据才可接收货物。

报关代理人专门从事报关及通关,在内地报关代理必须通过考试得到专业资格。大型的报关代理公司也是海关必要硬件及软件的登记用户,可按EDI方式为付货人或货运代理提供服务。

7. 机场及货站营运商

上海浦东机场的信息科技基础设施装备较完善且现代化。该通信网络系统由异步传输模式(ATM)网络支持,并与虹桥及其他主要国际机场相连。上海的两个机场都已装备必要的管理系统及航班信息系统。然而,航班信息仍未上互联网,适用于航空货运处理的信息系统仍在开发中。

北京首都国际机场的新航站楼采用先进整合性系统,集闸门控制、行李、售票、旅客登记及航班靠站控制等信息系统于一身。该集成系统主要支持内部及客运大楼的营运。北京首都国际机场及广州白云国际机场,已成为天信达航空货运系统在空运提单处理方面的首批用户。

上海机场(集团)公司、德国汉莎货运航空公司、锦海捷亚国际货运有限公司,联合经营上海浦东国际机场货站。中国货运航空公司,除经营虹桥国际机场的航空货站外,还扩展了浦东的货站。北京空港航空地面服务有限公司及中国国际航空,联合经营北京的航空货运大楼。这些货站营运商目前均采用仓储管理信息系统。虽然海关部门可直接得到货运信息,但货站与货运代理之间的联系仍依靠传真或电话。货物的接收或检索则仍然以纸张文件的形式进行。

8. 外资及合营付货人公司

在北京及上海,诸如爱立信、朗讯科技、摩托罗拉及诺基亚等外资公司及合营公司,普遍从其母公司或外资伙伴引入供应链管理及供应链管理软件。

实施供应链管理有助于提高透明度及营运效率,但同时也可能会限制了高级管理层在管理上的灵活性。很多中小型供货商,除非他们的国外买家有所要求(这些本土公司经常会被要求采用特定的供应链管理),他们一般没有实行供应链管理。诸如摩托罗拉、爱立信等主要制造商,沃尔玛、凯马特及家乐福等零售商或买家,一般要求他们的供货商采用供应链管理系统。供货商通常采用或适应制造商或买家的企业资源计划系统(ERP)。很多公司需要采用多个不同的供应链管理软件,以满足不同买家的要求。

在2003年11月,美国零售商沃尔玛对其最大的100个供应商,提出要求在供应的货品上采用电子标签,供应商需在2005年初在货品的包装箱上及运输的货板上贴上有射频识别(RFID)芯片的标签。该标签可使零售商即时获取货品的销售情况,也能提高物流代理商对货品的追踪能力,对内地的供应商而言,则增加了采用新技术的压力。电子标签在物流管理上的应用不容忽视,电子标签也将会在较高价值的空运货物上首先使用。

航空货运物流是信息密集的服务性行业。货运服务需求通常来自以外包形式实施供应链管理的公司。经验丰富及信息科技能力较强的货运代理公司,如敦豪、英国空运等,在客户所在地或在机场附近的保税仓库里提供这些物流服务。机场附近的第三方物流中心亦允许大型或中小型货运代理进驻并提供物流服务,且可免除这些货运代理公司的投资及拥有的相关设施。事实上,物流中心可为营运商提供保税仓库、物流处理设备及场地、信息科技能力及电子业务平台,以辅助货运代理公司提供服务。更重要的是,电子业务平台可使营运商形成营运同盟及整合网上货运流程。

此外,北京及上海市政府在发展基于网络的电子政务及商务方面非常积极。电子商务正在降低市场对零售商的需求,然后逐渐减除有关实际分销环节及存货。我们认为,航空货运物流将成为以信息科技及以因特网为基础的产业。现在,北京及上海已拥有基本的实体信息科技基础设施,主要障碍在于航空货运业各相关机构对应用信息科技及信息交换系统的态度。对许多相关机构及营运商而言,如何克服对信息科技应用的障碍是一项仍在进行的任务。虽然电子数据交换在20世纪90年代早期就已使用,然而电子报关或通关仍未成为强制要求,电子口岸在中国海关的推动下,实行的口岸增加了,但具体的网上功能则未见增多。智能物流中心的建设要求物流业相关机构加强合作与交流。在中国内地,像航班信息等公共信息通常被认为是私有财产,不能以电子方式公开共享。这种观点的转变需要很长一段时间,有关的单位可以考虑在互惠的情况下或以有偿的形式进行共享。

电子标签在物流及供应链上的应用是新趋势,利用无线调频波读取货品上的编码,可免除以光直线照射条码的规定,并且调频收读器更可以一次读取一货柜内所有货品的编码。按照商品电子编码(EPC)的标准,编码可以分辨个别对象,比条码分辨个别物种更胜一筹。电子标签的全面应用还需要在读取的准确性、电子编码网络(EPC Network)、隐私保护及信息保密几项技术上进行突破。

第10章 航空货运管理中的计划

航空运输生产过程由地面运输生产组织、飞行组织保障和指挥调度等工作与空中运输飞行两大部分组成。地面工作的总任务是保证出港飞机的安全、正点和有足够的载量，空中运输飞行的总任务是安全、迅速地把旅客和货物、邮件由一地运输到另一地。地面工作与空中飞行各有特点又互相联系，构成一个完整的航空运输生产过程。航空运输生产的这种构成情况，决定了航空运输生产计划的内容。

第一节 航空货运生产计划的内容

航空运输生产计划由以下四部分内容构成：

（1）航线运输计划。又称航线计划，是按航线规定空中运输飞行主要任务量的计划，主要指标有飞行班次、飞行小时、运输量、周转量、小时生产率、航线载运比率等。

（2）航站发运量计划。简称航站计划，是规定地面工作主要任务量的计划。一条航线连接两个或几个机场，所以，航线的运量实际上是由相关航站组织销售，即相关航站的客货运量构成了航线运量，所以航线计划和航站计划是相辅相成的。航站计划的主要指标有发运量、发运收入、客座利用率和出港载运率等。

（3）航空运输生产综合计划。是规定航空运输生产全过程的主要任务量的计划，它是航站计划和航线计划的综合反映。主要指标有飞行小时、运输量、总周转量、发运量、发运收入等。

（4）航班计划。是规定航空运输正班飞行的航线、机型、班次和班期、时刻的计划，它是航空运输生产计划的实施计划，也是组织日常航空运输生产活动的重要依据。

航空运输生产计划的这四部分内容是互相联系、互相依存的，各项计划之间必须互相适应，衔接平衡。

在编制航空运输生产计划前,我们必须了解一些基本概念。

1. 航空运输量计划

是指计划期空运企业使用本企业的航空器承运的旅客、行李、邮件和货物的数量。它是反映计划期空运企业运输生产的任务量和空运企业生产规模的主要指标之一。运输量包括旅客运输量、行李运输量(不含手提行李)、邮件运输量和货物运输量四种,其中,行李运输量、邮件运输量和货物运输量,统称为货邮运输量。

(1) 航空运输量的特点

① 不考虑运输距离。即不管运输距离远近,一个旅客或一千克货物乘坐一次航班即计算一次运输量。

② 换乘航班另计运输量。

③ 旅客运输量可折算成重量,折算系数为0.075吨或75 kg。

(2) 运输量计算公式

旅客运输量=旅客周转量(人公里)/旅客平均运程(公里)

货邮运输量(吨)=货邮周转量(吨公里)/货邮平均运程(公里)

航空运输量的不足之处是只考虑运量而不考虑运距,因此该指标不如周转量全面。

2. 航空运输总周转量计划

航空运输总周转量计划是指空运企业计划期运输生产的总产量,它是运输量和运输距离的复合指标,综合反映航空运输生产的总任务和总规模,是民航运输企业最重要的指标,也是国家考核空运企业的主要指标之一。总周转量指标不仅包括运输的重量,而且还包括运输的距离,因此,它比运输量更能全面地反映空运企业的生产任务量。因为运输的实质不仅是运输的重量,更重要的是完成客货运量的空间位置的转移。

总周转量计算公式:

(1) 周转量(吨公里)= $\sum$(运输量×运输距离)

或:周转量(吨公里)=(运输量×平均运程)

(2) 总周转量=旅客周转量+货邮周转量

(3) 旅客周转量(人公里)=[旅客运输量(人)×旅客运输距离(公里)]

或:旅客周转量(吨公里)=[旅客运输量(人)×旅客运输距离(公里)]×0.075

(4) 货邮周转量(吨公里)= $\sum$ 货邮运输量(吨)×货邮运输距离(公里)

航空运输总周转量作为空运企业的产量指标,它的确定对于确定其他指标起着十分重要的作用。总周转量确定以后,可以据此确定为完成计划总周转量必须安排多少个航班,安排多少架飞机,需要飞行小时,需要多少空、地勤人员,需要供应多少航油、航材以及机务维修工作量是多少,等等。所以,它是空运企业最重要的指标。

3. 航线载运比率

是指计划期内某型飞机在某条航线上的最大载运能力的利用程度,它是反映航空运输生产的质量和效益的重要指标。

载运比率是分机型、分航线分别计算的,最大载运能力是指航线的最大周转量。最大载运能力的利用程度是指最大周转量计划利用了百分之几,所以航线载运比率的计算公式是:

航线载运比率(%)= 某机型计划运输总周转量/某机型最大运输总周转量 ×100%

4. 航班飞行正常率

是指按班期时刻表规定的飞行班次与实际飞行班次之比。

航班飞行正常率 = 实际飞行班次/按班期时刻表规定的飞行班次总数 ×100%

5. 飞机生产率

又称飞行小时生产率。是指某型飞机每一飞行小时所完成的周转量,是反映飞机技术经济性能和运输生产效益的重要质量指标。其计算公式为:

飞机生产率 = 总周转量(吨公里)/飞行小时(小时)

或:飞机生产率 = 某型飞机业务载重(吨)× 该型飞机航速(公里/小时)

影响飞机生产率的因素主要是航速和业载,根本因素是飞机性能的好坏及航空公司经营管理水平的高低。

一般来说,大型飞机的生产率高于中小型飞机(因其载量大、速度快),但相应的成本也高。只有载运比率才是全面综合衡量经济效益的指标,飞机生产率只是衡量经济效益指标之一。

第二节 航空运输生产决策与计划的内容及程序

一、航空运输生产决策与计划的内容

1. 航空运输生产决策

(1) 生产规模决策;

(2) 航线布局决策。

2. 航空运输生产计划

(1) 航班计划——是确定正班飞行的航线、机型、每周班次与班期时刻的计划;

（2）航线运输生产计划——按照航线确定生产任务的计划；

（3）航站吞吐量计划——是确定每个航站的运输生产任务量的计划；

（4）航空运输综合计划——是行业管理部门对各航空公司、机场的航空运输生产任务的汇总，是航线运输计划与航站发运量计划的综合。

二、航空运输生产决策与计划程序（图 10.1）

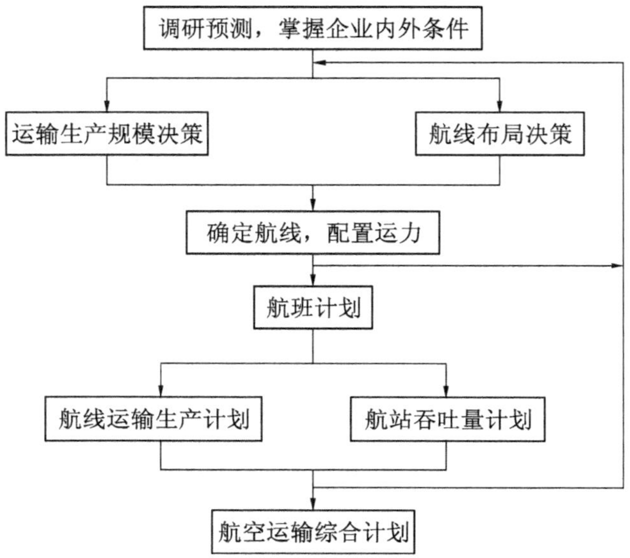

图 10.1　航空运输生产决策与计划程序

第三节　航线布局决策

一、航线布局的意义和原则

1. 航线布局

航线布局是航空公司对所要经营的航线进行的全面规划和安排；航线布局过程，是航空公司选择运输市场，安排生产格局的过程；航线布局结果，是建立起航空公司的产品架构。

2. 航线布局的意义和原则

（1）航线布局的意义

① 决定市场结构；

② 指导计划生成；

③ 影响机队构成；

④ 制约经济效益；

⑤ 关系生死存亡。

（2）航线布局的原则

① 以市场需求为依据

客户对航空运输的一般需求是能到所要到的地方去，出发和到达时间最合适，越快越好，用最经济的价格得到最多的服务。

但是对于不同的客户来说，其需求表现有突出的特点，例如公务旅客与休闲旅客对于航班频率和价格的不同敏感程度、国内航线和国际航线货主对于航班时刻的不同要求等。进行航线布局，必须充分了解并最大限度地适应市场需求。

② 以自身条件为基础

航线布局必须充分考虑航空公司现有的以及规划期内可能达到的人力、物力、财力等各种资源条件，如机队的数量与构成，机组的配备以及航权等。

③ 航线网络整体优化

即航线布局必须从全局着眼，使各条航线之间尽可能功能互补，互相输送运量，起到 1 + 1 > 2 的作用。

④ 注重经济效益

即航线布局必须讲究经济效益。以市场需求为依据并不意味着有需求就要开航线，一般来说，只有当市场需求量足以使航班运输收入大于航班变动成本时，开航才是经济的，当然也要考虑新航线需要一定的培养期。

⑤ 考虑竞争，注重发展

在进行航线布局时，还必须充分考虑竞争因素，包括同业竞争以及与替代品的竞争等。要从有效占领市场，增强航空公司竞争实力的角度来排线布点，同时还要注意扬长避短。

二、航线布局模式

1. 城市对航线结构

城市对航线结构是在两个通航点之间开辟直达航线，航线网络中基本没有通过枢纽中转连接的通航点。其基本形式是直达航线（点对点航线）；补充形式是甩鞭子航线（中间增加经停点）。

（1）城市对航线的优点

① 直达目的地；

② 提供最短飞行时间；

③ 易于排班；

④ 减少拥塞。

(2) 城市对航线的缺点

① 不能最大限度开发市场;

② 载运率低;

③ 飞机利用率低。

2. 中枢辐射航线结构

中枢辐射航线是区别于传统的城市对航线的一种航线网络结构,其主要特点是航空公司建立一个或多个中心枢纽站(Hub),流量较小的城市(Spoke)之间不能直接通航,而是通过在枢纽站中转的方式加以联接。中枢辐射航线的基本形式是沙漏式和内地馈运式。

沙漏式是一种定向式的中枢辐射航线,通过枢纽站的航班方向大致相同,于相近时间在枢纽站经停,"漏"下转机旅客,很快衔接到经停的其他航班上(图10.2)。

内地馈运式中转辐射航线是在适当的地点建立枢纽机场,周围流量较小的城市之间不直接通航,通过在枢纽机场中转航班的方式实现周边城市之间的连接及与其他枢纽的连接(图10.3)。

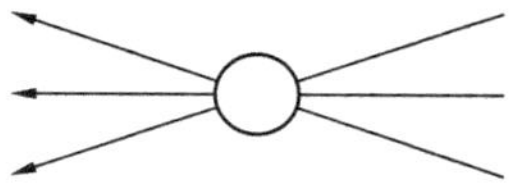

图10.2 沙漏式中枢辐射航线

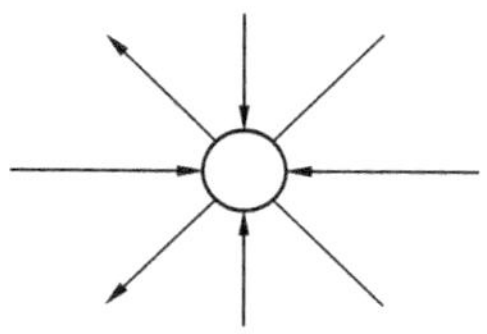

图10.3 内地馈运式中枢辐射航线

中枢航线的本质特征是航班在枢纽机场紧密衔接。为了实现航班的紧密衔接,航班往往只能短暂停留,完成货物的转移后,又在大致相同的时间离港,在枢纽机场形成一个到、离航班的集群(bank)或波浪(wave)。在枢纽机场,每个进港航班都为统一航班集群中的其他航班输送旅客,每个出港航班都为同一航班集群的其他航班分流货物,从而形成高密度、大运量、低成本的航线网络。

(1) 中枢辐射航线的优点

① 增加通航城市,拓展航线网络的市场覆盖面;

② 增加航线运量,提高载运量;

③ 普及航班密度,提高飞机利用率;

④ 降低单位成本,增强竞争能力;

⑤ 促进支线运输发展;

⑥ 中枢航线对于货主来说,意味着更多可供选择的航班。

（2）中枢辐射航线的缺点

① 中途转机，时间变长；

② 航班衔接导致枢纽机场和重要航路交叉点上的拥挤，航班延误增加；

③ 航班编排复杂；

④ 单独事件的发生对整个系统的影响很大；

⑤ 枢纽机场建设投资增加。

3. 混合式航线网络

混合式航线网络式中枢辐射是航线与城市对航线并存互补，相互结合而成的一种航线网络，它能够更好地适应航空运输需求，发挥城市对航线和中枢辐射航线各自的优点，避免单一的城市对航线或单一的中枢辐射航线的缺陷。我国要适应天空开放的大趋势，增强自身竞争实力，实现建设航空强国的宏伟目标，就必须改造传统的城市对航线网络布局，构筑中枢辐射航线与城市对航线并存互补的混合式航线网络。

第四节　航空公司生产规模决策

生产规模决策主要决定航空运输生产的总任务量，即应该完成多少运输量、周转量或吞吐量。它是制定航班计划与航线运输生产计划的重要依据之一。生产规模决策是在一系列分析的基础上形成的。

一、市场需求预测与分析

航空公司要决定航班计划与航线运输生产计划，就要预测和分析航空运输生产的总任务量，关于市场需求预测与分析的具体方法，市场上有专门的教材，这里不多叙述。

二、企业竞争能力分析

企业竞争能力是指在某一市场上，企业与其他企业进行竞争，占有一定市场份额的能力。

影响航空公司竞争能力的主要因素有：安全纪录、服务质量、航班正常性、航班频率与时刻、促销手段、促销渠道、机型、有无经停点等。

测算企业市场份额的方法有：

1. 趋势外推法

用历年来市场占有率的变化趋势预计未来的市场占有率。

2. 按提供吨位比例测算

某公司市场占有率=该公司每周提供吨位数/市场上每周吨位数合计

3．按航班相对吸引力测算市场占有率

航班相对吸引力 = 每周提供吨位数 × 经停点因子

经停点因子是描述航班经停点增加导致对旅客吸引力下降的一个量，采用经验数据，总是相对于最佳航班而言。最佳航班经停点因子等于 1。

航班市场占有率 = 航班相对吸引力/市场上所有航班相对吸引力之和

设 AA－CC 市场每周平均需求 1 000 人次，有 X 与 Y 两家公司运营，如图 10.4。X 公司有 3 架飞机，每架飞机载运 200 人次；Y 公司有 7 架飞机，每架飞机载运 150 人次，X 公司航班相对吸引力为 1，Y 公司航班相对吸引力为 0.5。

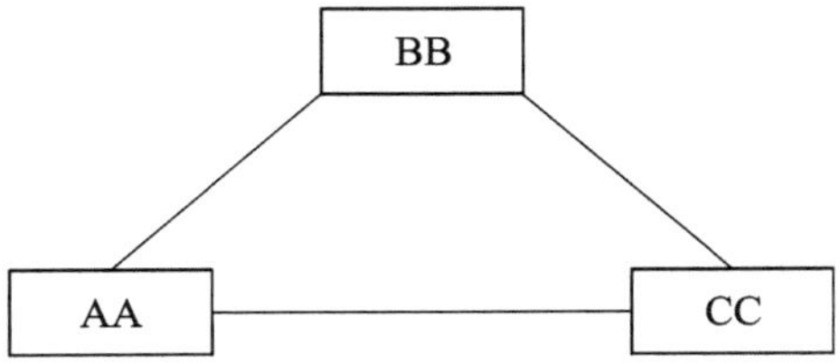

图 10.4　市场占有率测算

按提供吨位比例测算的市场占有率为：

X 公司市场占有率 $=200\times3/(200\times3+150\times7)=600/1\,650=0.364$

Y 公司市场占有率 $=150\times7/(200\times3+150\times7)=1\,050/1\,650=0.636$

按航班相对吸引力测算的市场占有率为：

X 公司市场占有率 $=200\times3\times1/(200\times3\times1+150\times7\times0.5)=600/1\,125=0.53$

Y 公司市场占有率 $=150\times7\times0.5/(200\times3\times1+150\times7\times0.5)=525/1\,125=0.47$

三、保本点分析

保本点是指企业处于既不赢利、也不亏损时的生产规模。设价格为 p，业务量为 x，固定成本为 a，单位变动成本为 b，当盈亏平衡时，利润为 0，因此有：

$px-a-bx=0$　　　$px-bx=a$

$(p-b)x=a$　　　$x=a/(p-b)$

其中 $(p-b)$ 称为单位产品贡献毛益，它是单位产品销售收入大于单位变动成本的部分，影响着保本点的水平。

设某航空公司只经营国内货物运输，其固定成本 1 000 万元，平均每吨公里变动成本 0.5 元，每吨公里收入 1 元，则保本点：$x=10\,000\,000/(1-0.5)=20\,000\,000$ 吨公里。

当企业生产不同产品或服务，且单位产品变动成本不同时，应先求出各种产品的单位贡献毛益，根据各种产品的权重求出加权平均单位产品贡献毛益，然后求出综合保本点，最后再按照各种产品的权重计算其生产规模。

某公司提供国际客货运和国内客货运服务，其中固定成本总额 2.68 亿元，其他资料如下(表 10.1)：

表 10.1　吨公里收入与变动成本表

吨公里销售收入（元/吨公里）	吨公里变动成本（元/吨公里）	预计生产结构（%）	$p-b$
国际客运	12	30	2
国际货运	3	10	1
国内客运	5.5	40	1.5
国内货运	1.00	20	0.2

综合保本点 = 26 800/1.34 = 20 000 吨公里

其中：国际客运 = 20 000 × 0.3 = 6 000 吨公里

国际货运 = 20 000 × 0.1 = 2 000 万吨公里

国内客运 = 20 000 × 0.4 = 80 000 万吨公里

国内货运 = 20 000 × 0.2 = 4 000 万吨公里

四、利润目标分析

生产是利润的源泉，确定生产规模时，需要考虑实现企业利润目标对生产规模的要求。

实现利润目标所需生产规模 = 利润目标总额/预计吨公里利润水平

若企业生产由多种产品构成，则应先求出加权平均利润，根据加权平均利润求出综合生产规模，然后求出各种产品的生产规模。

五、企业生产能力分析

确定生产规模时，必须充分考虑企业在计划期可能拥有的生产能力。所确定的生产规模既要切实可行，又要使生产能力得到充分利用。

企业生产能力分析的重点是机队、机组、营销与地服，以及航材与航油供应等。

1. 机队生产能力分析

机队可提供运输飞行小时 = 平均可用飞机架数 × 可用飞机年利用率

达到生产规模所需运输飞行小时 = 运输总周转量目标/预计飞行小时生产率

设某地方航空公司报告期末在册飞机3架，预计计划期3月初增加2架，12月初减少1架，各种不可用架日400架日，可用飞机年利用率2 800小时。预计飞行小时生产率为6 000吨公里/小时，生产规模初步目标为6 000万吨公里。

机队可提供运输飞行小时 $= [(3\times365+2\times306-1\times31)-400]/365\times2\ 800 = 9\ 800$ 小时

达到生产规模所需运输飞行小时 $= 60\ 000\ 000/6\ 000 = 10\ 000$ 小时

2. 机组生产能力分析

计划期可达到空勤组数 = 报告期末配套机组数 − 计划减少组数 + 培训增加组数

达到生产规模所需机组数 = 达到生产规模所需运输飞行小时/机组年飞行定额

3. 营销与地面服务能力分析

(1) 销售渠道是否畅通；

(2) 地面服务机构是否健全；

(3) 人员数量与素质是否满足需要。

4. 航材、航油供应保障能力分析

(1) 根据物资消耗定额与储备定额测算达到生产规模所需的航材、航油供应量；

(2) 测算所需流动资金。

最后，综合市场需求预测分析、企业竞争力分析、保本点分析、实现利润目标分析、企业生产能力分析的结果，确定计划期的生产规模。

第五节　航班计划

航班计划是规定计划期正班飞行的航线、机型、班次和计划，是民航运输企业中最重要的生产计划，也是编制航线运输生产计划和航站吞吐量计划的基础。

一、航班计划的内容

1. 航线

指经过批准开辟的连接两个或几个地点的航空交通运输线。列入航班计划的航线必须具备以下几个条件：

(1) 有定期航班飞行；

(2) 有足以保证安全飞行的机场和地面设备设施；

(3) 经过批准。

2. 机型

指某一航线上准备选用的飞机型号。正确选择机型是保证航线经营效益的重要方面。

3. 航班号

即航班编号,按照统一规定编排。

4. 每周班次

即每个星期的航班飞行次数,一个来回为一个班次。

5. 班期

为航班飞行日期。

6. 时刻

指航班起飞和到达时刻。

航班计划见表 10.2。

表 10.2 航班计划表

航线	机型	每周班次	航班号		班期		时刻			
			去程	回程	去程	回程	起飞	到达	起飞	到达
京—沪	B737	7	1501	1502	每天	每天	08:00	09:30	10:20	12:00

二、编制航班计划的时间要求

为了适应航空运输市场需求的变化,我国航空公司目前编制每年两期航班计划。一是夏秋航班计划,自 4 月初至 10 月初下旬执行;二是冬春航班计划,自 11 月初至来年 3 月下旬执行。航空公司需要提前半年向民航总局提交每一期航班计划草案,民航总局每年召开两次航班协调会,组织航空公司、机场、空管部门协调航班计划。

三、航班计划工作流程

1. 准备阶段

主要工作内容是进行有关资料的收集与整理。

(1) 市场需求情况,包括客货流量流向、本企业市场份额、主要客户的需求重点及其数量和季节性等。

① 内容:客货流的流量、流向和构成;区域市场的现状和潜力;市场的覆盖面;竞争对手。

② 目标:致力于建设中枢辐射航线网络,航线结构朝着网络型航空公司发展,

力求成为国内外航空公司重要的合作伙伴。

③ 行动：做强干线、构筑网络、多点连动、南北贯通、东西相衔。

（2）上期计划和上年同期计划的有关数据；

（3）各办事处与各业务部门的意见反馈；

（4）企业生产能力，包括飞机可用能力、机组能力、维修能力等；

（5）有关机场的情况，包括跑道条件、通讯导航设施、候机楼及货运仓库能力等；

（6）成本与效益情况，如原有航线、机型的运输成本、客座率、载运率、小时生产率等；

（7）资源因素。

目标：确保运行持续安全、有序、高效，最大限度地有效提高飞机日利用率。

① 内部资源问题

- 机务维修要求：实际可利用飞机数 < 在册飞机数；
- 备用安排：作为临时机故、天气、航路、流量等其他原因的备份之用；
- 机组保障：机组配备、飞行小时的限制（如正常情况下，两人机组一个值勤周期最多14小时，飞行时间8小时。不多于2个航段的飞行时间可延长至9小时；三人机组且双机长一个值勤周期最多16小时，飞行时间10小时。对于中间没有经停的飞行时间可延长至12小时）；
- 过站保障：飞机清洁、配餐、上下客、装卸货物、回程起飞准备等；
- 各机型过站最少时间：B767——60分钟　　B757——50分钟
  B737——40分钟　　B738——50分钟
  CRJ200——外站35分钟、本站40分钟。

② 外部资源问题

- 市场准入：国内航线按总局有关规定获取航线经营权和航班量，国际航线按两国间双边协定及其备忘录获取航权和班次及最大座位数；
- 航路及机场条件（含备降机场）；
- 飞机进离场时间的问题；
- 空海军机场的使用权。

2．分析阶段

根据各项资料，对各条航线的经营状况、竞争态势进行分析，对其发展趋势做出判断，形成航班计划基本决策。

3．制定草案阶段

在分析的基础上，制定出多个航班计划方案，经过内部平衡后，选出2～3个备选方案和主方案，报总裁办公会通过，以主方案为基础进行航班协调。

上述两个阶段是整个航班计划工作的核心。

4. 审批阶段

航班计划交公司领导审批,报民航总局审批。

5. 协调与实施准备阶段

(1) 航班协调。各有关部门如客运部、货运部、航务签派中心等参加航班协调会及相关工作。

(2) 方案调整。因运力、机组、时刻、地面保障或航线经营策略变化等原因,造成原计划方案必须改变时,可以使用备用方案,如变化较大,须经公司领导研究后决定。

(3) 信息发布。内部信息发布随时进行,各有关单位随时进行实施准备,向社会公众发布主要通过电脑订座系统进行,所有航班信息以权威部门下发为准。

四、航班计划草案编排

1. 安排航线

主要内容根据需求状况(客、货流量流向,本企业市场份额,主要客户的需求重点及其数量和季节性等)、经济效益(航班运输收入大于航班变动成本)、整个航线网络的协同效应、航线经营权决定原有航线的保留、调整、取消,决定新航线的开辟等。

2. 安排机型

根据运量大小、航班密度、计划载运率、航线距离与航路条件、机场条件、消费者偏好、机队构成、经济效益、SLOT 分配等来安排航班的机型,其中,要注意预计运量、计划载运率、航班密度与机型的如下关系:

每周最大业载 = 预计每周客货运量(吨)/(计划每周班次 × 计划载运率)

每班可用客座 = 预计每周客运量(人)/(计划每周班次 × 计划客座利用率)

3. 安排每周班次

根据预计运量大小(防止陷入运量小、班次少;班次越少、运量越小的恶性循环)、机型大小、计划载运率高低和 SLOT 分配等因素安排航班的每周班次。

4. 安排班期

考虑适应需求的时间分布特点和运力的充分利用来安排航班飞行日期。

5. 安排起飞与到达时刻

根据季节特点、机场条件及其合理使用、与其他航班的衔接、时差等安排航班起飞和到达时刻。

在实际工作中,每条航线的机型、班次、班期及时刻大多是一并考虑安排的。

五、航班计划的平衡

航班计划草案是逐条航线分析安排的，容易出现就某一航线来说是合理的，但就全局来看并不合理的情况，因此航班计划草案初步形成后，还需进行一系列平衡工作。

1. 飞机使用的平衡

是航空公司内部的平衡，是对本公司经营的各条航线的班期进行的协调；基本要求是各型飞机每天出动架次力求均匀，最大限度提高飞机利用率。

2. 航线班期密度的平衡

是经营相同航线的航空公司之间对航班密度与班期的协调，基本要求是同一航线上各公司投入的运力总量及时间分布要适应需求。

3. 航站工作量平衡

是在航空公司与机场之间对航线班期与密度的协调，基本要求是航站每天进出港飞机架次力求均匀，使机场设备设施得到合理利用。

六、航班计划的发布

1. 航班计划至少应该在计划执行前 20 天发布。

(1) 冬春季：10 月最后一个星期日起至来年 3 月最后一个星期六为止（每年 5 月起开始拟定）。

(2) 夏秋季：3 月最后一个星期日起至 10 月最后一个星期六为止（每年 11 月起开始拟定）。

2. 除特殊情况外，航班周计划应在计划执行前一周星期二发布。

3. 市场原因的计划临时调整一般应在计划执行前两天发布，除机型临时调整外。

第六节　航线运输生产计划

一、航线运输生产计划指标

1. 航线运输生产计划的主要计划指标

(1) 航线距离

指航线从起点站到终点站之间的长度。该指标无须计算，由航行部门提供，但应注意航线距离与航段距离的区别。

（2）飞行班次

指飞机自起点站到终点站的飞行次数，按单程计算。

公式（1）：飞行班次 =2 ∑（每周班次 × 执行周数）

在计划工作中，全年按照 52 周算，每季按 13 周算，2 个月按 9 周算，1 个月按 4 周算（见表 10.3）。

表 10.3

计划期时间分配	所执行的航班计划	执行周数	每周班次
1.1 ~ 1.31	上年冬春航班	13	5
4.1 ~ 10.31	当年夏秋航班	30	7
11.1 ~ 12.31	当年冬春航班	9	6

公式（2）：飞行班次 =2（年初每周班次 × 全年周数 + 计划期每周增加班次 × 自增加日至年末周数 - 计划期每周减少班次 × 自减少日至年末周数）

例 1：今有以下资料：报告期末每周班次为 4 班，计划期夏秋航班计划增加 3 班，冬春航班减少 2 班，试计算计划期每年飞行班次。

年飞行班次 =2（4 ×13 +7 ×30 +5 ×9）=614；或者

年飞行班次 =2（4 ×52 +3 ×39 -2 ×9）=614

（3）飞行公里

指计划期运输飞行的里程。

飞行公里 = 计划期飞行班次 × 航线距离

（4）航速

指飞机在单位时间内移动的距离。飞行中常用的速度有：

表速：飞机空速表所指示的速度；

空速：飞机相对空气运动的速度；

地速：飞机相对地面运动的速度；

做计划时采用平均地速。

实际平均地速 = 实际飞行公里/实际飞行小时

（5）飞行小时

指计划期运输生产飞行的轮档时间，包括空中飞行时间和发动机地面工作时间。

飞行小时 = 飞行公里/航速

（6）平均运程

指平均每一位旅客或每一吨货邮被运送的里程。在有一个以上经停点的航线上，旅客和货邮被运送的距离是不相等的，只能根据报告期的实际情况求平均数，这就是平均运程。

例如：沈阳—北京—武汉航线全长 1 756 公里，其中沈阳—北京段 650 公里，北京—武汉段 1 106 公里，报告期该航线运送旅客共 10 000 人，各航段运送旅客资料如下：

沈阳—武汉：3 000 人，沈阳—北京：2 000 人，北京—武汉：5 000 人，则该航线旅客平均运程为：

$$\text{平均运程} = (3\,000 \times 1\,756 + 2\,000 \times 650 + 5\,000 \times 1\,106)/10\,000 = 1\,209.8\ \text{公里}$$

根据上式计算，我们可得出计算平均运程的一般公式

旅客平均运程 = 旅客周转量（人公里）/旅客运输量（人）

货邮平均运程 = 货邮周转量（吨公里）/货邮运输量（吨）

（7）最大业载

指飞机最大能装载的运量。

最大业载 = 最大飞机起飞全重 − 飞机基重 − 燃油重量

（8）最大周转量

指飞机最大所能产生的周转量，又叫可用吨公里或有效吨公里。

$$\begin{aligned}\text{每班最大周转量} &= \sum(\text{运输量} \times \text{运输距离}) \\ &= \text{运输量} \times \text{平均运程} \\ &= \text{飞行小时生产率} \times \text{飞行小时} \\ &= \text{最大周转量} \times \text{航线载运率}\end{aligned}$$

周转量可以分为旅客运输周转量和货邮周转量，分别反应客运生产与货运生产的总产量。

（9）运输量

是计划期内运输的旅客、货物、邮件的数量。它不考虑运距，乘一次航班，计算一次运输量。

旅客运输量（人）= 旅客周转量（人公里）/旅客平均运程（公里）

货邮运输量（吨）= 货邮周转量（吨公里）/货邮平均运程（吨）

周转量、运输量、平均运程的关系：周转量与运输量成正比，与平均运程成反比；运输量与周转量成正比，与平均运程成反比；平均运程与周转量成正比，与运输量成反比。

（10）航线载运比率

是指某型飞机在某一航线上的最大载运能力的利用程度，其计算公式是：

航线载运比率 = 计划运输总周转量/计划最大周转量

载运比率的最高限是 100%,但并不是越高越好,因为由于需求分布特征,载运率过高时会发生需求的溢出,使一部分旅客(货物)流失,使航空公司失去一部分市场份额。

载运率最低限一般来说不应低于持平载运率。持平载运率是营运收入与营运成本持平时达到的载运率,其公式为:

持平载运率 =(可用吨公里成本/吨公里收入)×100%

(11)飞行小时生产率

指某型飞机每一飞行小时所完成的周转量,是反映飞机技术经济性能和运输生产效率的重要质量指标,其计算公式为:

飞行小时生产率 = 总周转量(吨公里)/飞行小时

飞机生产率的最高限是最大生产率。

最大生产率 = 最大周转量(吨公里)/飞行小时 = 每班最大业载 × 航速

影响生产率的主要因素是航速及业载,即飞机本身的技术经济性能和企业管理水平。

二、编制计划

1. 准备阶段

(1)分析整理统计资料

主要根据航线运输统计资料,分析各航线、各机型的生产率、航速、平均运程、每班最大业载和客货周转量比重等资料,研究他们发展变化的规律性,供编制计划时参考。

例:报告期统计资料如表 10.4。(机型:B737-200,航线距离:1 385)

表 10.4

航线	飞行班次	飞行万公里	飞行小时	运输量		周转量(万吨公里)			最大周转量(万吨公里)	小时生产率	载运率(%)
				旅客(人)	货邮(吨)	合计	旅客	货邮			
京-合-沪	520	72	1 000	40 000	2 285	600	360	240	806	6 000	75

报告期统计资料分析结果:

平均航速 = 720 000/1 000 = 720 公里/小时

旅客平均运程 = 3 600 000/0.75/40 000 = 1 200 公里

货邮平均运程 = 2 400 000/2 285 = 1 050 公里

旅客周转量比重 = 360/600 = 60%

每班最大业载 = 8 000 000/520/1 385 = 11.1 吨

（2）预计报告期主要生产指标的完成情况

当已有月实际与计划接近时：

报告期预计完成数 = 已有月实际 + 未来月实际

当已有月实际与计划有较大差距时：

报告期预计完成数 = 已有月实际 + 未来月计划 ×（已有月实际/已有月计划）

未来月航线航班计划完成数 = 已有月实际 + 未来月计划 + 未来月预计比计划增减变动额

假设 2002 年 10 月编制 2003 年航线运输生产计划，2002 年已有月生产情况如下：

2002 年计划	1～9 月份计划	1～9 月份实际	10～12 月份计划
A：6.5 亿吨公里	4.68 亿吨公里	4.7 亿吨公里	1.82 亿吨公里
B：6.5 亿吨公里	4.68 亿吨公里	5.16 亿吨公里	1.82 亿吨公里

报告期预计完成（A）= 4.7 + 1.82 = 6.52 亿吨公里

报告期预计完成（B）= 5.16 + 1.82 ×（5.16/4.68）= 5.16 + 1.82 × 1.1 = 5.16 + 2.7 = 7.16 亿吨公里

（3）市场需求调研预测；

（4）企业运输生产能力分析。

2. 试算平衡，编制计划草案

（1）先定小时生产率法

① 据有关资料填列航线、机型、航距和每班最大业载。

② 计算飞行班次、飞行万公里、飞行小时、最大周转量。

③ 参考报告期水平、考虑计划期影响因素，确定飞行小时生产率、平均运程、客货运周转量比重。

④ 计算周转期、运输量、载运率。

例如：计划期北京—合肥—上海航线的机型、航速、每班最大业载、平均运程、客货周转量比重等指标的水平同报告期，小时生产率比报告期提高 10%，航班计划安排如下：

现行航班计划：每周 4 班

计划期夏秋：每周增加 3 班

计划期冬春：每周减少 2 班

根据上述资料确定该航线运输生产计划指标。

解：（1）填列航线、机型、航距、航速和每班最大业载。

航距 = 1 385 公里；航速 = 720 公里/小时，每班最大业载 = 11.1 吨

（2）计算飞行班次、飞行万公里、飞行小时、最大周转量。

飞行班次 =2×（4×13+7×30+5×9）=2×307=614 班

=2×（4×52+3×39－2×9）=2×307=614 班

飞行万公里 =1 385×614/10 000=85 万公里

飞行小时 =850 000/720=1 181 小时

最大周转量 =11.1×85=943.5 万吨公里 =944 万吨公里

=11.1×1 385×614/10 000=944 万吨公里

（3）确定小时生产率、平均运程、客货周转量比重。

小时生产率 =6 000×1.1=6 600 吨公里/小时；旅客平均运程 =1 200 公里；

货邮平均运程 =1 050 公里；旅客周转量比重 =60%

（4）计算周转量、运输量、载运率。

总周转量 =6 600×1 181/10 000=779 万吨公里；

旅客周转量 =779×0.6=467 万吨公里；

货邮周转量 =779×0.4=312 万吨公里；

旅客运输量 =4 670 000/0.075/1 200=51 889 人

货邮运输量 =3 120 000/1 050=2 971 吨；

航线载运率 =779/944=82.5%

（2）先定载运率法

① 同先定小时生产率法。

② 参考报告期水平，考虑计划期影响因素，确定航线载运率、平均运程、客货周转量比重。

③ 计算周转量、运输量、小时生产率。

例：计划期北京—合肥—上海的航线机型、航速、每班最大业载、平均运程、客货周转量比重等指标的水平同报告期，航线载运率比报告期提高 10%，航班计划安排如下：

现行航班计划：每周 4 班

计划期夏秋：每周增加 3 班

计划期冬春：每周减少 2 班

根据上述资料确定该航线运输生产计划指标。

解：（1）填列航线、机型、航距、航速和每班最大业载。

航距 =1 385 公里；航速 =720 公里/小时，每班最大业载 =11.1 吨

（2）计算飞行班次、飞行万公里、飞行小时、最大周转量。

飞行班次 =2×（4×13+7×30+5×9）=2×307=614 班

=2×（4×52+3×39－2×9）=2×307=614 班

飞行万公里 = 1 385 × 614/10 000 = 85 万公里

飞行小时 = 850 000/720 = 1 181 小时

最大周转量 = 11.1 × 85 = 943.5 万吨公里 = 944 万吨公里

= 11.1 × 1 385 × 614/10 000 = 944 万吨公里

(3) 确定小时生产率、平均运程、客货周转量比重。

小时生产率 = 6 000 × 1.1 = 6 600 吨公里/小时；旅客平均运程 = 1 200 公里；

货邮平均运程 = 1 050 公里；旅客周转量比重 = 60%

(4) 计算周转量、运输量、载运率。

总周转量 = 6 600 × 1 181/10 000 = 779 万吨公里；

旅客周转量 = 779 × 0.6 = 467 万吨公里；

货邮周转量 = 779 × 0.4 = 312 万吨公里；

旅客运输量 = 4 670 000/0.075/1 200 = 51 889 人

货邮运输量 = 3 120 000/1 050 = 2 971 吨；

航线载运率 = 779/944 = 82.5%

飞行小时生产率 = 7 790 000/1 181 = 6 596 吨公里/小时

第七节 航站吞吐量计划

一、航站吞吐量计划指标

1. 主要指标

(1) 出港班次：计划期本航站出发的航班次数；

(2) 进港班次：计划期到达本航站的航班次数；

(3) 发运量：计划期本航站始发和中转的运量；

(4) 到达运量：计划期内到达本航站的运量(不含过站运量)。

2. 计算指标

(1) 每班最大业载

每个出港航班最大能够装载旅客、货邮的重量。始发航班按照报告期平均水平计算，过站航班按照配额计算(一个配额同时代表一个座位和 100 kg 吨位)。

(2) 每班可用客座

每个出港航班客机使用的座位数。始发航班按照报告期平均水平计算，过站航班按照配额座数计算。

(3) 出港载运率

出港航班发运量与最大业载之比，反映运力的利用程度。

出港载运率 = 发运量/最大业载(或配额吨位) × 100%

(4) 客座利用率:出港航班旅客发运量与可用客座之比,反映航班客运能力的利用程度。

客座利用率 = 旅客发运量/可用客座(或配额座数) × 100%

二、航站吞吐量计划编制

1. 准备工作

(1) 航站运输统计分析:分析报告期各航线的每班最大业载、客座利用率、载运率等指标,供编制计划时参考。

(2) 预计报告期主要生产指标的完成情况。

(3) 市场需求调研、预测与开发。

(4) 航站负荷能力分析(年吞吐量、高峰小时业务量能力)。

2. 编制计划草案

(1) 预测法:根据历史数据,预测计划期本航站的进出港班次和吞吐量,以预测数作为计划数。

① 时间序列预测;

② 因素分析预测。

(2) 增减因素计算法:在报告期实际完成数据的基础上,考虑计划期可能引起吞吐量增加和减少的因素,确定计划指标(表 10.5)。

表 10.5 航站吞吐量计划计算表

项　　目	吞吐量		备　　注
	旅客(人)	货邮(吨)	
一、报告期预计完成			
二、计划年度增加			
1. 提高载运率			
2. 增加航班			
3. 改机型(大改小)			
4. 航班变动差额			
三、计划年度减少因素			
……			
四、年度计划			

年度计划 = 报告期预计完成 + 计划期增加因素引起增加额 - 计划期减少因素引起减少额

航班变动差额：由于报告期中途调整航班而引起计划期增加或减少的运量。例如：报告期 B737 - 200 机型始发航班年初每周 50 班，夏秋航班每周增加 10 班，计划期每周班次不变，则：航班变动差额 = 10 × 13 = 130（报告期预计完成出港班次 = 50 × 13 + 60 × 39 = 2 990 班，而计划期出港班次 = 60 × 52 = 3 120 班）。

（3）按照进出港班次测算法

根据航班计划测算出计划期出港（进港班次），根据统计数据测算平均每班发运量（到达运量），最后确定计划期发运量（到达运量）。

以发运量计划为例加以说明（表 10.6）。

表 10.6　航站发运量计划表

项目	机型	出港班次			每班最大业载		计划载运率 %	计划客座率 %	计划每班业载			发运量	
		现行	计划年增加	合计	客（人）	合计（千克）			合计（千克）	客（人/千克）	货邮（千克）	客（人）	货邮（吨）
总计													
一、国内													
1. 正班													
始发													
过站													
…													

（1）出港班次 - 始发航班

现行航班 = 报告期冬春计划每周班次 × 全年周数

计划年增加 = 计划期每周增（减）班次自增（减）至年末周数

合计 = 现行航班 + 计划年增加

举例：B737 - 200 机型报告期冬春始发航班每周 50 班，计划期夏秋航班每周增加 20 班，计划期夏秋每周班次减少 10 班，则：

现行航班 = 50 × 52 = 2 600 班

计划每年增加 = 20 × 39 - 10 × 9 = 690 班

合计 = 2 600 + 690 = 3 290 班

（2）出港班次－过站航班

现行航班＝2×（报告期冬春计划每周班次×52）

计划年增加＝2 ∑ 计划期每周增（减）班次×自增（减）至年末周数

合计＝现行航班＋计划年增加

（3）每班最大业载

始发航班按照报告期平均水平计算；过站航班按照配额计算。

（4）载运率、客座率参照报告期水平，考虑计划期影响因素确定。

（5）计划每班业载

合计＝每班最大业载×计划客座率

旅客＝每班可用客座（配额）×计划客座率

货邮＝合计业载量－计划每班客业载×单位旅客重量

（6）发运量

旅客（人）＝计划每班客业载×出港班次

货邮（吨）＝计划每班货业载×出港班次/1 000

举例：MD82 机型报告期冬春始发航班每周 6 班，全年共飞行 286 班，完成旅客发运量22 880人，货邮发运量 498 吨，累计提供可用客座28 600座，最大业载2 860吨，已知计划期夏秋航班每周增加 1 班，客座率、载运率分别比报告期提高一个百分点，确定各项发运量计划指标。

出港班次：现行航班＝6×52＝312 班；计划年增加＝1×39＝39 班；合计＝312＋39＝351 班，每班可用客座＝28 600/286＝100 座

计划载运率＝（22 880×0.075＋498）/2 860＋0.01＝2 214/2 860＋0.01

＝0.774＋0.01＝78.4%

计划客座率＝22 880/28 600＋1%＝80%＋1%＝81%

计划每班业载合计＝10 000×0.774＝7 740 kg

计划每班客业载＝100×0.81＝81 人

计划每班货邮业载＝7 740－81×75＝7 740－6 075＝1 665 kg

客发运量＝81×351＝28 461 人

货邮发运量＝1 665×351/1 000＝584 吨

第八节　航班舱位管理

一、航班舱位管理的意义

建立航班舱位管理制度，是航空运输生产任务的一个重要内容，它与货物运输销售工作密切相关，是企业获得经济效益的重要手段。一方面，航空运输企业要通过有效的吨位控制，充分利用飞机的吨位和舱位，增加货物收运量，提高飞机载运率；另一方面，要防止盲目收运货物造成长期积压，影响运输速度和运输质量。航班舱位管理的任务是，在航班计划确定后，保证计划内的航班生产，充分合理地使用航班的舱位，做到及时承运货物、邮件，提高运输服务质量，保证航班有组织有秩序地进行。

吨位控制一般采用配额控制、自由出售、随售随报和申请等方法。

计算航班的货邮载运能力时，应当综合机务、航行、客运部门的意见，考虑机型、燃油、航路、季节、气候状况、旅客人数、行李重量、机场条件及有关航站的特殊要求等对航班载量的影响，避免航班超载或空载。

二、配额控制

吨位控制部门给货运量较大的航站固定分配一定的重量和体积，称为配额。在配额范围内配额站可以自行掌握收运货物。如果超过配额，仍需要吨位，配额站可向吨位控制部门申请吨位。如果航班配额过剩，配额站则通知吨位控制部门，将过剩部分归还给吨位控制部门使用。如果吨位控制部门需要用已分配出去的配额，可向配额站索回。

三、自由出售

在任何情况下，即不管航班是满载还是空载，也不受时间限制，各航站货运部门在固定的重量范围内不必报告吨位控制部门就可以收运货物的方法称为自由出售。

四、随售随报

当航班刚开始收货或重量还较多时，在规定的重量范围内可随时收运货物，但需要报告吨位控制部门，称为随售随报。

五、申请

申请有两种情况，一是超过随售随报的限定重量，需要向吨位控制部门申请；另外，在航班接近满载时，吨位控制部门发出航班关闭、需要申请吨位的电报后，各航站不能采取随售随报的办法收运货物，不论是否在随售随报的规定重量范围内，都要向吨位控制部门申请。

六、关闭收运

当航班已满载时，吨位控制部门发出航班关闭、停止收运的电报后，各航站停止收运货物。

货物吨位控制不但涉及飞机业载的控制，还包括空间控制，也就是舱位控制。因为飞机载货的能力不但受到飞机最大起飞全重的限制，而且还要受到货舱容积即空间的限制。因此，有效的吨位控制必须在不超过飞机可利用货舱容积的前提下，充分利用飞机的吨位，提高飞机的载运率。

七、舱位预订需要提供的信息

1. 预订吨位申请方式

预订吨位申请方式有两种：外部申请和内部申请。

（1）外部申请包括书面申请和电话（传真）申请。

托运人以书面申请吨位的方式提出要求，并与承运人面商约定。电话申请方式应做好完整的记录，其中包括通话时间、电话号码、受话航站、受话单位、受话人姓名、申请的吨位（kg）、日期、航班号、是否同意等内容。

（2）内部申请是指承运人之间的预订吨位电报申请。

预订吨位电报应将预订吨位的电报直接发给该部门。否则，应将电报发给各承运人的航班出发站，如需某航站作事先安排或取消原安排时，亦应将电报抄发给该航站。

2. 预订吨位电报代码与程序

（1）预订吨位电报统一识别码为：FFR。货运单号码前必须带有空运企业的代号或三位数字代号。

（2）一般情况下吨位控制部门不接受无货运单号码的预订吨位电报，如预订吨位时尚未填制货运单，此项应注明 AWBL（即货运单后补）。

（3）超大货物，在预订吨位电报中应当附有该货物的重量和体积尺寸。

（4）日期应当列在月份的前面，用两位数字表示，月份用英文三字简语表示。

（5）货物代号表明的含义：

T——总件数；

P——分批发运件数；

O——预订吨位时货物件数不详；

Kg——千克；

Mc——立方米；

Vk——体积分类。

（6）申请吨位代号表明的含义：

CC——航班关闭；

CR——可申请；

Fs——自由出售(24 小时前)；

HK——已订妥吨位；

HN——已申请预留吨位；

KK——同意；

KL——候补改为同意；

NA——申请某航班某航段的吨位，如不能保留，则其他航班也可以；

NN——申请指定的某航班某航段吨位，其他航班不要；

OX——取消；

SS——通知已售出吨位；

UC——不同意；

UN——航班取消(停飞)；

US——不符合销售制度；

UU——候补；

XX——取消前所申请的吨位或其他内容。

（7）特殊服务要求(HRM)表示货物的形状或特性，接近有关承运飞机的限制条件或货物形状较特殊，应当简要说明(OSI)。电报存查编号(RRF)前半部为申请吨位的发电部门，用该申请部门所在地三字代码和企业二字代码组成，后半部是发电部门自编的发电存查编号。

3. 预订吨位电报的格式：

等级/收电地址

·发电单位/日时编号/发电人代号

FFR

·承运人-货运单号始发站目的站/T(或 P)件数 K 重量 MC 体积 DG 分类 T 件数/货物名称/特殊处理代号

承运人航班号/日期/装机站卸机站/申请代号

ULD/数量/类型序号 ULD 所有人/K 重量/类型序号 ULD 所有人/K 重量
SSR/特别服务项目
OSI/其他参考情况
REF/回电地址

八、指定航班的舱位预订电报

1. 申请电报(NN,NA)
FFR
784 - 12345675NGBLHW/T5K100/BOOKS
CA1542/18MAR/NGBPEK/NN
WH2118/19MAR/PEKLHW/NA
REF/NGBFDCA
注:a. 这是一个联程航班舱位的申请电报。
b. NN 表示申请,需要(其他航班不行);NA 表示申请,如不能满足,可改留其他航班。
2. 更改原已申请的航班(XX,NN)
FFR
781—12345675SIAHAK/T4K90/ELECTRICMOTORS
MU5383/18MAR/SHAHAK/XX
CZ35l6/20MAR/SHAHAK/NN
REF/SlADDCZ
注:XX:表示取消已订妥的航班吨位。
3. 如能订妥新的航班吨位,则取消原已申请的航班(OX,NN)
FFR
781—12345675SIAHAK/T4K90/ELECTRICMOTORS
MU5383/18MAR/SHAHAK/OX
CZ35l6/20MAR/SHAHAK/NN
REF/SlADDCZ
注:OX,表示取消,如能留妥重新申请的航段吨位。
4. 申请电报,其中货运单号码另告(AWBL)
FFR
AWBL/NNGCSX/T5K100/SHOES
CZ3308/18MAR/NNGCAN/KK
CZ3376/19MAR/CANCSX/NA

OSI/DIMS35/50/65CMEACH

REF/NNGFDCA

5. 操作实例

（1）只含“必发”内容的电报

QDPEKFDCA

· CANFDCZ170821HS

FFR

784—12345675PEKHLH/T12K950/CLOTHING

CA1123/19MAR/PEKHLH/NN

REF/CANFDCZ

注：a. 申请一个航班上的吨位。

b. 最后一行为回电时应发的收电地址。

（2）含有“必发”和“选发”两部分内容的电报

QKCANFDCZ

· SHAFDCZ191615WU

FFR

784—12345675SHACAN/P9K5750MC30.1T9/LEATHGDS/VALHEA

CZ3504/19MAR/SHACAN/FPT5PCS/NN

ULD/4/P1P1111CZ-M/K1641/AVE2222CZ/K705

/AVE333CZ/K900/AVE5555CZ/K1500

/AVE333CZ/K900/AVE5555CZ/K1500

SSR/NNKEEP/ABOVEZEROCELISIUS

OSI/CNEE:CHENWEL

ADD:ROOM1303LIUHUAHOTELGUANGZHOU

OSI/SHPRAGENCYNBR0830611

REF/SHAFDCZ

注：a. 此为分批发运的货物，共九件，分装在五个集装容器中，货物总体积为30.1 立方米，此次发运其中 5 件，4 只集装器。

b. 特殊处理中注明这批货物是贵重物品，单件重量在 150 kg 以上。

c. 以 ULD 开始的一行中注明了 4 个集装器中的装载情况。

d. 集装板号 P1P1111 后的“—M”表示，这块集装板只能装在主货舱内。

e. 特殊服务项目中要求在储运过程中把温度保持在摄氏零度以上，其他查考情况中注明了收运地址及联系人。

f. 备注一行注有申请吨位承运人或发货的运输销售代理人（及其销售代理注

册编号0830611),以便查找。回电时要把此号重新填入答复电报参阅号码行。

九、吨位答复电报(FFA)

发给来电参阅号码行中注明的地址,答复所申请的吨位是否可以照留,或告知来电单位所申请的吨位已在处理中;正式答复后发,复电中不再列明货物体积、特殊处理事项代号和品名。

(1) 吨位答复电报的格式:

等级收电地址

·发电单位/日时编号/发电人代号

FFA

承运人—货运单号始发站目的站/T(或P)件数K重量

承运人航班号/日期/装机站卸机站/答复代号

ULD/数量/型号/K重量

SSR/特别服务项目

OSI/其他参考情况

REF/原回电地址/编号

(2) 标准电文

① 同意所申请的吨位(KK)

FFA

999-12345675DLCSZX/T7K95

CZ3656/16MAR/DLCSZX/KK

SSR/CJADN0

REF/DLCFDCJ/

② 不同意所申请的航班吨位,改留其他航班吨位(UC,KK)

FFA

999-123456785LCSZX/T7K59

CZ3656/16MAR/DLCSZX/UC

CJ6323/16MAR/DLCSZX/KK

SSR/CJADN0

REF/DLCFDCJ/

③ 告知来电单位所申请的吨位已在处理中,正式答复后发(HN)

FFA

784—12345675CANHGH/T75Kl550

CZ3501/l6MAR/CANHGH/HN

REF/CANFDCZ/

④ 所申请的吨位不能留,仅列入候补(UU)

FFA

999—l2345675SHESZX/T7K95

CZ3656/l6MAR/SHESZX/UU

REF/DLCFDCJ/

⑤ 所申请的吨位由候补改为同意(KL)

FFA

999 - 12345675SHESZX/T7K95

CZ3656/16MAR/SHESZX/KL

REF/DLCFDCJ/

⑥ 所申请的航班取消(UN)

FFA

999—l2345675SHESZX/T7K95

CZ3656/16MAR/SHESZX/UN

OSI/FLTCNL

REF/DLCFDCJ/

(3) 操作实例

① 只含"必发"内容的电报

QDCANFDCZ

· PEKFDCA171105YU

FFA

999—12345675CANKMG/T12K10950

CA1409/19MAR/PEKKMG/KK

REF/CANFDCZ/050325

注:a. 答复在一个航班上的吨位已留妥。

b. 收电地址是来电的参阅号码行 REF/CANFDCZ/050325。

c. 来电的参阅号码行要列入回电中重发一次,以便当电报被错转时,可将电报重新转给收电单位。

② 含有"必发"和"选发"两部分内容的电报

QKMZXFDCA

· CANFDCZ190930QI

FFA

784—l2345675MZXPEK/P5K5750T9

CZ3101/19MAR/CANPEK/KK
SSR/TEMPRESTRICTIONOK
OSI/NEEDTORCVCARG0BY120019MAR
REF/MZXFDCA/0830302
注:a. 此为分批发运货物,共九件,此次发运五件。
b. 仅在需对来电中的特殊服务要求予以答复时才用SSR。

十、特种货物的申请电报和答复电报的操作实例

(1) 申请:动物(AVI)
QDCAINFDCZ
· ZHAFDCA150720LU
FFR
784—l2345675ZHASHA/T10K150/CHICKEN/AVI
CZ3322/16MAR/ZHACAN/HK
CZ3503/l6MAR/CANSHA/NN
SSR/CZNNFEEDFRESHAIRNWATER0NARR
OSI/CMODBABYCHICKEN800HDS
OSI/DIMS65/45/35CMEACH
OSI/SHPR/××××CNEE/××××IEI√××××
REF/ZHAFDCA
(2) 答复申请:动物
QDZHAFDCA
· CANFDCZl50930BU
FFA
784—12345675ZHASHA/T10K150/CHICKEN/AVI
CZ3322/16MAR/ZHACAN/HK
CZ3503/16MAR/CANSHA/KK
SSR/CZKKFEEDFRESHAIRNWATER0NARR
REF/ZHAFDCA/150720
3) 申请:危险物品
QDCANFDCZ
· SWAFDCA120150QI
FFR
784—12345675SWASHA/T2K16/BENZENE

CZ3503/14MAR/CANSHA/NN
OSI/CMODBENZENENBR/83011
OSI/PKC/7LPKGNOTE/320
REF/SWAFDCA
(4) 答复不同意申请:危险物品
QDSWAFDCA
·CANFDCZ120350QI
FFA
784—12345675SWASHA/T2K16/BENZENE
CZ3503/14MAR/CANSHA/UU
OSI/CMODBENZENENBR/83011
OSI/PKC/7LPKGNOTE/320
REF/SWAFDCA/120150
(5) 申请:灵柩(HUM)
QDPEKFDCA
·HRBFDCA210250QI
FFR
999—12345675HRBSHA/TlK200/CORPSE/HUM
CA1921/23MAR/PEKSHA/NN
OSI/CMODCORPESINCOFFIN
OSI/DlMS220/60/60CM
OSI/CNEE/××××ADS/××××TEL/××××
RGDS
(6) 申请:贵重物品(VAL)
QDCANFDCZ
·SHAFDCZ130520QI
FFR
784—12345675SHACAN/P2K50/PEARLS/VAL
CZ3504/14MAR/SHACAN/NN
OSI/DMODFRESHWATERPEARLS
OSI/DIMS16/ll/10CMEACH
OSI/VALDACLAREDFORCARRIAGERMB50000. 00
OSI/SHPR/××××CNEE/××××TEL/××××
REF/SHAFDCZ

(7) 申请:鲜活易腐货物(PER)

QDCANFDCZ

· ZHAFDCA060330JI\

FFR

784—12345675CANSHA/P1K30/VACCINES/PER

C73322/07MAR/ZHACAN/HK

CZ3503/07MAR/CANSHA/NN

OSI/CMODVACCINESWZWETICE

OSI/CNEE/××××TEL/××××

SSR/NNCOLDSTORAGE0TOMINUS4CATCAN

REF/ZHAFDCA

第11章　航空货运管理中的组织

第一节　航空运输生产的组织流程

航空货物的生产组织对于从业人员是非常重要的，只有熟悉流程，才能减少整个货运环节的失误。本章主要参考了航空货运发展比较成熟的上海地区的情况，各地可根据不同情况灵活掌握，但把握住所有地区都离不开的环节，例如：市场销售、委托运输、订舱、标签、报关、交接发运、航班跟踪、信息服务、费用清算等环节。

随着经济的发展、国际贸易的拓展，国际货物的运输量愈来愈大，为了更好地为客户服务，必须非常熟悉国际货物运输的业务流程，能够及时地掌握航空运输的全过程，对出现的突发事件能够有思想上的准备，使一票货物的运输顺畅，能够及时运送到收货人的手中。

国际航空货物运输的业务流程是为了满足货物运输消费者的需求而进行的从托运人发货到收件人收货的整个全过程的物流、信息流的实现和控制管理的过程。

国际货物运输的业务流程主要包含两大环节：国际货物运输的出口业务流程和进口业务流程。国际货物运输的出口业务流程指的是从托运人发货到承运人把货物装上飞机的物流、信息流的实现和控制管理的全过程（见图 11.1）。

国际货物运输的出口业务流程主要包含两大部分：航空货物出口运输业务程序和航空公司出港货物的操作程序。

只有熟悉航空公司出港货物的操作程序，才能清楚货物在航空公司的运输及转运过程，了解哪些环节容易出现问题。

由于航空货物运输发展的不同阶段，货运流程呈现出不同的特征，在中国目前的航空货运实践中，各个区域航空货物发展的程度相差比较大，流程也不尽相同，在本章中主要选取了航空货运发展最为成熟的区域的流程作为样板，其他地区虽然流程有所不同，但核心流程是必不可少的，即应掌握主要的流程环节。

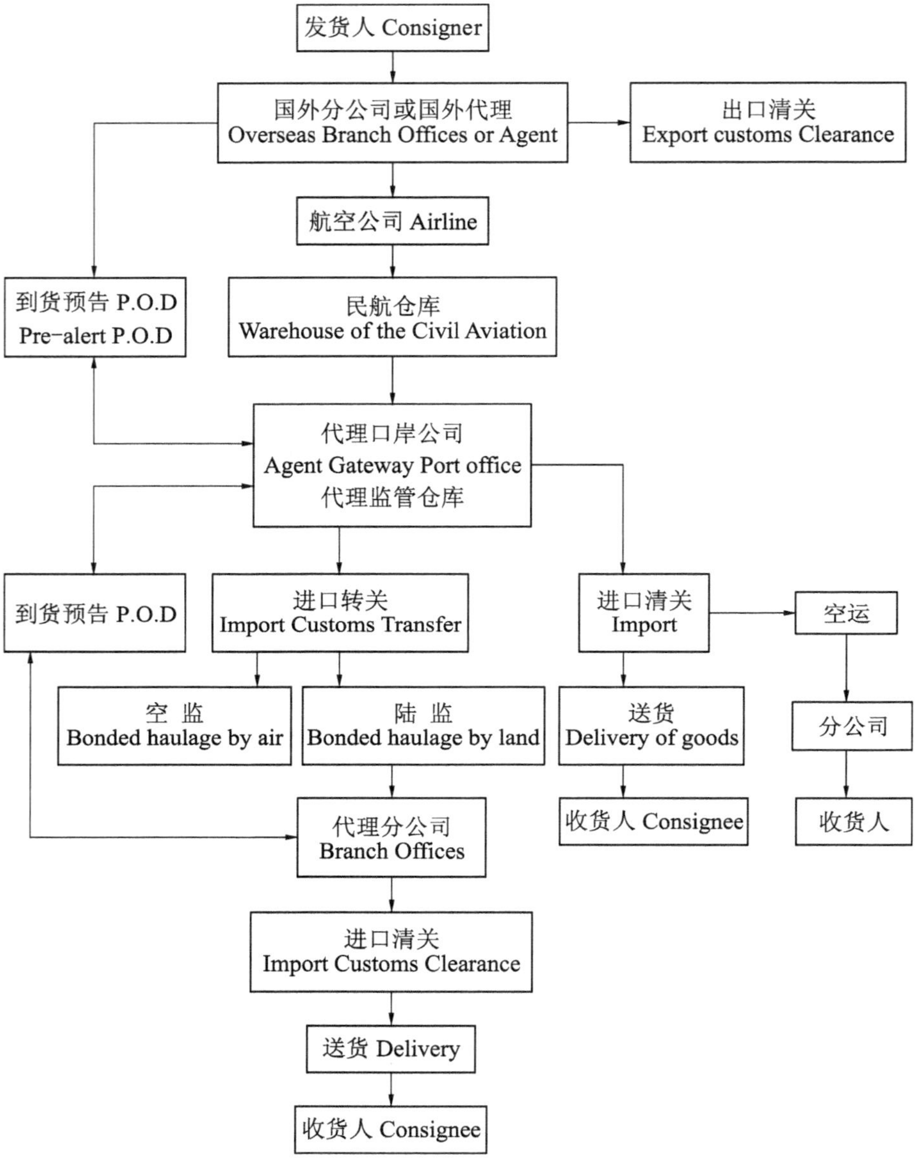

图 11.1　国际航空货物流程业务图

第二节 航空运输生产中的货源组织

货物运输作为实现社会生产各部门、企业间经济联系的纽带，是运输业更有效地参与社会生产的过程，体现运输部门与物质生产部门、供需部门之间的相互联系，必须开展协作，使各企业、各部门紧密配合，从全局利益出发处理相互间的关系，在完成各自生产任务的同时，也为相关企业提供便利条件，使产、供、运、销紧密配合，提高经济效益和改善运输工作的节奏。

社会化大生产的发展对运输业提出了很高的要求，各种不同的货物在不同部门、地区间的交换和分配，决定了运输业发展的必然。但是在满足物质生产部门和消费部门之间需要的同时，也必须要保证运输工具的利用率和载运率，也就是要保证运力和运量的平衡。所以在国家的统一调配、综合利用、合理分工、综合发展方针的指引下，各种运输方式在各自的使用领域有各自适合的基本货源和货流。

货源与货流是两个不同的概念，一个是静态的，一个是动态的。

货源是运输货物的来源，由货种的结构和货物的数量构成，其中货种结构即货物的组成，与机械设备的选用有关，而货物的数量则与运输工具和航站有关。

货流是由货物的种类、货物的流量和流向以及货物的运距组成的。

货源是货物运输的基础，有货源不一定有货流，无货流就谈不上运输，但有货流必定有货源。因此，货源组织是货物运输的基础工作之一。

一、影响货流的因素

1. 经济环境

经济环境包括世界经济环境与国内的经济环境。国内的经济环境是世界经济环境中的小环境，世界经济环境的变化将影响到国内的经济环境，因此，货运随世界经济震荡起伏。据统计，世界经济总量每增长 1%，世界贸易总量增长约 2%，航空货运的增幅则大于 2%。全球经济和世界贸易的增长是货运发展的第一推动力，同时货运也是世界贸易的重要组成部分，随着世界经济的增长而起伏。由于在 20 世纪 90 年代，世界经济波动性很大，因此运输量并不一定是增长的，而是体现出一种增长的趋势。

2. 自然资源的分布与产业布局

资源分布是自然形成的，具有客观性，是人力不可改变的，且对货流产生着深远的影响。运输对象中有很大一部分是木材、原油等原材料，因此这些自然资源的分布对运输有着重大影响。产业布局对货流的影响主要体现在，已经形成的产业布局决定了各种物资的生产地与消费地在空间的相对位置，从而决定了货流的基本特征。合理的产业布局,是合理货流形成的基础;不合理的产业布局,会产生不合理运输,造成运输成本的提高。

3. 商品的消费水平和消费结构的变化

除了生产型资源外,商品是货源的另一类重要组成部分。商品的最终消费地直接决定了商品的流向、运距。另外,由于经济发展的不平衡性,导致我国不同地区人民的购买力、消费水平、消费结构存在较大差异。

在沿海等经济发达地区,人民购买力较强,对高、精、尖产品的需求较大,同时其需求更趋向于个性化、差异化。反之,在中西部等经济较落后地区,人们对产品个性化、差异化的需求相对较弱。

另外,消费构成中的吃、穿、用、住等比例的不同都会影响运输货物货种的结构。

4. 季节变迁

货流的季节变迁既可能是由于工农业的生产和消费的季节性引起的;同时也可能是由于运输方式受到自然气候的制约而形成货流的变迁。按产品产销的季节性来说,可以有几种情况:(1) 生产和消费都有季节性,如蔬菜、水果等;(2) 季节性生产,而全年均衡消费,如粮食、棉花等;(3) 生产均衡,但消费有季节性,如空调、冰箱等;(4) 生产和消费都比较均衡。

5. 政府政策

政策因素是指政府根据区内经济现状及其远景规划,采用法律、法令、条例等手段,或通过税收、配额等经济杠杆,对区内商品或某种运输方式给予扶持或限制。通过这些手段,政府可以对目标对象进行宏观调控,但同时也影响了所辖区域同外界商品的进出流量。

例如,某一时期内,某地政府要加强基础设施建设,这必然导致建筑材料流入量的增加。另外,由于运量的大小必须与运网、运力等相匹配,而这些因素同样也受到政府政策的约束,政府对交通运输业的相关规定,对引导本行业在所辖区域的发展有重要作用。

政府政策不仅直接影响着货运业的产业结构、产业布局、运力运能的大小,同时也影响了货运企业的运输对象——货源的种类、流量及流向。

二、货流的分布及其特点

1. 国际货源市场的现状

国际航空货源市场与世界经济发展密切相关,随着世界经济的起伏,国际货运的货源市场也随着起落。

2. 国内货源分布

我国正在进入一个重要的历史时期,经济发展由粗放型向集约型转变,国民经济与社会发展对交通运输在数量、质量、速度、效益以及结构等方面都提出了更新、更高的要求。

据有关资料,国内外贸货源分布:东部地区进出口额度占全国进出口的绝大部分且呈上升趋势,进口略多于出口;中部地区占全国比重次之,但呈现下降趋势,出口高于进口;西部地区所占比重较低,进口高于出口。

三、吸引货源的原理与方法

1. 运输市场营销存在的问题

目前运输企业越来越重视市场营销工作,这主要是由于运输市场竞争越来越激烈,各个公司为了在激烈的市场竞争中生存必须提高对市场战略的认识程度。然而企业将市场营销作为企业核心职能全面贯彻,则还存在诸多缺失,运输企业市场营销的现状不容乐观。

(1) 市场营销普遍缺乏明确定位

任何一家运输公司想要在市场营销方面取得突破,它必须首先仔细衡量自己的强项和弱项,或许采用SWOT方法是运输企业明确自身定位的一种有效的技术方法。各家航空公司可以采取“国际国内枢纽货运中心”的定位,也可以采取“区域性货运中心”的定位,但是目前的状况是在货主看来,各家航空公司的地位没有明显差别,货物由哪家航空公司或航班运送都无所谓,只要安全及时送达目的地就行,各个公司之间在产品范围、服务项目等诸多方面并没有自己的特色和优势,由此造成顾客可以在各个航空公司之间任意选择,没有顾客忠诚度。

(2) 市场营销手段单一

现在每当谈起运输市场该如何竞争时,来自企业的员工往往会提出:目前市场竞争太激烈,各家公司都大幅减价或明里暗里提供折扣优惠,不减价就不能吸引货源。这种现象在目前的中国国内航空运输市场上尤为突出,价格战几乎成为航空公司唯一的制胜法宝,除此之外,良策甚少。企业陷入同质化竞争的误区,导致恶性循环,不利于整个运输业的发展。

(3) 市场营销缺乏长期的目标

目前许多运输企业的货运部门实施市场营销战略时往往只估计短期的市场目标,把货源拉过来,把货舱塞满就行了,缺乏长期的目标。从企业长期的发展来看,市场营销的长期目标是:把争取顾客转为保有并增强顾客群。Barry & Partners 的一项研究报告显示:一位忠诚顾客在5年内为公司所积累的利润是第一年的7.5倍。又如贝恩企管顾问公司发现,一个20年的银行老主顾所能提供的利润,比一个10年的顾客多出85%，他还发现，顾客流失率每降低4%，就能为公司提供25%到95%不等的利润。

2. 吸引货源的原理

（1）从运输产业来看

从整个运输产业的角度来看，货源的规范化管理和有效调控工作还比较薄弱，在目前的经营行为整顿中遇到的一个比较棘手的问题就是货源的合理分配问题。实现对货源的有效控制，其前提条件就是需要组织保证。

要像目前调控运力一样，从中央到地方按照统一领导、分级管理的原则，合理分工，统一协调，综合平衡，以保证货源计划的实施。现阶段，除部属运输企业货运计划执行较好外，省际间、企业间的货源计划缺乏管理和平衡。货运计划管理上的条块分割局面，适应不了运输发展的需要。交通部、铁道部和各省市应有相应的机构负责对大宗重点货源的调控，并与运政管理相匹配，形成互补效应，统一协调运力和货源的总量平衡。

为此，还要纠正两种错误的认识：

一是认为货源不需要再管了。市场放开，并不等于对市场的发展放任自流，管理者还要对市场进行监督、协调、宏观调控等，绕过货源谈管理，是舍本求末之举。实践证明，货源管理中出现的新问题，无一不是货源管理失控造成的后果，因此必须牢牢抓住货源管理这一环节。要坚持市场放开，不能重蹈旧路，也要吸取片面强调放宽搞活而放松调控管理的教训，使放宽搞活与加强管理同步进行，努力做到管而不死，活而不乱。

二是认为要管好货源，只能统一管理。市场放开后，多种运输经济成分的生产经营者涌入不规范的市场，直接角逐被分割、封闭的货源，带来一系列新的问题。比较突出的有：一是市场秩序混乱，各种不正之风和违法行为如垄断倒卖货源、行贿受贿、偷漏税费、抬价杀价等滋生蔓延；二是空飞浪费，运输经济效益低下。有人把这些问题归罪于没有统一管理的缘故，实际上，“三统管理”对运输经营活动直接干预太多，否定市场竞争，排斥价值规律，不能合理有效地配置运力，使运输市场发展缓慢、效益低下，缺乏应有的活力。因此，在当前形势下，重走老路，必然弄巧成拙，在实践中碰得头破血流。各种违法现象也绝不是市场放开的结果。而是由于在开放搞活中市场体制不健全，管理手段不完善，宏观调控跟不上造成的。

因此，对于主管部门而言，管得太死或放得太多都是不合适的，其具体做法可以是：

（1）对管辖区内的货源开展调查研究，掌握进出管辖区货源的分布、品种、数量、流向等，以及市场上存在的突出问题。

（2）在调查研究的基础上按照货源的不同属性，划分管理层次和对象。

① 对抢险救灾、军用战备以及关系国计民生的重点物资，一般属于指令性计划范畴，统一运调制度，合理安排运力，保证完成运输任务。

② 对大宗物资、集散物资、重点工程以及厂矿企业的运输物资，纳入指导性计划管理，以专业运输企业承运为主，实行计划指导下的合同运输。

③ 对列入指令性、指导性计划管理的物资部门，实行重点管理，使其按期报送货物运输计划，并监督、检查任务和合同的执行。

④ 建立有形化的货运市场，对零星物资实行市场调节，由双方在市场内自由选择，公开竞争，现场成交，运管部门加强监督，创造良好的经济环境。

⑤ 要对大中型专业运输企业加强指导和扶持，使他们有足够的货源保证。

另一方面，从市场运作等角度来看，国内的运输企业要想能留住更多的货源，与外资企业抗衡，一个有效的方法就是增加行业的进入壁垒。

第12章

航空货运管理中的质量控制

质量管理与控制是现代管理科学的一个重要组成部分。它的研究对象是质量管理与控制工作的规律性。质量管理包括质量方针、质量体系、质量策划、质量控制、质量保证和质量改进。它是现代企业管理的中心环节，是企业赖以生存的基础。

第一节 质量管理概述

一、质量管理与质量职能的概念

1. 质量管理的概念

ISO8402:1994《质量管理和质量保证术语》对质量管理的定义为："确定质量方针、目标和职责，并在质量体系中通过诸如质量策划、质量控制、质量保证和质量改进使其实施的全部管理职能的所有活动。"

2. 质量职能的概念

产品质量有一个产生、形成和实现的过程。这个过程称之为"螺旋形上升过程"。在这一过程中，包括一系列循序进行的工作或活动，即包括若干环节，环节之间一环扣一环，互相制约，互相促进，不断循环，周而复始。每经过一次循环，就意味着产品质量的一次提高。过程中的各项工作或活动及各个部门必须承担的职责的综合就是质量职能。所有这些工作或活动都是保证和提高产品质量必不可少的。这些工作或活动主要指的是在螺旋形上升过程中的市场调查研究，产品开发及设计，生产技术准备，采购材料、外协件和工具仪器，生产制造、检验与控制，销售与服务等一系列活动。如图 12.1 所示。

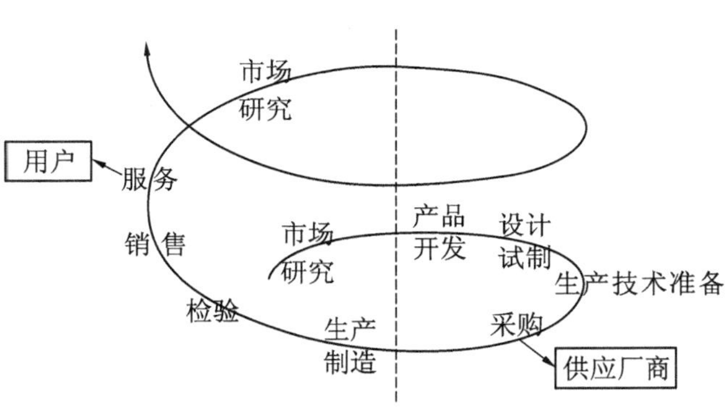

图 12.1 质量螺旋上升过程示意图

二、全面质量管理的概念和特点

1. 全面质量管理的概念

ISO8402：1994《质量管理和质量保证术语》对全面质量管理（TQM）的定义是："一个组织以质量为中心，以全员参与为基础，目的在于通过让顾客满意和本组织所有成员及社会受益而达到长期成功的管理途径"。根据这个定义，对全面质量管理术语的具体含义，可以进一步作如下理解和说明：

首先，全面质量管理并不等同于质量管理，质量管理只是作为组织所有管理职能之一，与其他管理职能（如财务管理、物资管理、生产管理、劳动人事管理、后勤保障管理等）并存。而全面质量管理是质量管理更深层次、更高境界的管理，它将如上所述的组织的所有管理职能均纳入质量管理的范畴，当然并不是以全面质量管理取代企业的所有管理。

其次，全面质量管理特别强调以下几点：

（1）强调了一个组织必须以质量为中心，否则不是全面质量管理。

（2）强调了全员参与。全员是指组织内所有部门和所有层次的人员。

（3）强调了全员的教育和培训。

（4）强调了谋求长期的经济效益和社会效益。

2. 全面质量管理的特点

根据 ISO8402：1994《质量管理和质量保证术语》给全面质量管理下的定义，对全面质量管理的特点，可归纳为以下几点：

（1）全面质量管理的目标以"适用性"为标准

传统的质量管理以是否符合技术标准和规范为目标，即"符合性"质量标准。全面质量管理以是否适合用户需要、用户是否满意为基本目标，即"适用性"标准。因此，全面质量管理首先强调产品要适合用户要求，要按用户的要求来组织生产。

并且全面质量管理还要处理好产品质量满足用户要求和企业经营效益两方面的问题。

（2）全面质量管理是“三全”的质量管理

全面质量管理要树立“三全”质量管理的观点，即全面的质量概念、全过程的质量管理和全员参加的质量管理。

① 全面的质量概念。全面质量管理中的“质量”，是一个广义的质量概念。它不仅包括一般的质量特性，而且包括了成本质量和服务质量；它不仅包括产品质量，而且还包括企业的工程质量。

② 全过程的质量管理。全过程主要是指产品的设计过程、制造过程、辅助过程和使用过程。全过程的质量管理，就是指对上述各个过程的有关质量进行管理。

③ 全员参加的质量管理。产品质量是企业素质的综合反映，涉及各个部门和广大职工，提高产品质量，需要靠企业广大职工的共同努力。质量管理，人人有责。要从企业领导人员到每个工人，都来学习、运用科学质量管理的理论和方法，提高本职工作质量，同时广泛开展群众性的质量管理小组活动。

（3）全面质量管理是企业经营中心环节的管理

20 世纪 70 年代，日本质量管理专家水野滋提出了“质量经营”思想，即全面质量管理是以质量为中心的经营管理。1993 年日本质量管理学会理事长久米均教授在《质量经营》一书中指出：“日本的质量管理是创造性的经营管理手段。过去一直把经营管理和质量管理作为不同的问题来看待。在现代企业经营中，产品质量的重要性相对增大，轻视质量的经营将无法维持，必须改变和扩大质量管理在企业管理体系中的位置。”1980 年我国国家经委发布的《工业企业全面质量管理暂行条例》中也提出了“全面质量管理是企业管理的中心环节”的观点。而且 ISO8402：1994《质量管理和质量保证术语》中对全面质量管理的定义明确了“一个组织以质量为中心”，也把全面质量管理和企业经营紧密地联系在一起，明确了全面质量管理在企业各项管理工作和经营中的地位。

（4）全面质量管理是一种以人为本的管理

全面质量管理强调在质量管理中要调动人的积极性，发挥人的创造性。产品质量不仅要使用户满意，而且要使本组织的每个职工满意。以人为本，就是要使企业全体员工，特别是生产第一线的职工齐心协力搞好质量。

（5）全面质量管理是一种突出质量改进的动态性管理

传统质量管理思想的核心是“质量控制”，是一种静态的管理。全面质量管理强调有组织、有计划、持续地进行质量控制，不断地满足变化着的市场和用户的需求，是一种动态性的管理。朱兰博士指出：“质量管理不仅要有控制程序，而且要有改进程序”，并把质量管理精辟地归纳为质量计划、质量控制和质量改进“三部曲”,质量改进是国际质量管理发展的总趋势。

三、全面质量管理的思想基础和方法根据

1. 全面质量管理的思想基础

任何行动都是受思想支配的。开展全面质量管理也需要有一定的思想基础。这里所讲的思想基础,一般是通过以下一些基本观点反映的。

(1)“质量第一”的观点

产品质量的好坏,关系到企业的生存和发展,关系到人民生活的改善,乃至关系到国民经济的全局。因此,必须树立“质量第一”的思想,认真贯彻“质量第一”的方针。

(2)为用户服务的观点

企业生产产品,进行质量管理,都是为了满足用户的需求,尤其是要满足用户对产品质量的需求。“质量第一”、“为用户服务”在全面质量管理中要延伸到“下道工序就是用户”的观点。“质量第一”,就是对用户负责到底。因此,企业的每个人员都应该明确自己的下道工序,也就是明确自己的用户,然后再考虑如何为他服务。这样,“质量第一”、“为用户服务”就都有了具体落实的内容。

(3)“质量形成于生产全过程”的观点

产品质量是经过市场调查、设计试制把质量规定下来,再经过制造、装配把规定的质量兑现出来的。因此,产品质量需要通过设计去体现,但更需要通过原材料、设备、工艺和加工去实现,还需要通过各种服务去保证它的表现,即产品质量与它的生命周期的全部阶段有关。但这绝不是否认或者轻视有关产品质量的检查、试验工作的必要性和重要性。没有检查、试验,就无法判断设计所体现的产品质量是否被制造实现了;就无法判断制造所实现了的产品质量是否由服务保证了它的表现。“产品质量形成于生产全过程”的观点,强调了产品质量归根结蒂是由前后方的生产工人用他们的劳动所实现的。

(4)质量具有波动规律的观点

质量在设计、制造和使用过程中具有波动的规律,而其正常波动符合数理统计学上的正态分布规律,因而其废品的产生也是有规律的。人们可以在生产实践中认识规律,掌握规律,运用规律,采取相应的措施,把废品的发生控制在适当的经济范围之内。

(5)质量要以自检为主的观点

全面质量管理是全员参与的管理,必须人人动手,人人有责,要有广泛的群众基础,充分发挥群众的积极性和创造性,相信广大群众的聪明才智,才能搞好质量。因此,在自检、互检、专检和抽检活动中要建立以自检为主、抽检为辅的观点。

（6）质量好坏要凭数据说话的观点

质量好坏的重要依据是数据，因此，要“一切凭数据说话”。“估计”、“大概”、“可能”、“差不多”等笼统含糊的说法，是不能反映真实情况的，也是质量管理所不容许的。好与差到什么程度都要用数据来说明，不能模棱两可。因此，在进行质量分析时，要有准确的数据，有了准确的数据，才能把握现状，分析问题，改进管理，调整生产过程中的问题，把质量控制在一定范围之内。

四、全面质量管理的目标

全面质量管理的目标，从使用价值角度出发，就是要提高企业各部门和每个人的工作质量，经济合理地生产用户满意的产品，及时地如数地向市场提供人们需要的物美价廉的产品，使企业生产的产品不仅在国内享有声誉，并能打入国际市场，占有一定的地位。也就是说，全面质量管理目标具有多元性，即要从产品的质量、数量、价格和服务质量等方面综合满足用户的需要。

对企业来说，全面质量管理的目标集中到一点就是“一切为用户着想”，“一切使用户满意”。具体来讲，一般应做到如下几点：

（1）要保证生产出适合用户需要的质量水平的产品。这是维护和巩固该产品在市场上地位的重要条件，也是满足用户需要的基本要求。为此，企业要根据用户需要的质量不断改进设计，积极使用先进技术，广泛开展技术革新，努力提高管理水平，合理地确定质量技术标准，以生产出用户满意的适销对路的产品。

（2）要以用户认为合理的价格销售产品并获得必要的利润。这就要求把产品的成本降低到能使价格达到让大多数用户买得起的程度。为此，企业要科学地确定出理想的保证质量的费用。

（3）要保证必要的生产数量。从理论上分析，产品的投产量与产品的单位成本成反比关系。即产量越大，成本越低；产量越少，成本越高。产量少到一定程度就要亏损，就谈不上充分利用生产设备和提高劳动生产率等问题。因此，就一个企业来说，保证必要的生产数量，从而获得必要的利润，也是质量管理的具体目标之一。

（4）在用户需要时，要及时提供必要的服务条件。这是产品销售服务（包括售前、售中、售后服务）的质量问题，是巩固该产品在市场上的地位和扩大销售领域的重要条件。

现代企业的基本任务是向社会提供符合需要、质量好、价格合理、交货及时、服务周到的产品。因此，一个企业必须把提高产品质量放在头等重要的地位。而全面质量管理所追求的目标，就是持续稳定地向用户提供满意的产品，它与企业的基本任务是一致的。

五、现代企业质量管理的基本方法

1. 排列图法

(1) 排列图法的概念

排列图法又称为主次因素分析图。该图是从影响产品质量的许多因素中找出主要因素的一种有效方法。

排列图是意大利经济学家、统计学家巴雷特最早应用的。他用该图来分析社会财富分布状况时,发现少数人占有大量的财富,从而找出了"关键的少数和次要的多数"的关系。此后,美国的质量管理专家朱兰把该原理应用到质量管理工作中,在作质量分析时发现,尽管影响产品质量最关键的因素往往只是少数几项,而由此造成的不良品数却占总数的绝大部分。据此原理,使排列图在质量管理中成为查找影响产品质量主要因素和抓住质量管理工作中主要矛盾的主要工具。排列图的构成如图 12.2 所示。

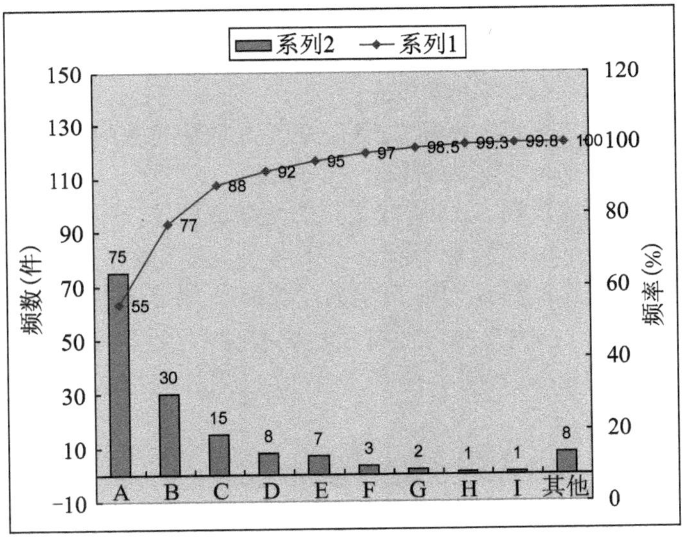

图 12.2 影响质量的因素分类

排列图中有两个纵坐标,一个横坐标,几个直方形和一条曲线。左边的纵坐标表示频数(件数、金额等),右边的纵坐标表示频率(以百分比表示),有时也可以把两个纵坐标都画在左边。横坐标表示影响产品质量的各个问题(项目)按其影响程度的大小从左至右顺序排列,而直方形的高度表示着某个问题的影响程度,图中的曲线有的称它为帕累特曲线,或洛伦茨(Lorenz)曲线。通常把这条曲线所对应的累计百分数划分为三个区域:

A 类因素:频率从 0~80%,在这区间的因素,是主要影响因素。

B 类因素:频率从 80%~90%,这一区间的因素是影响产品质量的次要因素。

C 类因素:频率从 90%~100%,这一区间的因素是影响产品质量的一般因素。

(2) 排列图法的优点

① 主次因素分明,简单明了,便于在职工群众中广泛使用和推广。

② 它可以帮助人们在质量管理过程中逐步养成用数据和依靠数据说话的良好习惯。

③ 排列图的应用范围十分广泛,除了用来进行质量管理之外,在生产、财务、工资、设备、物资、动力管理等方面,以及分析主要问题找到主要影响因素等方面都能取得明显的效果。

(3) 排列图的作法

① 排列图的作图步骤

制作排列图,不仅可以使我们能对所要分析的问题达到主次分明、系统、形象的效果,而且还有助于我们逐步培养起用数据说话的分析习惯。

制作排列图,通常可按以下步骤进行:

a. 收集数据,即在一定时期里收集有关产品质量问题的数据。如,可收集 1 个月或 3 个月或半年等时期里的货物差错的数据。

b. 进行分层,列成数据表,即将收集到的数据资料,按不同的问题进行分层处理,每一层也可称为一个项目;然后统计一下各类问题(或每一项目)反复出现的次数(即频数);按频数的大小次序,依次列成数据表,作为计算和作图时的基本依据。如以货运质量为例,收集的一组有关货物差错的数据如表 12.1 所示。将表 12.1 所示的差错次数按从大到小排序,并计算出累计差错次数和累计差错百分比数。

表 12.1 2000 年 5 月机场货运处货物地面损失差错情况统计表

序号	差错类别	差错次数	累积差错次数	累积差错%
1	装卸过程造成损失	25	25	31
2	仓储原因	18	43	54
3	包装原因	17	60	75
4	天气原因	12	72	90
5	其他原因	8	80	100
合计		80		

c. 绘制排列图。根据表给出的数据，将横坐标确定为差错原因，左纵坐标为差错次数，右纵坐标为差错累计百分比数(图 12.3)。

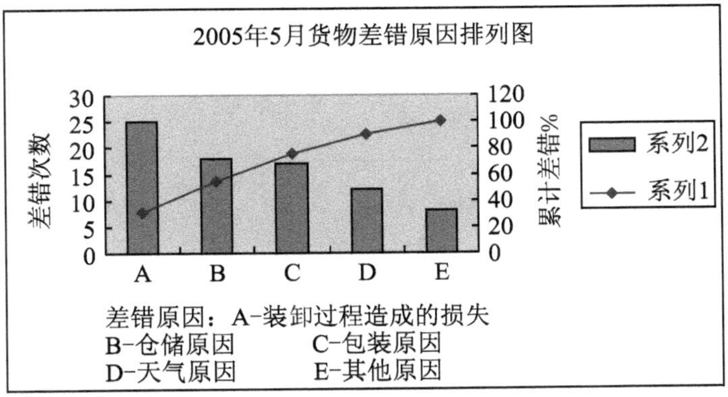

图 12.3　排列图

d. 作排列图的注意事项有：

(a) 一般情况下，A 类区所对应的主要问题至多不要超过三个。

(b) 纵坐标可以用件数或金额表示，也可用时间表示，也有用“可能性”来表示的。原则是以能够较好地找出“主要问题”为准。

(c) 不重要的项目很多时，横轴会变得很长，通常就把这些项目并列入“其他”项内。“其他”项的高度即便比前项目高，也排列在最后。

(d) 横轴上的问题(项目)的宽度为多少，一般没有严格要求，但各问题(项目)间的宽度却要求相等。

(e) 确定了主要问题，进一步分析原因，采取相应措施后，为了检查“措施的效果”，应重新画出排列图。

2. 因果图法

(1) 因果图法的概念

因果图(Fishbone 图)又称为特性要因图、鱼刺图、树枝图。它是表示质量特性与相关的质量因素之间的关系图。该图是 1950 年日本的质量管理专家石川馨教授开始创用的，因此又称为石川图。因果图是采用质量分析会的方式，集思广益，并将群众的意见按照质量问题的因果关系，进行系统的整理、分析，将不同的层次画在一张图上，从而找出影响产品质量的各类原因和主要影响原因。根据因果主次关系，描绘出质量原因关系图形，供细致分析造成质量的原因。

(2) 因果图的格式

因果图法是寻找和记录造成质量问题的原因的一种有效方法。其格式如图 12.4 所示。

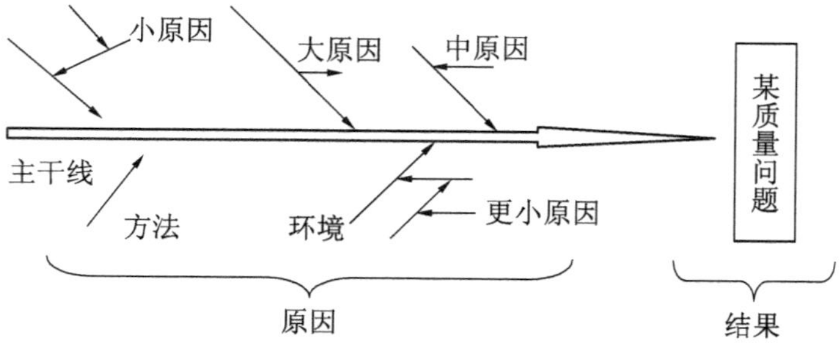

图 12.4　因果图

此图以要改善的某主要质量问题为结果，画出一个主干线箭线，然后从操作者（Man）、机器（Machine）、方法（Method）、原材料（Material）、环境（Environment）等五大方面（4M1E），层层寻找原因，从大到小，从粗到细，把各种层次的原因都用箭线记录在图上。

（3）作因果图的注意事项

① 所要分析的某种质量问题，应是排列图中所指明的主要问题。该问题要提得具体，且一个问题作一张因果图。

② 各种分析意见应简明扼要地按层次标在相应的箭线上。

③ 原因分析的层次应细到能具体采取措施为止。

④ 大原因不一定是主要原因。主要原因可用投票或其他方法来预先确定，并用记号标出（如用△、*、□）。然后，针对预先确定的主要原因到现场去落实解决措施。

⑤ 措施实现后，再用排列图等检查其效果。

（4）因果图的作图步骤

① 确定分析对象，即把排列图中的一个主要问题，填入主干线箭头指向的方框中。

② 记录分析意见，即按分析意见大、中、小层次对应地填入图上。例如图 12.5，我们以货物运输地面损失引起的货物运输质量问题为例，从质量问题的现象着手，逐步分析引起问题的各种原因和问题的根源。

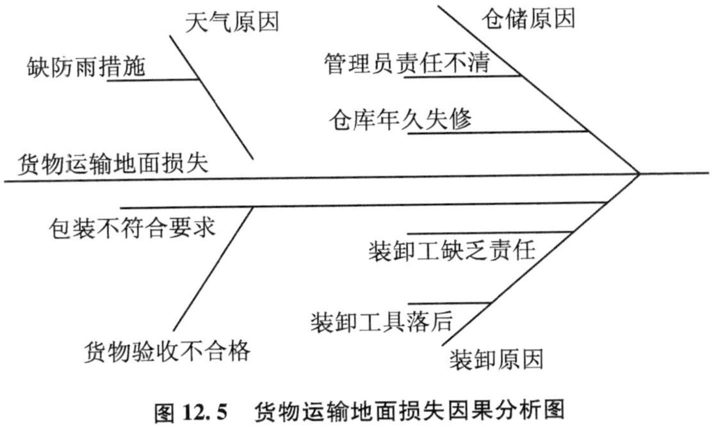

图 12.5　货物运输地面损失因果分析图

③ 检查有无遗漏，标出重要原因。

④ 记上必要事项，如时间、与会者、单位等。

3. PDCA 循环法

PDCA 是英语 Plan（计划）、Do（执行）、Check（检查）、Action（总结、处理）四个

词的第一个字母的组合。PDCA 工作循环，就是按照计划、执行、检查、总结这样四个阶段的顺序来进行管理工作。它是开展质量管理活动运转的基本方式，是一种科学的工作程序。

在质量管理活动中，要求把各项工作按照计划，经过实践，再检验其结果，将成功的方案纳入标准，将不成功的方案留待下一个循环去解决。这种工作程序，反映了开展管理活动的一般规律性。在国外，有人把它称为戴明环，因为这个工作循环最先是由美国人戴明提出来的。

PDCA 工作循环的示意图如图 12.6。

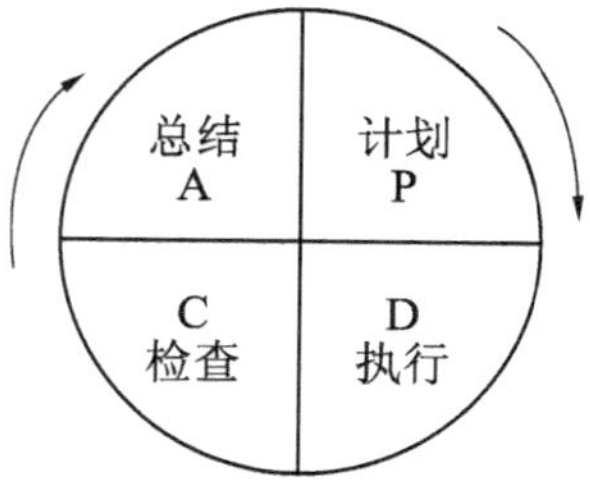

图 12.6　PDCA 工作循环的示意图 1

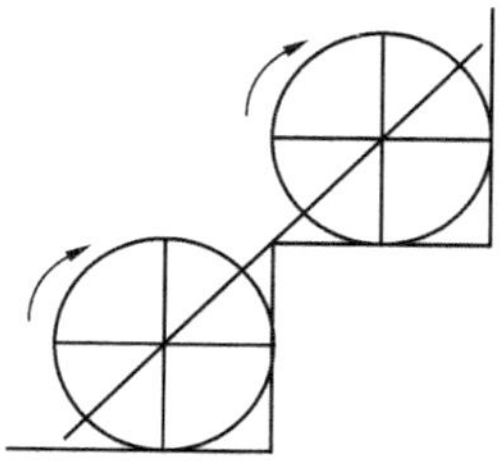

图 12.7　PDCA 工作循环的示意图 2

PDCA 工作循环，既适用于企业、各职能科室的质量管理活动，也适用于各车间的质量管理工作。PDCA 有这样三个要点：

（1）PDCA 是一个工作循环，而且是一个前进的环。每转一圈，应提高一步。如同爬楼梯似的，不断循环，不断提高，如图 12.7 所示。

（2）PDCA 各级都有。各级的 PDCA 形成了一个个的大环、中环和小环。一环扣一环，一环带一环，环环推动，使整个企业和车间的 PDCA 循环转动起来。如图 12.8 所示。

PDCA 能够循环转动、不断提高的关键，一般认为在于 A 阶段（总结、处理阶段）。

这种 PDCA 工作循环，还可以具体化为八个步骤：

第一步，分析现状，找出存在问题。

第二步，分析产生问题的各种影响因素。

第三步，找出主要的影响因素。

第四步，针对主要影响因素，制订措施，提出质量改进活动计划。

以上四个步骤属于 P 阶段（计划阶段）。

第五步，按活动计划执行。属于 D 阶段（执行阶段）。

第六步，根据计划的要求，检查执行的效果。属于 C 阶段（检查阶段）。

第七步，总结经验，巩固成绩，纳入各项标准（技术标准或管理工作标准）。

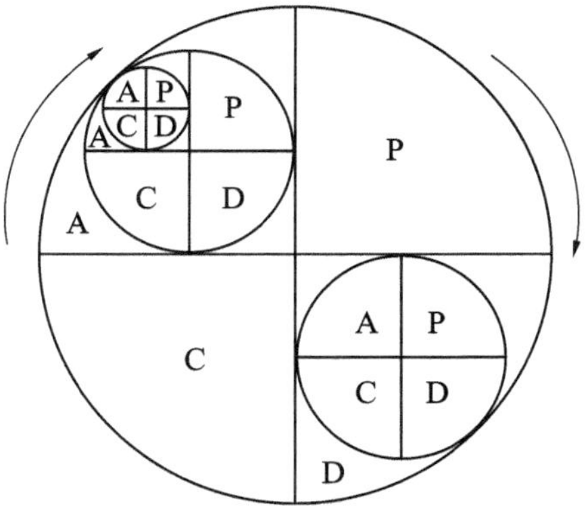

图 12.8

第八步，提出遗留问题，转入下一次的 PDCA 循环。

以上两步属于 A 阶段（总结、处理阶段）。

按照 PDCA 循环的四个阶段、八个步骤进行质量改进的活动，应利用大量的资料和数据，采用一些科学的方法，对质量资料和数据进行收集和整理，以便对质量状况作出科学的判断。

（1）计划阶段

在我们要进行的每一项工作的开始，首先就是要进行认真的计划。这里的计划就是制定目标，设计实现目标的实施方法和技术路线。

在我们进行民航运输生产质量管理的过程中，首先就是要确定解决什么质量问题，要达到什么质量标准或目标。在分析现状、找出存在问题的基础上，提出解决方案。这就是我们常说的"5W +1H"计划：

① What——准备做什么，就是确定目标，或解决什么问题。

② Why——为什么要做，就是找出原因，或分析出为什么会出现这些问题。

③ Who——谁来解决这个问题，或谁来实施解决方案。

④ When——什么时候开始解决，什么时候完成。

⑤ Where——哪个部门负责实施计划。

⑥ How——采用什么方法、手段、技术来解决。

事实上，①和②是提出问题和分析问题，③至⑥是解决问题的方案或措施。我们这里涉及的问题，显而易见，就是质量问题。

计划工作阶段的重要性在于，不是找出发现问题的方法，而是要找出避免出现问题的措施。对于表 12.2 中的货物运输问题，我们提出具体解决方案，见表 12.3。

（2）实施阶段

这一阶段的任务就是执行解决问题的方案、措施或计划，按照生产要求，按质按量按期完成指定的任务。

(3) 检查结果阶段

检查结果阶段的目的是,按照制定的生产计划和产品的各项指标,对生产情况进行考核。对存在的问题进行分析,找出原因。

(4) 处理阶段

根据对生产情况的检查结果,总结经验,接受教训。

对于成功的经验,应用到新的生产过程中去。对于存在的问题,通过找出原因,提出解决的方法,修改生产计划,以利于改善和提高生产质量。

这是一个反复进行、不断总结、不断提高的过程,直至达到目标要求。

4. 对策表法

在利用排列图和因果分析图找出了造成质量问题的主要原因后,紧接着要找出解决问题的具体办法。可将作出的对策明确列出,制成表格。表中列出存在的各种问题、应达到的质量标准、解决问题的具体措施、责任者和期限等,这就是对策表。对策表一般格式如表 12.2。

表 12.2 对策表

序号	项目	存在问题	质量标准	对策措施	负责人	完成日期	备 注

表 12.3 是某航空公司针对货物运输地面处理过程中出现的质量问题设计的对策表:

表 12.3 提高货物运输地面处理质量对策表

主要问题	对　策	责任人	进　度	效　果
装卸原因	改进装卸工具	设备科/陈邦	25/6/98	
	对装卸工进行质量教育	刘红梅	30/6/98	
	严格货物托运验收	销售科	25/6/98	
仓储原因	落实管理员责任制	办公室	20/6/98	
	改进仓储措施	设备科	30/6/98	
天气原因	给装运工配备防雨布	设备科/李一兵	30/6/98	
	检验仓库	基建科	05/7/98	
	特殊货物采用特殊防雨包装	林海霞	20/6/98	

5. 分层法

分层法在解决质量问题时，将总体分成若干层次，分别进行分析研究的方法。

分层法是分析影响产品质量因素的一种好方法，它可以是杂乱无章的数据和错综复杂的因素，按照不同的目的、性质、来源等加以分类，进行系统化、条理化，以便抓住主要矛盾，找到主要影响因素，从而采取相应的措施。

分层法可以与质量管理其他常用方法联合使用，即可以形成分层排列图、分层相关图、分层控制图等等。

在研究影响质量因素时，可先对人、机器、材料、方法、测量、环境和时间等方面进行分层。例如，操作方面可按班次、性别、年龄、技术等级等进行分层；机器方面可按种类、型号、生产组织形式等进行分层；方法方面可按操作条件、生产线速度、温度、压力、流量等分层；材料方面可按产地、制造厂、成分、尺寸、型号、装料方式等分层；测量方面可按测量者身份、测量仪器、抽样方法、不良品内容等分层；环境方面可按噪声、清洁、工位器具、采光、运输形势等分层；时间方面可按季度、月、周、日、班次、上午、下午等分层；其他方面还可以按照部位、工序、原因等进行分层。

例如，某工厂在柴油机装配中，常发生气缸垫漏气的问题，为了解决这个问题，对装配好的 50 台柴油机进行漏气检查，其中有 19 台气缸垫漏气，31 台不漏气，然后对 50 台柴油机按照操作者 A、B、C 进行分层，如表 12.4 所示：

表 12.4　分层图示例

工人＼项目	漏气	不漏气	漏气率(%)
A	6	13	32
B	3	9	25
C	10	9	53
合计	19	31	38

从表中可以看出,A、B、C 三个工人的操作都有问题,必须重新制定装配工艺方案或操作标准。所制定的操作标准,可在 B 工人操作的基础上改进。必须立即改变 C 工人的装配操作,否则,他还会继续以 53% 的漏气率生产不良品。

6. 相关图法

相关图又叫散布图。它是把两个变量之间的相关关系,用直角坐标表示出来的图形。

在工业生产和科学试验中,常常遇到两个变量之间的关系问题。一种是两个变量之间是完全确定的函数关系;另一种是两个变量之间是不完全确定的函数关系。

对于相关有不完全确定关系的两个测定值 X 和 Y,Y 随 X 的变化而相应地变化,就称 X 与 Y 有相关关系或相关。人们用统计方法来判断它们之间是否存在着相关关系的方法,就叫相关分析法。

7. 调查表法

调查表法又叫做检查表、核对表。它是利用图表记录、收集和积累数据,并能整理和粗略分清原因的一种工具。

由于它用起来简便、易行,而且能同时整理数据,便于分析,因此在推行全面质量管理中得到了广泛的应用。

(1) 缺陷位置调查表

缺陷位置调查表是将产品、零件的形状画在图纸上,将实物的缺陷按分布位置相应地在图形上进行统计。

(2) 不良品原因调查表

不良品原因调查表将不良品或者废品原因进行分类,统计在表中。

(3) 工序内在质量特性分布调查表

例如,机械加工零件工序尺寸频数分布调查表。如果将调查表与分层法联合使用,就会使影响产品质量的原因调查得更清楚。

第二节 6σ管理法在航空公司服务质量控制中的应用

西格玛(希腊字母 σ)在统计学中常用来表达数据的离散程度,即标准差。六西格玛首先是一个衡量业务流程能力的尺度,业务流程的西格玛值表示该流程的实际结果相对于期望、平均或所要求的结果的偏离程度。

举一个航空公司的例子,如果某一航班的预计到达时间是下午一点,由于各种原因,真正在一点准时到达的情况是极少的。假如我们允许在一点半之前到达都算准点到达,一年里该航班共运营了200次,显然到达时间是个变量。如果其中的55次超过一点半到达,从质量管理的角度来说,这就是不良品,所以航空公司这一航班的合格品率为72.5%,大约为2.1个西格玛。如果该航班的准点率达到六西格玛,这意味着每一百万次飞行中仅有3.4次超过一点半到达,如果该航班每天运行一次,这相当于每805年才出现一次晚点到达的现象。所以六西格玛的业务流程几乎是完美的。流程的西格玛值与百万次机会所产生的不良品率有如下关系(表12.5):

表12.5 西格玛值与合格率比照表

不良品率	合格率(%)	西格玛值
3.4	99.999 66	6
230	99.977	5
6 200	99.38	4
66 800	93.32	3

六西格玛现在已经成为了全球质量管理界讨论的热门话题。

一、六西格玛管理理念

六西格玛管理并不是一个“全新”的方法和理念,在它的理念中有一些是建立在常识的基础上,有一些是最新管理思想的结果。六西格玛管理主要有以下六个核心理念。

理念一:对顾客真正的关注。在六西格玛管理中,对顾客的关注是最重要的事情。六西格玛管理绩效的评估首先是从顾客开始。六西格玛改进的程度是用其对顾客满意和价值的影响程度来定义的。无论是六西格玛改进还是六西格玛设计,顾客的需求始终贯彻整个过程,并且随时掌握顾客需求的动态信息。

理念二:由数据和事实驱动的管理方法。六西格玛首先从澄清什么是业务绩效标准化着手,然后使用统计数据和分析方法来构筑对关键变量和最优目标的理解。六西格玛管理帮助公司解决了什么是公司真正需要的数据、信息和怎样利用这些数据、信息使公司的收益最大化问题。

理念三:对过程的关注、管理、提高。六西格玛管理从业务流程中找到关键环节,对关键环节进行数据分析,找到影响流程的关键原因,从而对业务流程进行改进,使流程的结果得到很大的改善。精简不增值的过程,改善现有的过程,一步一步向六西格玛过程靠近。

理念四:无界限的合作。六西格玛强调项目团队的合作精神,无边界的合作可以打破部门和部门之间的界限和组织内部的沟通障碍。但六西格玛管理中无界限的合作并不意味着无条件的个人牺牲,而是需要确切理解最终用户以及整个工作链、供应链工作流的需求。六西格玛管理能够创造出一种能真正支持团队合作的管理结构和环境。

理念五:主动管理。改善六西格玛强调发挥人的主观能动性,一味地墨守成规只会被动挨打,只有发挥个人的主动性才会适应时代的要求。因此必须主动出击、化解危机、承担责任、推进改革。

理念六:对完美的渴望,对失败的容忍。实施六西格玛管理的公司需要执行新方法和贯彻新理念,这样总是会给公司带来一些风险。虽然六西格玛管理系统里面有一些风险管理的工具和方法,但是风险是没有办法完全去除,所以我们应将六西格玛水平作为公司持续努力的方向,同时也愿意接受并控制偶然发生的挫折。

二、六西格玛管理与全面质量管理(TQM)的异同

全面质量管理理论是费根鲍姆博士于20世纪50年代中期提出来的,费根鲍姆博士将其定义为:“为了能够在最经济的水平上,并考虑充分满足顾客要求的条件下,进行市场研究、设计、制造和售后服务,把企业内各部门的研制质量、维持质量和提高质量的活动构成一体的有效体系”。全面质量管理的核心理念是企业的一切活动围绕着质量进行,全员参加质量活动。它的特点是全员参加,全过程、全面运用一切有效方法,全面控制质量因素,力求提高经济效益的质量管理模式。

从六西格玛的起源来看,它正是诞生在TQM蓬勃发展的年代,同TQM一样,它也是从质量管理入手来提高企业的竞争力的。六西格玛与TQM的管理原则有许多共同之处。比如:

- 过程的观点,视任何工作均为流程;
- 持续改进的思想;
- 基于数据决策;
- 广泛地应用统计工具;
- 面向顾客,以顾客为关注焦点。

但是应该看到，六西格玛与TQM相比的确有了不少的改进，具体见表12.6：

表12.6 TQM的缺陷与六西格玛的相应对策

TQM之缺陷	六西格玛之对策
缺乏整合 质量通常是一个"单独"的行动，脱离了企业策略和业绩中的关键部分。"质量委员会"由一些指定成员组成，而不是由核心管理层组成，或者由一些与企业盈利无联系的"质量部门"组成。	**与企业和个人的利益相联系** 六西格玛把流程的管理、改进和量度作为每个人特别是运作经理们日常责任的一部分。
领导层的冷漠 领导层曾经积极地投入到领导整个TQM流程的运动中。但是，经常很明显地看到最高管理层对TQM所持的怀疑态度，或者他们推动质量管理的意愿是非常脆弱的。	**领导层是先驱** 在企业的高层中对六西格玛的激情和信任是毋庸置疑的。一个公司或部门成功推行六西格玛的信号是它的最高领导层决定变化是持续成功的精髓。
一个模糊的概念 TQM的模糊是从"质量"这个词开始的。质量"哲学"的整个概念又使其对很多人来说异常神秘。	**一个不断重复和简单的信息** 六西格玛的简洁定义是"通过客户聚焦、流程管理和改进，以及事实和数据的有效运用来达到和保持成功的业务系统"。这是个清晰、具体的概念。并且"六西格玛"是可以度量的，有具体的数值与之对应。
聚焦于产品质量 尽管描述了"全面"，但是很多质量行动仅集中在生产或者制造流程，而不注意其他关键的区域，如服务、运输、市场等。	**注意所有业务流程** 六西格玛不仅仅运用到服务领域以及一些交接流程，还可能比在制造业中提供更多的机遇。因此，六西格玛有着比"全面质量"更加"全面"的潜力。
无效的培训 TQM的培训趋向于"轻描淡写"，与提供一个怎样进行改进工作的背景相比，它更集中注意力在教授工具。结果，人们懂得了工具，但不知道何时和怎样更好地应用工具。	**绿带、黑带和黑带大师** 六西格玛要求公司为学习设定高要求的标准，并且为之投资必要的时间和金钱来帮助员工达到这些标准。

三、六西格玛管理在航空公司中的应用

地方性航空公司面对直属三大航空公司的三足鼎立，感到了前所未有的压力。

航空公司作为公司利益主体全方位参与市场竞争,可以说才刚刚开始。航空自由化是大势所趋,在如今这样一个法制健全的竞争环境下,航空公司将无法逃避“优胜劣汰”这一无情的市场法则。

通过六西格玛的学习和运用,不仅仅能提高航空公司的业务流程,同时,还可以从面向客户服务的意识、质量文化、企业文化和管理方法上,对全体员工的思维模式将是一次深刻的融入式教育和培训,使员工更加清醒地认识到世界优秀企业发展的真实程度,知道本企业自身与世界领先水平的差距并找出今后需要努力的方向。

航空公司业务流程体系的建立,是基于其产品转化为商品的集成过程。分为生产业务流程(飞行、机务、航材、运行、支援)、市场业务流程、支持业务流程(计划、财务、行政、人事)。按照功能性模块划分,逐层分解,形成完整的业务流程体系。对于航空公司终结性评估指标只有 4 条:安全、正点、服务、成本。业务流程能力和品质到底如何,最终也落实到这 4 条指标上。所以,在提倡建立专业性、跨职能的六西格玛项目组的同时,要从安全、正点、服务、成本四个方面,以客户满意为宗旨,沿业务流程体系层层分解,建立起能够有重点、有层次、分步骤实施的六西格玛项目组成框架体系,避免实施起来出现“眉毛胡子一把抓”而不能有效地推行六西格玛项目的情况。

提倡结合实际业务流程的运行状态,针对员工的数理统计知识基础,吸收摩托罗拉、GE 等大公司的六西格玛培训经验,建立切合实际的六西格玛培训体系。对员工进行有重点、分步骤、分阶段、分层次的全员培训,并将其纳入岗位晋级和管理者培养的范畴。

按照六西格玛项目组成框架体系的需要,组织六西格玛项目培训班,由学员完成六西格玛项目组成框架体系中的单个项目。

总体而言,要按照项目管理的思想在航空公司里实施六西格玛项目的管理,统筹规划,建立实施六西格玛项目以及基于项目管理思想的总体规划方案。

四、航空公司实施六西格玛管理可能存在的不足和解决方法

虽然六西格玛管理法对航空公司服务质量的提升有着不可忽视的作用,但是从一个成型的理论到具体的实践上显现出成效,这一过程不仅需要长时间经验的摸索,而且需要找到适合自身行业的六西格玛实施方法。航空公司在实施六西格玛时无可避免地也会遇到一些问题,以下探讨了三个可能实施中存在的问题,并提出了相应的解决方法。

1. 培训与实施改进的脱节

六西格玛管理法实施的重要一部分就是对组织成员进行有效的培训,培训的

有效与否直接关系到后期六西格玛管理法实施的成效。与其他形式的学习有所不同,培训具有如下两个特点:(1) 培训是通过训练使培训对象适应于特定模式的行为;(2) 培训是用来使培训对象得以对某种特殊的技能熟练精通。简而言之,培训的目的就是为了“学以致用”。

然而,航空公司在实施六西格玛时候或多或少可能会存在培训和实践相互脱节的问题。这种问题的产生,主要有以下两个方面的因素导致。一是没有真正地建立起一套科学、合理、适合本行业和本企业的六西格玛管理培训体系,例如可能会只注重理论的讲述而与航空公司的实际情况没有联系起来,或者是接受培训的内容和真正参与项目改进的内容没有联系起来等等。再者就是没有切实地做到培训“学以致用”的目的,没有结合航空运输行业特性,将从培训中所学的管理知识和技能充分地发挥到航空公司质量管理中去。这种培训和实施之间的脱节不仅不能给航空企业带来更多的利益,更重要的是它还会给航空公司带来许多不必要的人力、物力资源上的浪费。

为了避免这样的情况,航空公司可以在进行培训时注意以下几点:

(1) 尽可能提供一些与学习者密切相关的实例。要与航空公司的实际运作相结合,可以在给客运部门员工培训的时候,提供一些与旅客直接接触方面的例子;在给货运部门员工培训的时候,引用与货运流程改进相关的例子。这样的话,可以加强受训者的感性认识。

(2) 要随学随用。航空公司可以让参与培训的每个人都将所学的概念、工具、方法及时地用到实际操作中去。将培训的内容与紧密目前实际操作联系。这样在加深学习者的印象的同时,也为流程的改进奠定了基础。

2. 基础数据积累的不足

区别于其他管理方法,六西格玛的一个主要的特征就是采用科学量化的管理方式。六西格玛管理理念认为没有量化的标准很难对质量作出公正的评价,同时六西格玛又坚信任何一种服务总是可以找到相应的量化标准。

在航空公司实施六西格玛主要是用项目管理的方式结合 DMAIC 的过程进行。在 DMAIC 中 M 就是测量(Measure),测量要涉及对各项服务项目的质量进行量化控制,A 分析(Analyse)阶段也一样,而这就需要建立起一个服务质量管理的基础数据库来对六西格玛的实施提供有力的支持。

六西格玛最初应用于生产制造业,航空运输业作为服务业对于六西格玛的应用经验缺少积累。航空公司在实际运用六西格玛时可能就会遇到缺乏数据而无法将质量管理进行下去的情况。这种状况的产生不仅是因为缺少支持六西格玛量化管理的基本数据,而且包括缺乏对于数据收集、处理和存储等一整套数据管理流程的建立。

针对这样一种现状,航空公司可以建立起一个多层次数据仓库的体系结构,在分析统计等技术层面上支持六西格玛管理的顺利实施。同时可以建立完善的六西格玛项目支持信息服务系统。因为六西格玛项目的实施,关联性和依赖性都比较强,一个单项支持另外一个单项或多项的情况非常多。所以要建立支持信息服务系统来进行数据的积累,具体来说,就是要建立包括电子文档、电子表格、网页、电子邮件在内的知识数据库。

3. 缺乏科学的财务评估体系

六西格玛不同于传统质量改进方法的地方还在于它的经济性。实施后的一大效果就是为企业带来经济上的收益。然而航空公司在实施六西格玛时,可能会遇到没有整体相应配套的财务收益体系的问题。可能单从每一个六西格玛项目来看,的确节省了不少开支。但是从航空公司整个财务体系来衡量的时候,由于缺乏相应的人员和部门来做财务上的统筹,评估出来的财务收益往往不够科学,给公司整体上的财务衡量带来了不便。要解决好这一可能发生的问题,可以从两方面来考虑:

一是航空公司要委派专职财务人员进行统筹,建立完善的财务机制或六西格玛财务部门。

二是解决好基础数据积累不足的问题。如果航空公司把基础的数据积累完善了,无论是对单个六西格玛项目还是对整体航空公司的六西格玛改进收益的衡量都会简单和清晰许多。

第三节 服务补救

一、服务补救的含义

服务补救是组织针对服务失误采取的行动。失误可因各种原因产生:服务可能没有如约履行;服务可能不正确或执行质量低劣;员工可能粗暴或漠不关心。所有这些种类的失误都会引起顾客的消极情绪和反应。

20 世纪 80 年代,英国航空公司曾专门就旅客在飞行经历中认为什么最重要做了广泛的研究,总结出了航空服务最重要的四个因素。其中最后一个因素为补救复原,即在服务遭遇中如果有事做错了,或者一些未曾预料到的事情发生了,航空公司应该有人随时准备做出特殊的努力来处理这些事情。而在芬兰服务管理专家格朗鲁斯归纳出的可感服务质量优秀的六项标准中,第五项为补救措施。

服务补救能将原先不满意的顾客转变为忠诚的顾客。从图 12.9 可以看出有效解决顾客问题会对顾客满意度、忠诚度及最低绩效产生重大影响。同时航空公司的一个有效服务补救管理能提高“第一次做对”的可能性，这相应会降低失误成本并提高顾客的初始满意度。不仅能避免一些法律问题，还能促使顾客为企业进行口头宣传。这时，企业从顾客身上获得的收入，将是处理顾客抱怨、提供有效补偿服务所需成本的数倍。

通常在对产品和服务不满意的顾客中只有 4% 会直接对公司讲。在 96% 的不抱怨的顾客中，其中 25% 有严重问题。 4% 抱怨的顾客比 96% 不抱怨的顾客更可能继续购买。 如果问题得到解决，那些抱怨的顾客中将有 60% 会继续购买。如果尽快解决，这一比例将上升到 95%。 不满意的顾客将把他们的经历告诉 10 ~ 20 人。 抱怨被解决的顾客会向 5 个人讲他/她的经历。

图 12.9　顾客反馈和口碑

英国航空公司的一项调查表明，当服务热线的顾客满意度达到 95% 时，顾客所需的赔偿会降低 8%；同时公司发现每投入一英镑用于维系顾客，就可以减少两英镑的潜在损失。另外，公司发现，负责处理顾客关系的职工对工作的满意度从百分之十几提高到 69%。这是由于他们接受到一些额外的培训。

二、顾客抱怨和服务补救

作为服务补救管理的重要组成部分，有必要重视和研究顾客抱怨。服务补救管理的关键组成部分就是欢迎并鼓励抱怨。抱怨应该是被预期、被鼓励和被追踪的。抱怨的顾客应该被真正当成朋友看待。

1. 为什么顾客不愿意投诉

有效的服务补救的最大障碍是，即使遭遇劣质服务，也很少有顾客会投诉，多数顾客会到其他地方购买，甚至于会告诉别人不要到有服务缺陷的公司购买服务。为什么顾客不愿意投诉呢？调查表明有五种关键原因：

(1) 顾客认为企业不会理睬顾客的投诉；

(2) 顾客不想面对与服务缺陷相关的个人责任；

(3) 顾客认为投诉会花费过多的时间和精力；

(4) 顾客担心在未来的服务中受到不公正的对待。

2. 顾客抱怨的层次和类型

有研究显示，人们对这些不愉快经历的反应有下列三个层次：

第一层：顾客会说出心中的不满，直接向销售人员、零售商或服务商倾吐。

第二层：顾客会逢人就说他的这段经历，唯独不让企业知道，而且，他们再不会光顾该企业（而且告诉其他人）。

第三层：通过第三方来讨说法，例如找律师采取法律行动，或写信给报社的编辑，或者向“消费者协会”之类的组织发出正式的投诉信。

同时，经过调查显示在所有抱怨者中，可以分为以下四类：

（1）口头抱怨型。这类顾客会积极关注问题的处理，对航空公司很有帮助。

（2）被动型。被动型旅客不会让航空公司分享他们的观点，不会告诉企业如何改善服务。

（3）愤怒型。这类顾客连一个字都不会跟航空公司讲，但他们会告诉很多人，并且不会再乘坐公司的航班。企业将会失去重新赢得这些顾客信任的机会。

（4）行动型。这类顾客可能是最被航空公司疏远的顾客群体，航空公司应该避免使口头抱怨型顾客成为行动型的顾客。

3. 顾客抱怨时的期望

当顾客确实花费时间和精力抱怨时，他们一般抱有很高期望。他们期望能迅速得到帮助，期望对其不幸遭遇及引起的不便进行补偿，期望在服务过程中得到亲切对待。在投诉时，顾客尤其想要正义和公平。服务补救专家史蒂夫·布朗（Steve Brown）和史蒂夫·塔克斯（Steve Tax）总结出3种顾客在投诉后所寻求的特别公平类型：结果公平、过程公平和相互对待公平。

（1）结果公平

顾客希望结果或赔偿能与其不满意水平相匹配。这种赔偿可采用实际货币赔偿、一次正式道歉、未来免费服务、折价、修理或更换等形式。

（2）过程公平

除公平赔偿外，顾客希望抱怨过程的政策、规定和时限公平。他们希望很容易进入投诉过程，并且希望事情被快速处理，最好是通过他们第一个接触的人。他们欣赏那些适应能力强，补救能力能迎合其个人状况的公司。公平过程的特点包括清晰、快速和无争吵。

（3）相互对待公平

除以上期望外，顾客们希望被有礼貌地、细心地和诚实地对待。

4. 服务补救措施

航空公司进行服务补救必须帮助顾客识别服务缺陷，促使不满意的顾客主动向公司投诉。可以采取以下措施：（1）确定服务标准通常表现为服务担保或服务承诺。（2）传播服务补救的重要性。（3）告诉顾客如何投诉。（4）采用热线电话和因特网等为顾客投诉提供技术支持。

在具体对待顾客投诉时，航空公司可以灵活采取以下互惠办法，让顾客产生互惠心理：

（1）降价收费，或者情况允许，可以完全免费；
（2）真诚道歉；
（3）赠送免费商品或礼品；
（4）赠送供以后消费使用的优惠券；
（5）确保企业内部做出改进，避免这种情况再度发生。

在对待顾客抱怨上，英国航空公司是一个很好的范例。英国航空公司为了鼓励更多的顾客提出批评意见，从而更好地把握良机，特别建立了好几种不同类型的意见收集台。顾客最熟悉的是服务部门的热线电话。公司还引进了全球免费意见卡，乘客可以在卡上填写自己的意见并寄给公司。公司行政人员还在全球各地组织了“非正式沙龙”，讨论服务问题。公司会邀请提出宝贵意见的顾客和顾客关系部经理一起飞行，共同体验公司的服务。公司还在尝试运用一种办法，使乘客在飞行结束后，可以马上反映自己的意见。在新的波音 767 和 777 上，公司还安装了键盘便签簿，乘客在座位上就可以写下自己的意见。

三、服务补救体系

航空公司在实施服务补救时，应逐步建立服务补救体系，提高服务质量。从图 12.10 看出，航空公司服务补救体系首先应是避免服务失误，争取在第一次做对，同时欢迎并鼓励抱怨。但最重要的是快速行动。日本航空公司采用了一项名为“服务不周通告”的管理，抓住顾客仍在飞机上或终点机场的机会及时进行补偿。日本航空公司会对乘客在整个飞行中所发生的任何问题进行跟踪，这就使旅客订票时出的问题，可能在飞机上、转机时或抵达时就能得到解决。迅速进行弥补，远比三周之后才将回信寄给顾客效果好。

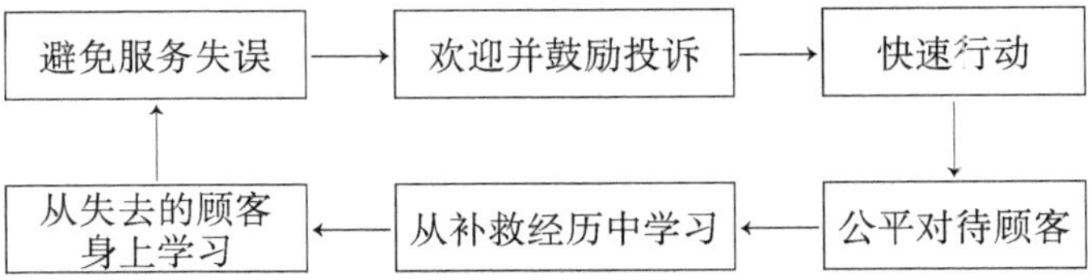

图 12.10　服务补救管理体系

导致航空公司服务失败的原因可能是多方面的。有些是服务设计有问题，有些可能是外部不可控原因所引起，有的可能是员工行为不当，也可能是顾客自己或其他顾客方面的原因等等。但无论如何，航空公司应该承认问题的存在，向顾客表示道歉，并积极采取补救措施。服务补救的关键是快速反应。即当发生服务失败时，航空公司越快做出反应，服务补救的效果可能会越好。由此可见，速度和时间是个关键因素。并且，航空公司对问题做出快速反应，可显示公司真正关心顾客的利益。英国航空公司管理人员在提供补偿服务时,得出的重要结论是做出反应的时间越短,达到顾客满意所需的金钱补偿越少。

在快速采取行动过程中,航空公司要注意在一线关心问题。因为顾客希望听到其抱怨的人来解决问题,无论这项抱怨是通过个人、电话还是国际互联网方式。同时,航空公司必须对员工进行培训和授权,以使问题在发生时得到解决,而不是一级一级请示。对于航空公司服务人员,补救培训是真正需要的。因为顾客要求服务补救在现场即时进行,一线员工需要有技巧、权利和激励来从事有效的补救。有效的技巧包括:倾听顾客问题、采取初始行动、辨别解决方法、即兴发挥,以及变通规则。同时,航空公司不应因员工采取行动而受惩罚。

在快速反应时,公平对待每一位顾客也至关重要。2001 年的"日航事件"的导火索就是日航对中国乘客的不公平对待引起的。同时,作为航空公司来说,从补救经历中学习和从失去的顾客身上学习也是服务补救体系的重要组成部分。

四、服务承诺和服务补救管理

许多航空公司发现有效的服务承诺可以补充公司的服务补救管理,作为一个服务工具来帮助实现服务补救管理。

1. 服务承诺的益处

一个有效的服务承诺对于航空公司的好处是显而易见的,主要有:促使航空公司关注其顾客;为航空公司设立了清晰标准;可以从顾客那里得到快速和相关的反馈;实施承诺时有一个快捷的机会补救;通过承诺产生的信息可以被跟踪,并汇总在持续的改善行动中;对服务承诺影响的研究表明,承诺使员工的士气和忠诚度也得到加强;对于顾客来说,承诺降低了他们的风险感并建立了对服务组织的信任。

2. 服务承诺(服务保证)包含的因素

克里斯托弗·哈特认为,服务保证是增进企业声誉的一种营销投资,通常包括以下三个因素:

(1)确保顾客的期望实现;

(2)确保在第一项失败的情况下顾客能得到什么;

(3)确保无需繁琐的手续。

3. 有效承诺的特性

从图 12.11 可以知道有效承诺的特性,作为航空公司在设计自己的有效服务承诺时,要充分认识到适应航空公司经营管理环境的重要性。因为有效的服务承诺的实施需要以下因素的配合:有效的沟通;前台人员的工作任务必须明确,并且有权力作出适当的反应;服务质量必须维持在一定的高水平上;顾客具有一定的可信度。可见,服务承诺只是提高航空公司服务质量的一部分,必须在一定的经营管理环境中使用。

无条件
- 承诺应该是无条件的——没有附加条件

有意义
- 要承诺的是那些对顾客来讲十分重要的服务元素
- 赔偿应该抵消顾客全部不满

易于理解和沟通
- 顾客需要知道能期待什么
- 员工需要知道该做什么

易于援用和赔付
- 在承诺的援用和赔付过程中不应该有许多约束和阻力

图 12.11 有效服务承诺的特性

综上所述，航空公司应该把顾客抱怨作为持续改进服务质量的重要组成部分。当前，航空公司需要就综合性的服务补救管理体系以及组织学习机制进行设计开发，促进不满意的顾客主动投诉，并且紧密结合服务和航空业服务发展趋势，不断提升服务质量，综合应用服务承诺、服务补救管理等管理手段，同时强化系统性的组织学习，设计开发航空公司服务利润链，不断提高航空公司顾客满意度和忠诚度，提高航空公司盈利水平。

第13章 航空货运管理中的协调

第一节 航空公司的内部协调

航空货运业务的开展,离不开航空公司其他各部门的协调,本节主要介绍航空公司的航空货运体系如何与其他相关部门相联系(参见图 13.1)。

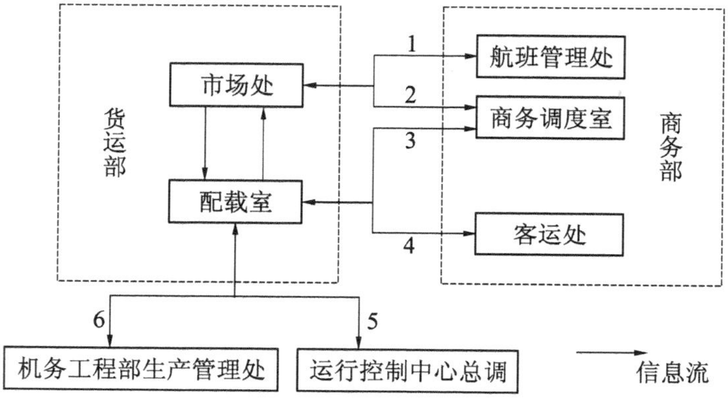

图 13.1 某航空公司货运运行体系和相关部门的信息接口示意图

一、某航空公司货运运行体系和相关部门的信息接口

(1) 货运部市场处与商务部航班管理处

市场处根据商务部航班管理处制定的航班计划,及时组织货源,控制、调整各航段的货运量。

同时市场处随航空货运市场特点,根据市场需求,综合分析货运销售情况,做出盈利分析后,及时通报商务部航班管理处和销售控制中心,以便其及时合理地安排、调整航班计划，从而提高公司收益。

(2) 货运部市场处与商务部调度室

货运部市场处接收商务部调度室发布的航班计划，相应做好具体航班的货运载量安排与控制。

(3) 配载室与商务部调度室

配载和商务部调度室进行进、出港航班信息和货邮、行李运量的信息沟通。

在遇突发情况时，配载与商务部调度室互相沟通信息。

• 航班延误：配载在接到商务部调度室的航班延误通知后，及时做好该航班货物的处理工作；同时及时做好各项应急准备，组织人员力量，缩短此航班货运方面的装机或卸机时间，使延误航班尽早起飞；到港货物尽快交至货主手中。

• 航班备降：配载在接到商务部调度室的航班备降通知后，及时做好备降航班货物的处理情况，确保货主利益。

• 航班取消：配载在接到商务部调度室的航班取消通知后，及时做好该航班货物、邮件的转运、退运，特别是做好急件、鲜活货的处理，避免客户投诉。同时货运部市场处及时调整后续航班的舱位情况，将因航班取消对货运的负面影响降到最低。

• 突发事件：在遭遇突发事件时，商务部调度室可与货运操作值班经理及时联系，采取措施。必要时，由值班经理将具体情况上报货运部处理。

(4) 配载室与商务部客运处

配载需在航班起飞1小时前将出港航班的货邮、行李装载信息交客运处平衡室。尤其当航班临时变更载量时，配载部门需及时将发生的货物、邮件、行李载运变更情况通知平衡部门，并对货运业务袋中的随机文件作相应的变更，同时做好记录。

(5) 配载室与运行控制中心总调

配载首先将航班的货、邮总重量输入FOC系统做预报，在航班起飞前1小时，总调与配载再次确认该航班货邮运输总重量信息，用以进行油量控制。

(6) 配载室与机务工程部生产管理处(MCC)

当发现货舱内设备不能正常使用或发生损坏时，配载应立即与MCC联系，以便货舱设备及时得到维修，保证公司航班正常、正点飞行。

第二节　航空货运管理中的外部协调

航空货运业务的开展，涉及很多方面的工作，本节主要介绍航空货运管理中对代理人的管理与协调。

为了维护民用航空运输市场秩序，保障公众、民用航空运输企业和民用航空运输销售代理人的合法权益，经国务院批准，民航总局发布了《民用航空运输销售代理业管理规定》。

一、民用航空运输销售代理业

民用航空运输销售代理业，是指受民用航空运输企业委托，在约定的授权范围内，以委托人名义代为处理航空客货运输销售及其相关业务的营利性行业。

（1）民用航空运输销售代理业（以下简称空运销售代理业）按照代理业务范围，分为以下两类：一类空运销售代理业，经营国际航线或者香港、澳门、台湾地区航线的民用航空运输销售代理业务；二类空运销售代理业，经营国内航线除香港、澳门、台湾地区航线外的民用航空运输销售代理业务。

（2）管理空运销售代理业，应当遵循下列原则：满足社会需求，方便公众，合理布局销售代理网点；保护正当竞争，促进提高服务质量。

二、销售代理人

民用航空运输销售代理人，是指从事空运销售代理业的企业。销售代理人应当依法取得中华人民共和国企业法人资格。销售代理人必须遵守国家法律、法规，接受民航行政主管部门或者民航地区行政管理机构的监督管理。

销售代理人应当具备下列营业条件：有固定的独立营业场所；有电信设备和其他必要的营业设施；有民用航空运输规章和与经营销售代理业务相适应的资料；有至少三名取得航空运输销售人员相应业务合格证书的从业人员。

三、经营销售代理业务的审批和登记程序

1. 经营空运销售代理业务，应当按照下列程序申请：经营一类空运销售代理业务，应当向民航行政主管部门提交书面申请；经营二类空运销售代理业务，应当向营业机构所在地的民航地区行政管理机构提交书面申请。

2. 申请经营空运销售代理业务，应当提交下列文件、资料：申请书；企业章程；主要负责人的姓名、职务、简历及销售业务人员名册；营业设施和电信设备情况；验资证明；经济担保证明；航空运输销售人员相应业务合格证书的影印件；民用航空运输企业出具的委托代理意向书；其他需要提交的文件、资料。

申请经营一类空运销售代理业货运销售代理业务的，还应当提交《中华人民共和国国际货物运输代理企业认可证书》影印件。

3. 申请人符合从事空运销售代理业的条件的，民航行政主管部门或者民航地区行政管理机构应当向申请人核发相应的空运销售代理业务经营批准证书。空运

销售代理业务经营批准证书的有效期限为三年。

四、销售代理人的营运管理

1. 销售代理人应当在获准的代理业的代理业务类别范围内经营民用航空运输销售代理业务。

销售代理人可以在获准的代理业务类别范围内,与中华人民共和国境内有经营权的任何民用航空运输企业,签订空运销售代理协议,从事民用航空运输销售代理经营活动。

民用航空运输企业和销售代理人在委托代理经营活动中,应当遵守民航行政主管部门的规章,防止业务差错和人为原因造成的运输等级事故,维护公众利益。民用航空运输企业或者销售代理人在委托代理经营活动中,不得实施不正当竞争行为。

2. 销售代理人必须遵守国家关于航空运输价格和运输销售代理服务费用的规定。

销售代理人应当在其营业地点公布各项营业收费标准,并将此标准报核发空运销售代理业经营批准证书的民航行政主管部门或者民航地区行政管理机构备案。销售代理人与民用航空运输企业按照平等互利原则,协商确定空运销售代理手续费标准,但是民航行政主管部门和物价主管部门规定法定标准的除外。

3. 销售代理人和民用航空运输企业应当严格履行双方签订的空运销售代理协议。

销售代理人应当将空运销售代理协议报核发空运销售代理业经营批准证书的民航行政主管部门或者民航地区行政管理机构备案。

4. 销售代理人应当按年度将其经营情况报核发空运销售代理业务经营批准证书的民航行政主管部门或者民航地区行政管理机构备案。

兼营空运销售代理业务的销售代理人,应当将经营空运销售代理业务的收支,独立设立账号和设置账簿。

五、销售代理协议

1. 销售代理人的权限

销售代理人代理承运人在销售代理协议规定的范围内,代表承运人办理下列销售业务和提供与之有关的服务:积极为承运人组织货源,承揽货物运输业务,并将货物交给承运人安排运输;向承运人预定舱位,所需舱位由承运人统一安排确定;向托运人提供承运人的货运单和其他有关凭证;办理承运人指定的货物国内运输保险业务;以各种可行的方法宣传承运人的航班,合理陈列、分发承运人提供的班期时刻表和宣传资料，销售代理人自行编制的宣传材料涉及承运人时，应当经过承运人认可；承运人委托的其他地面服务项目。

上述规定的代理权限未经承运人授权，销售代理人不得将其全部或者部分转让给第三方。

2. 规章和运价

承运人应当向销售代理人提供销售所需的运输规章、运价、班期时刻表和其他必要的业务资料。上述资料如有修改、补充或者废止，承运人应当及时通知销售代理人；销售代理人在办理协议规定的销售业务时，应当遵照承运人所提供的有效规章、运价等业务资料的各项规定。销售代理人办理联运时，还应当遵守各有关承运人的规定。

3. 法律责任

销售代理人应当接受承运人的业务指导和监督。

承运人同意免除销售代理人因办理销售代理业务招致或者因此牵连所引起的任何伤害、损失或者损害的责任。但是，如果上述伤害、损失或者损害是由于销售代理在货物的收运、保管、交接、交付或者货物运出后修改货运单有关项目、对货物的处置等过程中的过错所造成或者促成的，应当由销售代理人承担责任。

由于销售代理人填开货运单的错误（例如运价计算、目的地、运输路线和收货人等）而致使承运人遭受经济损失，以及由此而发生的费用，由销售代理人负责赔偿。

销售代理人违反销售代理协议的销售代理人的权限，将承运人的货运单转让给第三方使用，给承运人造成损失的，除赔偿承运人全部经济损失外，销售代理人还应向承运人支付每本货运单5 000元的补偿金。

货物实际重量与货运单所列重量误差超过3%时，除须对飞机飞行安全负责外，承运人将补收运费，并酌情收取补交运费的3~5倍的补偿金。

货运单内容在每本各联之间有异，承运人除按正确数额、付款方式收取外，还将收取差额的3~5倍的补偿金。

货运单遗失，销售代理人应在发现或者应当发现之日起15日内书面通知承运人，销售代理人应承担由此造成承运人的全部经济损失和法律责任，或者承担每本货运单5 000元的补偿金。

任何一方如果违反销售代理协议而造成对方经济损失，由违约方承担法律责任。

如果托运人、收货人或者其他权利受让人向承运人或者销售代理人提出赔偿要求，接受的一方应立即通知另一方，并及时提供有关材料、文件、记录和情况。

4. 适用法律及仲裁

销售代理协议适用中华人民共和国的法律;协议双方在执行本协议时发生争议,应协商解决;协商不成的,除双方达成仲裁协议提交仲裁外,任何一方均可提起诉讼。

5. 生效、修改或者终止

销售代理协议自双方签字之日起生效,有效期为两年。销售代理协议到期,如果双方无意终止,协议将自动延长,但是最长不超过一年。销售代理协议一式四份,双方各执二份,具有同等效力。

任何一方要求对协议条款进行修改或者补充时,可以随时书面通知另一方,对协议的任何修改或者补充,应当得到双方书面确认,并从双方书面确认之日起生效。在修改或者补充未获得双方确认之前,仍按协议原条款执行。

协议双方可以随时终止销售代理协议,但是必须提前30天通知对方。

销售代理协议失效后,协议双方仍应承担协议所规定的双方应履行而尚未履行完毕的一切权利和义务。

六、销售代理人的功能和选择

销售代理人专门从事销售工作,他们更接近运输市场,更了解顾客的需求,销售代理人在销售方面的专业经验和技巧使之更大限度地、更高效率地向运输市场提供运输产品;销售代理人也为航空公司承担一定的风险;有利于简化交易关系;有利于航空公司大力组织生产。

选择销售代理人的原则是经济原则、竞争原则、客户满意原则和可控原则。影响销售代理人选择的因素包括运输产品特性、运输市场特性、市场竞争特性、企业特性等。

第14章 航空货运管理中的新动向

第一节 航空货运收益管理

一、概述

收益管理系统在客运业务中的积极作用已经得到了公认。现在一些主要的综合性航空公司又开始将注意力转向货运,探索收益管理方法的采用是否有助于货运业务的增长。答案看来是肯定的。经验也告诉我们,在货运经营中,一年即使只有1%的收益增加值,在收益管理方案的实施的第一年中也可以补偿上百万美元的增加成本。当然,实施收益管理还要求货运企业要了解市场和自身的成本构成。另外,管理者在收益方面取得进展之后,还可以进而把这一方法推广应用到利润管理方面。

二、货运市场分析

从目前的货运市场情况分析,国际货运业务量一年在400亿美元左右,多数被综合性航空企业所把持。在波动较大的传统型货运市场,专业货运公司仍有用武之地。这就要求企业适应这一市场的特点,随时调整自己的经营策略。再有,信息技术的飞速发展在不断地缩短人们的距离,使客户们更容易了解和选择货运企业,货运业务在网络技术的作用下,已经呈现全球一体化和速度加快的发展趋势。世界各地的客户要求航空企业提供更为优质和高效的服务。同时,生产和分销商也在简化和缩短供货环节,减少参股公司的数量。更少量的存货和更短的新产品开发周期意味着货运批量的减小和频率的加快,并要求更短的供货时间,这就要求货运企业的运作具有更高的效率和更长距离的运输能力。由此看来,客户依据信息而做出的对货运企业的评价在信息技术日益发展的今天具有比以往更为重要的意义。可以说,货运方面的信息越来越比货运业务本身更为重要。

简而言之,航空货运市场正在快速地由以前简单地运送商品发展为商品价值增值的一个供应环节,综合性空运企业已经以其高价格、高质量的服务占据了市场的相当份额。而同时在他们中间,那些能够满足客户的时间、航程距离要求的公司又从中分化和脱颖而出。航空货运企业面临的选择非常明确,既要保持自己的传统优势,又要具有与综合性大型航空企业服务水平相当的能力与其竞争。对这些公司而言,要在竞争中取胜,第一步就是要寻找适宜的合作伙伴。结成由几个具有实力的公司形成的联盟,形成网络并提高经营规模。这些公司将越来越侧重于提供高水平的优质服务以及高收益的业务。

三、界定产品

然而,仅仅识别出高收益的业务是远远不够的,空运企业需要开创具有自己特点的一批产品来吸引这些客户。拥有了这些能够吸引客户的合适的、分门别类的产品之后,收益便会接踵而至。当然,对于提供优质服务的先驱企业来说,其价位在一定程度上往往居高不下,但就其提供服务产品的可靠性、安全性和快捷性程度来说,客户还是可以接受的。

接下来的就是对产品进行分类,以保持公司的盈利。最初的步骤是将货舱的空间按产品的类型划分为不同的先后次序。如A类必须承运的货物,B类有能力时可以承运的货物,C类日常运营中的一般货物。这样,在超售时就可以依此定出先后顺序。对于A类货物要将预定限制在一定数量之内,B类可以允许一定数量的超售,为业务流出一定的发展空间,而C类作为日常运营可以相对放开,从而保证营业额达到一定的规模。在实际运作中,如果出现A类货物量较大时,则可以减少B类货物,C类亦以此类推。最终运作的结果是按照货物价值的高低和对公司盈利的影响程度来安排货舱有限的空间。

四、信息资料的处理

航空企业收入最大化目标的实现起步于企业是否具备有效、可靠的信息资料积累。完整的货运单是这项工作的开端,不要认为这是一件不起眼的小事情,也不要因为其琐碎而不予重视。大多数航空公司只是在业务完成之后把货运单进行存档,而对于业务实际运作之前的其他重要情况如预订、更改时间、内容等都未予纪录。然而,正是这些信息对企业决策才具有特别重要的意义。企业可以通过这些信息更好地了解客户的需要和同行业其他公司的情况,也可以更好地预测需求和对航班、货物种类进行合理的安排。真正的挑战不在于只是将一个货运业务的过程从开始到完成做出完整的详尽记录,更重要的是通过这些记载实现动态和有效的管理。在信息技术发展的今天,人们也可以建立一个货运资料数据库,把每一项业务都准确无误、详尽完整地记录下来,从而为企业勾画出动态的市场形势。

飞行计划和旅客情况预测可以直接从旅客收益管理系统得到,而在对货运业务进行预测时,这一系统也可以帮助决策人计划安排机舱的空间。正如每个货运公司的经理所知道的那样,货物的数量和可容纳货物的货舱往往都是在飞机即将起飞的前几个小时才能最后确定下来。其中的原因固然是由于货物总是排在旅客和他们的行李以及燃料、邮件之后。但对于飞机的管理者来说,他们对于要搭载这一航班的货物到底是一箱葡萄酒还是一辆汽车,应该说还是心里有数的。再有一个导致货物数量难以及早确定的原因是,任何货物都有它的体积,而客运就不存在这样的问题。在客运管理系统中,航空公司可以按照座位分配旅客,货运管理系统则既要计算数量、体积,还要考虑重量。这些情况显然为需求和运力都增添了一些不确定性因素。

五、市场需求分析

通常来讲,一方面,客户在预订飞机业务时不能准确无误地说明托运货物的体积,另一方面,飞机货舱的载货限制往往是容量而不是重量。由此可以看出,在预测货运市场需求时,要考虑到货运业务的上述特点。第一步是在撇开飞机容量限制的情况下,利用积累的数据来预测货运的整个市场需求。这种无限制条件的需求预测要囊括所有的货物品种,并考虑到这些货物会发生在任何的航线和起降点以及任何的时间。当需求确定之后,接下来要考虑的就是满足需求的有效供给的航班安排和运载能力。在飞机货舱有限的容积条件制约下,自然还要涉及货物种类的选择、排序。在这里,确定排序的原则主要应当从价格因素出发,即在航空公司现有的货物运营条件下,通过最优化方案来实现价格比较,使公司收益达到最大化。

最优化方案的产物通常是"招标价格",即发货人必须满足这个价格要求才可以在飞机上预订舱位。"招标价格"并不是固定在一个水平上,一般地说是根据货舱的实际容量和发送货物的批量。如果预订者达不到"招标价格"要求,价格比较机制将会向订货代理机构传递信息,提供其他选择方案,这可能是公司的另一类别的产品或另一种运货路线,从而使发货人能达到所给定的价格要求。

应当看到,作为空运业的发货人与客运业的顾客有着极大的区别。发货人更为关心的是货物交付收货人时间的快慢和可靠程度,而不是货物要走哪条路线,这就为货运企业提供了机会,使他们可以利用现代信息网络技术手段,避开那些繁忙拥挤的线路,在完成运输业务的同时为自己创造盈利。举例来说,有这样一批货运物品,其要经过的航线十分紧张,货运公司要走这一线路要么付出更高的成本,要么难以做成这笔生意,然而公司可以通过飞行其他替代航线来完成这一业务,尽管这一路线的改变可能比原航线要多几次中转,也可能在最后阶段用卡车运送,但最后的结果是既能满足客户的需求,公司也能增加业务盈利。

六、实施收益管理系统的策略分析

收益管理系统的另外一个功能就是通过网络对决策的效果进行评估和及时调整,使决策更加科学化和带来更多赢利。当公司接受一个货运订单,而这一业务的发生对公司业务范围内一个地区有利,但会损害到另一地区的情况下,这项业务则将被取消或进行重新考虑。

业务决策同样主要是依据经济利益和与客户的长远关系,而不是取决于决策人的好恶和部门、地区的利益。如果一笔业务在飞机容量上与另一笔发生冲突,首先要考虑的就是它们各自对公司收益的影响程度。如果它们在上述方面难分伯仲,则要考虑对实现公司长远目标的影响,例如该客户在公司业务中的份额数量和发生业务的频率。业务分配和签订合同时,应该同时照顾到公司收益和客户的长远关系两个方面。

第二节　国际货运联盟

一、概述

目前,越来越多的航空公司加入客运企业结盟的行列,成为某一全球性联盟的成员。航空货运企业究竟应当采取什么对策,结盟是否也适合航空货运企业?客户们对于结盟的做法表示怀疑,他们认为,货运企业的运营有着许多不同于客运的特点,在货运企业之间实行一体化经营会带来一系列的问题。

正当那些客运企业的联盟——例如明星联盟、环宇一家联盟在考虑如何划分全球业务时,加入以上联盟的一些航空公司已经在试图利用这一契机来推进全球化的航空货运联盟。一些在综合性航空公司中负责货运业务的要员认为,客运企业的联盟已经为理顺各航空公司之间的合作关系打下了基础,这就为货运企业间的结盟提供了极好的机会,货运企业的结盟可以按照现有的结盟格局继续往下走。美利坚航空公司认为,货运企业间的结盟可以使客户得到更好的服务,因为在结盟协议的作用下,加盟公司之间的合作会使货物的运输更加顺畅。

二、航空货运业的现状分析

目前的航空货运业中的实际情况恰恰相反,大量的企业宁肯延长运输历程也不愿联运,有的货物甚至是用卡车长距离地运送到空港来完成直线运输。在这些企业看来,在时间上多花费几个小时要比委托其他公司转运更为安全可靠。他们认为只有在货运业务的全部运营环节都实现了一体化之后,各公司之间的无缝隙衔接才有可能实现,他们也才能避免因为货物安全出现问题所造成的损失。如果每个公司都各行其是,让货物在不同的运营系统中中转运输,结果很可能更糟糕。

三、航空货运联盟的条件分析

一个成功的全球性航空货运联盟的组建是不可能一蹴而就的,必须要建立一个广泛的、有着很好协调能力的中间型传输调控系统。这一系统必须达到一定的覆盖面和业务所要求的相应规模,否则就无法应付运营中出现的各种复杂情况。为了在信息传递、应变能力和处理手段上达到联合运营的要求,就需要有相当大的投资来建立这个系统所需要的设施,如信息科技、货运业务等方面的一系列相关基础设施以及设施间的协调运作。这样巨大的投资如果仅仅依靠那些其货运收入在公司总收入中只占10%甚至更低的综合性航空公司,显然是不可能实现的。

四、世界航空货运联盟的现状分析

现在世界上成立了几个著名的航空货运联盟体系。

1. 新全球货运联盟

2001 年 10 月 1 日“新全球货运联盟”成员汉莎航空货运、北欧航空货运和新加坡航空货运公司达成协议,共同为他们的客户提供一体化快递服务。

该联盟规模庞大,拥有 31 架全货机和 612 架客机腹舱。汉莎货运是世界上最大的货运企业之一,新加坡航空货运规模也排在世界前列,两家公司都拥有遍布全球的货物运输网络。北欧航空货运在斯堪的纳维亚地区有着绝对的航线优势和联系紧密的网络分布。这三家结成伙伴关系后,其网络运作将覆盖全球五大洲 103 个国家 463 个城市,可共同为客户提供新的市场机会,特别是在亚洲、斯堪的纳维亚、澳大利亚、北美和北欧地区的优势尤为突出。

从 2001 年 10 月开始,三家公司的高级快递业务,如汉莎货运的“td. flash”快递,新航货运的“Swift Trider”快递和 SAS 货运的“SAS Priority”快递业务,将可以互相在伙伴航空公司的机场预定。这三家公司还准备进一步融合他们的快递业务,并同意在相关的信息技术管理机制、统一服务标准和货物处理程序方面达成统一。将来客户在联盟成员的定位系统上,预定他们的快递运输舱位,即使他的货物运输是由这三家公司共同承担,顾客所选择的快递业务也将统一到这三家公司的服务中,顾客可以得到“无缝、安全、可控”的服务,就如同顾客的货物是被一家货运公司运输一样。这三家公司会更进一步整合他们的业务,并使之成为现代的供应链管理模式,为进一步方便顾客,新联盟规定所有的重达 100 kg 以上的快递货物都将得到舱位预定系统的确认,并且货物运输将得到联盟成员的一致支持。

2. 天合航空货运联盟(SKYTEAM CARGO)

天合货运联盟公司是由美国达美航空物流(DELTA LOGISTICS)、大韩航空物流和法航货运公司共同成立,并成立天合联盟的货运美国公司。基地设在亚特兰大,并在纽约、芝加哥和洛杉矶设有办事处。新公司将由三家联合管理。新公司将向顾客提供联合的销售网络、集中式预订舱位的服务中心、全面的航线网络以及共同的运输作业线。

3. 明星联盟

明星联盟是由以下航空公司组成:美国联合航空、汉莎航空、丹麦北欧短途航空、巴西瓦格力航空、加拿大航空、泰国航空、全日空航、新西兰航和澳大利亚的安塞特航。明星联盟主要是客运业务的联盟,但联盟的一些成员公司已经在着手为实行他们部分货运业务的联合运营做准备,包括为客户提供统一性的业务服务和实现各公司之间的无缝隙衔接。但是,有些成员公司仍然对这种货运联盟的可行性表示怀疑,作为明星联盟创始公司之一的美国联合航空表示客运上有共同利益并不意味着在货运上也同样有这种共同利益关系,而这种利益上的差异也会使各家在发展货运联盟上有不同的想法,他们认为,不能把客运联盟作为一种模式来套用货运联盟,因为二者之间毕竟是有差异的。因为在他们看来,各加盟公司之间存在很多差异,要想以一致的步调来统一运营还会有许多问题需要协调。其中比较突出的差异是北美和欧洲各公司已经放弃了货运业务,但是欧洲的综合性航空公司则一致长期从事货运业务,有些公司的货运业务收益甚至占到公司总收入的1/4,而美国同行们的货运业务收益平均也就在总收入的5%左右。

4. 大西洋货运联盟

大西洋货运联盟的成员公司三角航空和瑞士航空,它们都设立有独立的货运公司从事此项业务,这种情况又给结盟增加了难度。即使在设有独立货运公司的做法中也仍然有所差异,三角航和瑞士航实行的是互惠的销售,他们希望进一步扩大现有的合作。将部分业务加盟与大西洋货运联盟的比利时航空和奥地利航空在联盟中的境况又有所不同。比利时航的货运业务是由瑞士航空完全支配。

一些航空公司希望通过协调来解决这些层出不穷的问题。在这方面,大西洋联盟的成员三角航空和瑞士航空的做法为人们提供了有益的借鉴。三角航空和瑞士航空共同经营苏黎世跨大西洋至辛辛那提的客运航线,但对于该航线的货运业务却只有三角航空有销售权;在布鲁塞尔跨大西洋至辛辛那提的航线上,比利时航空和三角航空从事客运的业务,而货运业务却只有瑞士航空有销售权。

5. 西北航空和荷兰皇家航空之间的货运业务联盟

在西北航空和荷兰皇家航空之间的货运业务联盟是最早实现货运联盟的航空公司,他们之间的合作经历了几次挑战。他们曾经多次宣布将很快合并货运业务部门,但在两年前,双方就如何解决货运市场的竞争问题上的不同观点几乎断送了这个联盟。主要原因是当讨论到具体问题时，各方往往都变得十分敏感，在自己的利益上各不相让。在各公司结盟过程中，各自不同的文化恐怕也是阻碍结盟的较大障碍。在西北航空和荷兰皇家航空之间实际上存在着极大的差别，他们的结盟在很大程度上是由于荷兰皇家航空放弃了自己在西北航空的证券利益而集中于运营业务的合作。现在两家在跨大西洋航线的合作进展顺利，仿佛在他们之间从未发生过分歧。但是，尽管联盟共用系统方面实现了无缝隙衔接，双方仍然在使用各自的电脑平台，产品成本方面也没有采用统一的标准。

通过与荷兰皇家航空的合作经历，西北航空认为有助于自己在发展客货运双重联盟——翼联盟的努力，翼联盟的成员有大陆航空、意大利航空、法航和中国国际航空。目前大陆航空与西北货运航空合作建立了客货运的合资企业，而意大利航空也已经与西北航空和大陆航空签署了客运结盟协议。从整个空运市场来看，需要的是多种多样的合作，联盟为达到这一要求提供了途径。但这还仅仅是第一步。下面一步，也是更为重要的一步就是如何实现货物在不同公司之间的转运，因为尽管各联盟公司在实际上仍然是独立的，但从客户要求来说，客户希望联盟就运营得如同一家公司一样。

五、航空货运联盟的方式

实行各公司的独立经营但在业务上通过结盟来提高效率、降低成本。基于这种意向，运输代理公司要求航空公司方面准许和支持他们在实际运营中由他们与全球性航空联盟建立业务联系，把经营搞活。在共享市场、技术、资源和人力资源的情况下，在货主、运输商和航空公司之间的合作与沟通，对双方都会有益。这是那些对航空货运企业走向全球性联盟持赞同态度者的基本依据。反对的人则认为，在现在的经营环境条件下，各公司之间的结盟将会影响到货物的按时运达。作为货主，对货物的抵达时间都有具体的要求，如果因结盟中各公司间的衔接出现问题而延误了交货时间，那就会失去客户的信任。再有，货主们普遍担心的是结盟后出现的市场垄断，这种现象的直接后果就是限制竞争和引发价格上涨。由此看来，无论对结盟是赞成还是反对，最核心的问题是保证货物运输的质量要求，而在这方面的内容又包括了价格、安全、准时等等因素。只要是航空货运企业的世界性联盟可以做得比单个公司更好，就没有理由反对这种经营方式上的变革。

参考文献

1. 李江民译. 国际民航运输管理手册[M]. 北京:中国民航出版社,1997
2. 夏洪山等. 现代航空运输管理[M]. 北京:人民交通出版社,2000
3. 李军玲. 国际航空货运基础教程[M]. 北京:民航出版社,2003
4. 乐卫松. 航空客运营销实务[M]. 上海:东方出版中心,1999
5. 顾其行. 国际航空运输管理[M]. 北京:知识出版社,1985
6. 徐公达等. 航空旅客运输管理[M]. 北京:航空工业出版社,2003
7. 徐月芳等. 航空客货运输[M]. 北京:国防工业出版社,2004
8. 石丽娜等. 航空客运实务教程[M]. 北京:国防工业出版社,2005
9. 张安民等. 中国航空货运[M]. 北京:航空工业出版社,2005
10. 国际货物运输协会编. 国际航空货运代理实务[M]. 北京:中国商业出版社,2005
11. 机场运营管理[M]. 北京:中国民航管理干部学院,1994
12. 国际民航组织资料:AIR CARGO GUIDE
13. 上海航空公司资料
14. 东方航空公司资料
15. 运输经济(民航)专业知识与实务[M]. 北京:中国人事出版社,2000 ~ 2005
16. 世界航空网站指南[M]. 北京:航空工业出版社,2002
17. 杨占林. 国际物流空运操作实务[M]. 北京:中国商业出版社,2004
18. 国际民航条约汇编[M]. 北京:中国民航出版社,1999
19. 赖怀南. 公共航空运输概论[M]. 北京:中国民航出版社,2003
20. 郑兴元. WTO 与航空运输业的开放[M]. 北京:经济管理出版社,2000
21. 宋国强等. 民航统计[M]. 北京:中国民航出版社,1998
22. 从统计看民航[M]. 北京:中国民航出版社,2000 ~ 2005
23. 耿淑香. 航空公司运营管理方略[M]. 北京:中国民航出版社,2000
24. 万青. 飞机载重平衡[M]. 北京:中国民航出版社,2004
25. 中国民用航空杂志
26. 国际航空
27. 空运商务
28. www. carnoc. com